rowohlts
monographien
herausgegeben
von
Kurt Kusenberg

Adalbert Stifter

in Selbstzeugnissen
und Bilddokumenten
dargestellt von
Urban Roedl

Rowohlt

Dieser Band wurde eigens für «rowohlts monographien» geschrieben
Die Zeittafel besorgte der Autor, die Zeugnisse und die Bibliographie
bearbeitete Helmut Riege
Umschlagentwurf: Werner Rebhuhn
Vorderseite: Nach einem Lichtbild von L. Angerer, Wien 1863
(Foto Eiersebner, Linz)
Rückseite: Windsturz im Böhmerwald
Zeichnung von Stifter (Adalbert-Stifter-Museum, Wien)

Veröffentlicht im Rowohlt Taschenbuch Verlag GmbH,
Reinbek bei Hamburg, Mai 1965
Copyright © 1965 by Rowohlt Taschenbuch Verlag GmbH,
Reinbek bei Hamburg
Alle Rechte an dieser Ausgabe vorbehalten
Gesetzt aus der Linotype-Aldus-Buchschrift
und der Palatino (D. Stempel AG)
Gesamtherstellung Clausen & Bosse, Leck
Printed in Germany
680-ISBN 3 499 50086 8

1.–15. Tausend	Mai 1965
16.–20. Tausend	Juli 1967
21.–25. Tausend	März 1969
26.–28. Tausend	März 1971
29.–31. Tausend	März 1973
32.–34. Tausend	Januar 1975
35.–37. Tausend	August 1976
38.–42. Tausend	August 1977
43.–45. Tausend	Juli 1980

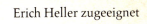

Erich Heller zugeeignet

Inhalt

Adalbert Stifter. Fotografie von E. Pfeiffer, Linz

DAS PHÄNOMEN STIFTER

In dem autobiographischen Fragment seiner Kindheitsgeschichte sagt Stifter, sein Leben sei einfach gewesen *wie ein Halm wächst*; und über die Erscheinungen dieses Lebens, die ihm ein Rätsel waren, vor dessen Abgrund er in Staunen und Ohnmacht stand, geriet er in dieselbe Verwunderung wie über das Wunder, das ihm das kleinste Sandkörnchen war. Ein Kenner der Natur wie er wußte, was es mit dem Wachstum des Halms auf sich hat: daß er sich aus dem mütterlichen Erdreich emporkämpft, dann in Abständen kräftige Knoten entwickelt, aus denen Blatt um Blatt hervorsprießt, und daß Fröste und Gluten, Schauer und Stürme ihn mit Vernichtung bedrohen. Von solcher paradoxen Einfachheit war Stifters Leben.

Einer von ideologischen Sehstörungen ungetrübten Sicht stellt es sich dar als ein Leben voller Konflikte und Spannungen. An ihnen haben Herkunft, frühe Erlebnisse und Einflüsse den üblichen Anteil; aber angelegt sind sie bereits in der Grundstruktur der Persönlichkeit, ja, in der radikalen Widersprüchlichkeit der menschlichen Existenz.

Im Spiegel einer bürgerlich-saturierten Zeit erschien das Bild Stifters als das des «Seelenfriedenstifter», als vollendete Harmonie. Später verzerrte ein ruchloses Jahrzwölft es zum Fürsprecher der rohen Gewalt, und nachher glaubte der Trostbedürftige in ihm den Helfer in der Not zu sehen. Heute erscheint uns, was einmal wie der beispielhafte Einklang von Leben und Werk aussah, als ein unermüdliches Ringen um eben jene Harmonie, als äußerste Bemühung, einem Ideal der Reinheit und Heiligung jedes Opfer zu bringen und dem Wertzerfall einer enttäuschenden Wirklichkeit entgegenzuwirken.

Sein Wesen und der Lauf der Dinge haben dem Dichter vielerlei Ungemach zugefügt: er nahm es auf sich, und den Schmerzen, die ihm bereitet waren, verdankt er die Größe seines Werkes. Dieses selbst wollte er zunächst weniger als künstlerische Leistung verstanden wissen: nicht als Dichtungen allein, *sondern als sittliche Offenbarungen, als mit strengem Ernst bewahrte menschliche Würde* sollten seine Schriften gewertet werden. Immer wieder erinnerte in der Zeit zunehmender Selbstentfremdung des Menschen an die Aufgabe, die er *reinstmögliche Menschwerdung* nannte, eine unendliche ideale Aufgabe innerhalb unendlicher realer Möglichkeiten. Wer sich nun zu so hohem Auftrag berufen fühlt, fordert die Frage nach seiner Legitimation heraus.

In Stifters Leben und Schaffen bekundet sich dieselbe Problematik wie im Dasein fast jedes schöpferischen Menschen der neueren Zeit. Er ist immer gefährdet und der Grenze nahe, an der sich der Bezirk des Pathologischen auftut. Stifter hat diese Gefährdung erlebt. Wer die Kunst ausübt, heißt es bei ihm, *muß fast mehr sein als ein Mensch, daß er ihr nicht unterliege.* Konflikte und Krisen, Spannungen und Zwiespältigkeiten, denen er mehr als die anderen ausgesetzt ist, gehören zu seinem Wesen.

Die widerspruchsvollen Züge in der Lebensgeschichte des Dichters hat man mit psychologischen und anderen Hilfsmitteln zu erklären versucht. Je tiefer man eindrang, um so vieldeutiger wurde die Persönlichkeit. Schein und Sein ließen sich nicht immer vereinbaren. Da zeigte sich eine triebhafte, leidenschaftliche Natur, die jede Leidenschaft als unsittlich verpönte; ein Mensch, der sich bedrückt fühlte von Schuld und, um sich von ihr zu entlasten, ein Hohelied der Unschuld dichtete und das in allem Sein waltende «sanfte Gesetz» lehrte; der unter Schicksalsschlägen und den allgemeinen Zuständen schwer zu leiden hatte, sich vom Unglück verfolgt meinte und dennoch unbedingt glücklich erscheinen wollte, wiewohl er in Wahrheit kein anderes Glück kannte als das des dichterischen Schaffens, eines aus dem Schmerz geborenen Schaffens. Es sind das nicht die einzigen beunruhigenden Züge dieses Bildes. Sein Leben lang hatte er um nichts so sehnsüchtig geworben als um Freundschaft und selbstlose Liebe, und er vereinsamte immer tiefer. Oft betonte er die Anspruchslosigkeit seines dichterischen Ranges und bestand doch auf dem ihm gemäßen Anspruch, wenn er sich einen aus Goethes Verwandtschaft nannte. Er sprach ungescheut von seiner unvertilgbaren Güte und vom reinen Gold seines Herzens und nahm und gab dieses Gold für bare Münze. Er duldete keinen Zweifel daran, daß er in der glücklichsten Ehe lebe, schrieb seiner alternden Frau Liebesbriefe von unglaubhafter Inbrunst und stilisierte und korrigierte sie bedächtig, damit sie einmal mit Anstand im Druck erscheinen und widerlegen sollten, was er nur selten sich und einem Freund eingestand: wie sehr er unter dieser Ehe litt. Stets sei es ihm um Klarheit in den Dingen und um Klarheit in ihm selbst zu tun, erklärte er, aber nichts ist klarer, als daß dieser immer strebend sich bemühende Geist mancher Selbsttäuschungen bedurfte, um diesem Leben standzuhalten. Die geliebte Heimat war ein Grunderlebnis seines Schaffens, und doch kehrte er nur selten in sie zurück, wenngleich er nie sehr fern von ihr, ja, in seinen letzten zwanzig Jahren in ihrer Nähe lebte. Und der Pädagoge, der – weit über sein Schulamt hinaus – in seinem ganzen Dichten und Denken von erzieherischen und bildnerischen Gesinnungen geleitet war, sollte just als Erzieher im engsten Kreis der Familie tragisch versagen.

Neben solchen scheinbaren Unvereinbarkeiten zwischen der privaten und der dichterischen Existenz treten Inkongruenzen anderer Art zutage. Stifters politische Haltung etwa wirkte verwirrend, da er für die Werte der Vergangenheit ebenso eintrat wie für die einer anbrechenden Zeit. Bemerkenswert auch, daß er, in der Stille einer abgelegenen Provinz lebend und sich vom Treiben der großen Welt mehr und mehr abschließend, die günstigen und insbesondere die drohenden Zeichen der Zukunft besser begriff als viele Mitlebende. Die großen zeitgenössischen Leistungen der Kultur und Kunst anderer Länder waren ihm kaum bekannt, oder er unterschätzte sie; aber indem er unverdrossen auf dem eigenen Weg fortschritt, schuf er ein Werk, dem die Zukunft gehörte.

So wenig die Kenntnis innerer und äußerer Widersprüche der Bedeutung eines Künstlers Abbruch zu tun vermag, so wenig sind dergleichen biographische Fakten ein Schlüssel, mit dem sich das Geheimnis des Kunstwerks aufschließen ließe; sie mögen indes auf gewisse Zusammenhänge von Leben und Werk aufmerksam machen. Stifter nannte einmal eine seiner erdichteten, vom Schicksal geschlagenen Gestalten einen verschlossenen Mann, dessen Gefühle zu ergründen unmöglich sei; der Dichter selbst schätzte Wahrheit und Offenheit aufs höchste, aber so gern auch seine Gespräche und Briefe ihn selbst zum Thema hatten, erlaubte er doch keinen Einblick in sein Innerstes. Dies darf in Beziehung zu einem konstitutiven Merkmal seiner Dichtungsmethode gesetzt werden, zu der Tendenz nämlich, wesentliche Motive zu verhüllen, oft sogar zu verschweigen. Was unterdrückt werden soll, bahnt sich jedoch zuweilen einen anderen Weg. So bricht die den Menschen bedrohende und für unsittlich erklärte Leidenschaft mit Gewalt hervor in den großartig geschilderten Naturkatastrophen, und unter der vordergründigen Einfachheit und Unschuld gedichteter Gestalten scheint eine unheimliche Dämonie wirksam zu sein. Ihren erschütternden Ausdruck findet sie in dem mehrfach wiederkehrenden Bild eines heiter lächelnden Himmels über allem Jammer der Kreatur.

Dieser Hinweis auf einige Eigentümlichkeiten in Stifters Person und Kunst will nicht einer psychologischen Demaskierung dienen; er soll vielmehr an die Stelle der Legende vom urgesunden, aus der Ruhe eines unangefochtenen Gemüts schaffenden Dichters das ehrfurchtgebietende Bild eines Menschen setzen, der sich auf Irrwegen und Fluchtwegen vergangen hat und auf ihnen zum Ziel gelangt ist. Nur so konnte Adalbert Stifter werden, was er geworden ist: der größte Künstler deutscher Prosa seiner – und nicht nur seiner – Zeit.

Als Stifter seinem Ende nahe war, besuchte er einmal das heimatliche Oberplan. Unter dem Eindruck dieser Rückkehr in die eigene Vergangenheit schickte er sich an, seine Kindheit zu schildern. Versunken ins Geheimnis des Ursprungs, verwoben sich dem Dichter Gedächtnis und Traum.

... Weit zurück in dem leeren Nichts ist etwas wie Wonne und Entzücken, das gewaltig fassend, fast vernichtend in mein Wesen drang, und dem nichts mehr in meinem künftigen Leben glich. Die Merkmale, die festgehalten wurden, sind: es war Glanz, es war Gewühl, es war unten. Dies muß sehr früh gewesen sein; denn mir ist, als liege eine sehr weite Finsternis des Nichts um das Ding herum.

Dann war etwas anderes, das sanft und lindernd durch mein Inneres ging. Das Merkmal ist: es waren Klänge. Dann schwamm ich in etwas Fächelndem, ich schwamm hin und wider, es wurde immer weicher und weicher in mir, dann wurde ich wie trunken, dann war nichts mehr.

Diese drei Inseln liegen wie feen- und sagenhaft in dem Schleiermeere der Vergangenheit, wie Urerinnerungen eines Volkes.

Die folgenden Spitzen werden immer bestimmter. Klingen von Glocken, ein breiter Schein, eine rote Dämmerung.

Ganz klar war etwas, das sich immer wiederholte. Eine Stimme, die zu mir sprach, Augen, die mich anschauten, und Arme, die alles milderten. Ich schrie nach diesen Dingen. Dann war Jammervolles, Unleidliches, dann Süßes, Stillendes. Ich erinnere mich an Strebungen, die nichts erreichten, und an das Aufhören von Entsetzlichem und Zugrunderichtendem . . .

Immer mehr fühlte ich die Augen, die mich anschauten, die Stimme, die zu mir sprach, und die Arme, die alles milderten. Ich erinnere mich, daß ich das «Mam» nannte. Diese Arme fühlte ich mich einmal tragen. Es waren dunkle Flecke in mir. Die Erinnerung sagte mir später, daß es Wälder gewesen sind, die außerhalb mir waren.

Allmählich tritt aus dem Nebel von Glanz und Gewühl die Außenwelt hervor. Gestalten, Namen, Farben und Begebenheiten werden wahrgenommen.

Ich fand mich einmal wieder in dem Entsetzlichen, Zugrunderichtenden, von dem ich oben gesagt habe. Dann war Klingen, Verwirrung, Schmerz in meinen Händen und Blut daran, die Mutter verband mich, und dann war ein Bild, das so klar vor mir jetzt dasteht, als wäre es in reinlichen Farben auf Porzellan gemalt. Ich stand in dem Garten, der von damals zuerst in meiner Einbildungskraft ist, die Mutter war da, dann die andere Großmutter, deren Gestalt in jenem Augenblicke auch zum ersten Male in mein Gedächtnis kam, in mir war die Erleichterung, die alle Male auf das Weichen des Entsetzlichen und Zugrunderichtenden folgte, und ich sagte: «Mutter, da wächst ein Kornhalm.» Die Großmutter antwortete darauf: «Mit einem Knaben, der die Fenster zerschlagen hat, redet man nicht.» Ich verstand zwar den Zusammenhang nicht; aber das Außerordentliche, das eben von mir gewichen war, kam sogleich wieder, die Mutter sprach wirklich kein Wort, und ich erinnere mich, daß ein ganz Ungeheures auf meiner Seele lag. Das mag der Grund sein, daß jener Vorgang noch jetzt in meinem Innern lebt. Ich sehe den hohen, schlanken Kornhalm so deutlich, als ob er neben meinem Schreibtische stände, ich sehe die Gestalten der Mutter und Großmutter, wie sie in dem Garten herum arbeiteten, die Gewächse des Gartens sehe ich nur als unbestimmten grünen Schmelz vor mir; aber der Sonnenschein, der uns umgab, ist ganz klar da. Nach dieser Begebenheit ist abermals Dunkel.

Jetzt tritt der Raum in Erscheinung, die Stube mit den großen braunen Tragebalken und dem hervorspringenden grünen Kachelofen, auf dessen Bank der Kleine später, wenn an Winterabenden die Männer ihre Geräte ausbessern und die Frauen spinnen, alte Wunder- und Geistergeschichten hören wird, um sie nie mehr loszuwerden. Aber noch ist die Phantasie mit dem Nächstliegenden beschäftigt, und da ist vor allem der neue Tisch, den der Zimmersepp gemacht hat und auf dem das Osterlämmlein war.

Der Tisch war genau viereckig, weiß und groß, und hatte in der

Mitte das rötliche Osterlämmlein mit einem Fähnchen, was meine außerordentlichste Bewunderung erregte. An der Dickseite des Tisches waren die Fugen der Bohlen, aus denen er gefügt war, damit sie nicht klaffend werden konnten, mit Doppelkeilen gehalten, deren Spitzen gegeneinander gingen. Jeder Doppelkeil war aus einem Stück Holz, und das Holz war rötlich wie das Osterlamm. Mir gefielen diese roten Gestalten in der lichten Decke des Tisches gar sehr. Als dazumal sehr oft das Wort «Conscription» ausgesprochen wurde, dachte ich, diese roten Gestalten seien die Conscription. Noch ein anderes Ding der Stube war mir äußerst anmutig und schwebt lieblich und fast leuchtend in meiner Erinnerung. Es war das erste Fenster an der Eingangstür. Die Fenster der Stube hatten sehr breite Fensterbretter, und auf dem Brette dieses Fensters saß ich sehr oft und fühlte den Sonnenschein, und daher mag das Leuchtende der Erinnerung rühren. Auf diesem Fensterbrette war es auch allein, wenn ich zu lesen anhob. Ich nahm ein Buch, machte es auf, hielt es vor mich, und las: «Burgen, Nagelein, böhmisch Haidel.» Diese Worte las ich jedes Mal, ich weiß es, ob zuweilen noch andere dabei waren, dessen erinnere ich mich nicht mehr. Auf diesem Fensterbrett sah ich auch, was draußen vorging, und ich sagte sehr oft: «Da geht ein Mann nach Schwarzbach, da geht ein Weib nach Schwarzbach, da fährt ein Mann nach Schwarzbach, da geht ein Hund nach Schwarzbach, da geht eine Gans nach Schwarzbach.» Auf diesem Fensterbrette legte ich auch Kienspäne ihrer Länge nach aneinander hin, verband sie wohl auch durch Querspäne, und sagte: «Ich mache Schwarzbach!» In meiner Erinnerung ist lauter Sommer, den ich durch das Fenster sah, von einem Winter ist von damals gar nichts in meiner Einbildungskraft.

Hier endet die Niederschrift. Kaum jemals hat ein Dichter dem Hineindämmern und Aufwachen ins Zwielicht der Welt mit so unheimlicher Innigkeit nachgespürt; wunderbar, wenn es in der Tat Erinnertes war, nach sechzig Jahren heraufbeschworen, wunderbarer, wenn es die Einbildungskraft des Künstlers vollbracht hat.

DER STIFTER-BERTL

Adalbert Stifter wurde am 23. Oktober 1805 in Oberplan im südlichen Böhmen geboren. Sein Vater war wie dessen Vorfahren Leinweber, hatte aber, dem Zug der Zeit folgend, das Handwerk mit dem Handel vertauscht und betrieb daneben ein wenig Landwirtschaft. Zwei Monate vor der Geburt des Kindes hatte er die einundzwanzigjährige Magdalena Friepes, Tochter eines ortsansässigen Fleischhauers, geheiratet. Von seinem Wesen ist uns nicht viel mehr überliefert, als daß er ein arbeitsamer, braver Mann gewesen sei; ein Bauer war er so wenig wie seine Vorfahren. Zwölf Jahre später kam er durch einen Unglücksfall ums Leben. Wenn der Sohn seiner gedach-

Stifters Geburtshaus. Aquarell von Josef Hoffmann, 1877

te, tat er es mit betont kindlicher Ehrerbietung; daß dies nicht sehr oft geschah, dürfte weniger auf den frühen Verlust als auf die lebenslange Gebundenheit an die Mutter zurückzuführen sein.

Von ihr, *einem Wesen voll Güte und Liebe,* ist stets in Worten innigster Zuneigung die Rede. Die erste Biographie des Dichters, die sein Freund Reitzenbeck getreu den Anweisungen Stifters niedergeschrieben hat, enthält das Schlüsselwort: «Die erste Liebe Adalbert Stifters war die für seine Mutter. Der Glanz dieser Liebe ist in seinen Werken.» In einem Brief an den Freund und Verleger Hekkenast nennt er sie *eine Frau von schlichtem, aber tiefem und meist dichterischem Gefühl,* er überhöht und verklärt ihr Bild und seine Beziehungen zu ihr, und nach ihrem Tod betont er diese Bindung mit Nachdruck: *Den Grundzug meines Wesens empfing ich von meiner Mutter, so wie sie meine Schriften vollkommen verstand, wozu viel weisere Leute den Schlüssel vergeblich suchen.*

Von ihr mag er die Anlage zum Gemüt- und Seelenvollen, den Hang zur Weichheit und zum Triebhaften mitbekommen haben. Zwar haben Entwicklung und Gesinnung sein Wollen und Wirken in inneren Kämpfen umgeprägt, aber gewisse weibliche Züge seiner Natur blieben übermächtig. Mit allen denkbaren Vorbehalten darf man die Zusammensetzung des elterlichen Erbes Stifters mit der Goethes vergleichen: immer freilich der gewaltigen Unterschiede des sozialen Standes, des geschichtlichen und örtlichen Heimathintergrundes und des Bildungsniveaus bedenkend.

Das Kind hing an der Mutter wie sie an ihm. Neben ihr spielten die Großeltern eine bedeutende Rolle, namentlich die Großmutter Ursula, *eine lebendige Chronik und Dichtung,* deren Erzählungen und biblische Geschichten, Lieder und Sprüche er nie vergessen sollte. Seine Erzählung *Das Heidedorf* erhöhte ihre Gestalt ins Legendäre.

In der Obhut dieser einfachen Menschen lernte der kleine Bertl die Welt kennen: sie erweiterte sich über die Wohnstube und das kleine Haus und den Vorplatz mit dem Gärtchen hinaus, schloß allmählich die Ortschaft mit ihren Menschen, Bauten und Tieren ein, und als er älter wurde und Geschwister und Spielgefährten hinzukamen, eroberte er die nähere Umgebung, die Anhöhe mit dem Brunnen und der Kapelle zum guten Wasser und weiter oben das rote Kreuz, von wo der Blick über die karge, einförmige Gegend geht, durch die sich damals die noch schmale Moldau in herzförmiger Windung schlang. Dunkle Wälder schlossen in der Ferne den Horizont ab. In dieser epischen Landschaft – so nannte er sie später gern – wuchs das Kind zu einem lebhaften, phantasievollen und empfindsamen Wesen heran. Die Lieder und Märchen der Großmutter nährten seine Einbildungskraft, die Vorstellung, die der wandernde Puppenspieler, *der Krummhändige,* gab, bewegten ihn zu Tränen des Mitleids mit Genoveva und dem kleinen Schmerzensreich und zu seliger Heiterkeit über den plumpen Kasper. Leicht erregbar, war ihm alles Dunkle und Unvertraute nicht geheuer, und doch zog es ihn immer wieder an und machte ihm eine *unheimliche schauerliche Freude.*

Der Wissenstrieb erwachte früh. Seine endlosen Fragen beantworteten die Erwachsenen des Hauses, so gut sie es verstanden, bis der

Das Geburtshaus in Oberplan

Oberplan. Gemälde von Stifter, 1823

Mutter schließlich die Geduld ausging: «Jetzt gehst und gibst einmal Ruh, du Grundschuhhiesel!» Es war Zeit, daß er in die Schule kam. Dort hatte er das Glück, einen außerordentlichen Lehrer zu finden. Josef Jenne, ein einfacher Landschulmeister, über den nichts weiter bekannt ist, muß eine bemerkenswerte Persönlichkeit gewesen sein; dem kleinen Bertl wurde er bald zum Inbegriff menschlicher Würde und Größe. Noch gegen Ende seines Lebens vertraute Stifter seinem Freund Aprent an, daß er sich als Junge einmal häßlich gegen eine Mitschülerin betragen und, vom Lehrer zur Rechenschaft gezogen, seine Missetat geleugnet habe; worauf dieser ihm ernst ins Gewissen redete: «Das hätte ich nie von dir gedacht, daß du lügst!» Die Worte fielen dem Buben unsäglich schwer aufs Herz. *Sie waren der erste große Schmerz, den ich empfand.* Wie Jenne so vor dem beschämten Sünder stand, ein strenger, gerechter und enttäuschter Richter, da glaubte der Kleine erst zu erkennen, *wie schön und herrlich doch der Mann sei.* Sein Sinn für männliche Würde und Größe war erwacht, vielleicht auch war es schon dieses erste bewunderte Vorbild, das in dem späteren Dichter und Erzieher, ihm selbst nicht bewußt, nachwirken sollte.

Er war ein Musterschüler, aber kein Musterknabe. Wie die anderen balgte er sich herum, wie sie beging er manche kindliche Roheit. Derbe Unsitten der ländlichen Jugend mochten bei ihm wie bei den meisten Kindern eine Lust an der Grausamkeit befriedigen. Seine Umgebung sah darin nichts Bedenkliches. Geistige Anregung konnte sie ihm außer dem katholischen Brauchtum nicht bieten. Um so mehr gab ihm die Natur. Früh begann er zu beobachten, zu sammeln und zu formen. Hatte er als ganz kleines Kind mit Kienspänen «Schwarzbach gemacht», so zeichnete er jetzt mit dem Rotstift Tiere, Blumen und Städte und bildete aus Baumrinde Altäre und Kirchen und Paläste aus feuchtem Lehm.

Als Knabe trug ich außer Ruten, Gesträuchen und Blüten, die mich ergötzten, auch noch andere Dinge nach Hause, die mich fast noch mehr freuten, weil sie nicht so schnell Farbe und Bestand verloren wie die Pflanzen, nämlich allerlei Steine und Erddinge. Auf Feldern, an Rainen, auf Heiden und Hutweiden, ja sogar auf Wiesen, auf denen doch nur das hohe Gras steht, liegen die mannigfaltigsten dieser Dinge herum. Da ich nun viel im Freien herumschweifen durfte, konnte es nicht fehlen, daß ich bald die Plätze entdeckte, auf denen die Dinge zu treffen waren, und daß ich die, welche ich fand, mit nach Hause nahm ... Wenn ich Zeit hatte, legte ich meine Schätze in eine Reihe, betrachtete sie und hatte mein Vergnügen an ihnen. Besonders hatte die Verwunderung kein Ende, wenn es auf einem Steine so geheimnisvoll glänzte und leuchtete und äugelte, daß man es gar nicht ergründen konnte, woher denn das käme ... Dieser Sammelgeist nun ist noch immer nicht von mir gewichen. Er äußerte sich später in den Schilderungen, die im Nachsommer viele Seiten ein-

Die Gutwasserkapelle auf dem Kreuzberg bei Oberplan.
Zeichnung von Stifter, 1845

nehmen. Auch dort ist die Rede von den Eindrücken, Erlebnissen und Tätigkeiten des Knaben. *Es war, ich erkannte es spät, im Grunde die Wesenheit eines Künstlers, die sich mir offenbarte und ihre Erfüllung heischte.*

Das Glück, schöne Dinge zu finden und zu schaffen, wird erst vollkommen, wenn auch der Verstand sich ihrer bemächtigt. Wissen wollte der Schüler, und als er bei seinem Lehrer einmal eine Naturgeschichte sah, ruhte er, wie Aprent berichtet, «nicht eher, als bis der Vater Herrn Jenne bat, dem Buben das Buch zu leihen». Auch ein rührseliger Roman und ein Trauerspiel fielen ihm in die Hände, und dem väterlichen Verbot trotzend, las er sie, im Taubenschlag versteckt und zu Tränen gerührt. Dem guten Lehrer verdankte er auch die erste Berührung mit der Kunst. Unter Jennes Leitung führten die Oberplaner «Die Schöpfung» von Haydn auf, und Bertl durfte im Chor mitsingen. *Das Tonwerk machte einen so unermeßlichen Eindruck auf mich wie nachher ein Kunstwerk nie mehr. Ich war in die höchsten Kreise der Andacht und Gottesverehrung gehoben. Aus den Proben und der Aufführung merkte ich mir oft lange Strecken und sang sie, wenn ich allein auf Wiese oder Feld war.*

Aber weder Wissen noch Kunst gewähren Schutz vor dem Unheimlichen. Wenn er wie die anderen das abendliche Gebetläuten übernehmen sollte, stieg er zwar mutig in den dunklen Kirchturm hinauf, zog auch tapfer an den Glockensträngen, aber mit dem Brummen der großen und dem Schall der kleinen Glocke packte ihn namenloses Grauen. Entsetzt floh er hinunter – und stieg am nächsten Abend doch wieder hinauf.

Auch vor Gewittern hatte er Angst. Das Naturschauspiel faszinierte und ängstigte ihn zugleich. Um dieser Furcht Herr zu werden, machte er sich daran, ein Gewitter schriftlich zu schildern; dabei konnte er sich in der Beschreibung des großartigen Ereignisses furchtlos ergehen, ohne unter dessen Schrecken zu leiden: ein vom Instinkt gewiesener Schritt auf dem Weg zur inneren Befreiung.

Jenne war dafür, ihn in eine höhere Schule zu schicken, und die Eltern erklärten sich dazu bereit. War es doch stets Magdalena Stifters Wunsch gewesen, daß ihr Ältester einmal ein geistlicher Herr werden sollte! Also begann der Kaplan ihn in die Anfangsgründe des Lateinischen einzuweihen, gab das aber bald wieder auf, denn, erklärte er, der Bub sei völlig unbegabt zum Studium. Schade um jeden Kreuzer!

Im November 1817 traf in Oberplan die Nachricht ein, daß Johann Stifter auf einer oberösterreichischen Straße unter seinem umgestürzten Wagen tot aufgefunden worden sei. Die Mutter war verzweifelt. Wieder mag der Zwölfjährige jenes «Entsetzliche, Zugrunderichtende» empfunden haben, dem er sich so oft ausgesetzt fühlte. Er war entschlossen, Hungers zu sterben. Die Mutter mit ihren fünf Kindern hatte es nicht leicht; doch ihr Vater und der Schwiegervater standen ihr bei. Bertl, jetzt aus der Volksschule entlassen, übernahm, was einem Bauernbuben oblag. *Von diesem Herbst an bis zum Herbst 1818 besorgte ich mit dem Großvater Augustin die Feldwirtschaft. Wir pflügten, eggten, fuhren, hüteten unsere Rinder und dergleichen. Ich erinnere mich, daß ich in jenen zwei Jahren eine unendliche Liebe zur landschaftlichen Natur und Einsamkeit faßte, da ich schier immer im Freien und von einer zwar nicht reizenden, aber ruhevollen, schweigsamen und fast epischen Gegend umfangen war.*
Einer war mit diesem Leben nicht einverstanden: der Großvater Friepes hatte es sich in den Kopf gesetzt, daß der Bertl studieren sollte, und er setzte es schließlich durch. Im Sommer 1818 machte er sich mit dem Enkel auf den Weg nach dem Benediktinerstift Kremsmünster im nahen Oberösterreich. Dem Stift war ein Gymnasium angeschlossen, und ein Verwandter, der Kaplan in Viechtau war, gab ihnen eine Empfehlung mit. In Kremsmünster wies man sie an den P. Placidus Hall. Aus Aprents Bericht über diese erste Begegnung geht hervor, daß der geistliche Schulmann um mehr als hundert Jahre seiner Zeit voraus gewesen ist. Er unterzog den befangenen Bauernjungen einem ungewöhnlichen Examen. «Der Herr Professor fragte zuerst, woher Adalbert sei und wie die Ortschaften in der Umgebung von Oberplan heißen, und die Antworten waren vollständig befriedigend. Er fragte dann um die Bäume und Sträucher, um Wässer und Berge der Heimat, und Adalbert nannte sie alle mit großer Genauigkeit. Und selbst als er gefragt wurde, ob er den Wirt und den Fleischer und noch andere Leute im Orte kenne, ob sie Pferde und Hunde hielten und wie diese hießen, selbst da stockte er nicht und gab über alles dies und noch über manches andere, worüber er nicht gefragt worden war, ausführlichen Bescheid. Da erhob sich der

Professor und sagte: ‹Nun, es ist schon gut, es wird schon gehen; bringt mir nur den Buben zu Allerheiligen wieder!› Zögernd nahm der Großvater seinen Hut, aber in der Türe faßte er doch noch ein Herz, wandte sich um und bemerkte bedenklich: ‹Aber das Latein, Herr Professor!› Dieser aber erwiderte: ‹Nun, da habt Ihr mir ja selbst gesagt, daß er nichts weiß! Aber es wird schon gehen, bringt ihn nur gewiß!›»

ADALBERTUS STIFTER
BOHEMUS OBERPLANENSIS

So wurde aus dem Stifter-Bertl Adalbertus Stifter Bohemus Oberplanensis. Die karge Heidegegend mit den dunklen Wäldern vertauschte er mit der fruchtbaren, heiteren Kulturlandschaft ob der Enns, das ärmliche Mothselhaus mit den mächtigen Gebäuden des Stifts, seinen weitläufigen Höfen, Gärten und Teichen, der prachtvollen Kirche, der berühmten Bibliothek, der Gemäldegalerie und Schatzkammer und dem gewaltigen Wahrzeichen Kremsmünsters: dem achtgeschossigen Turm aus Quadersteinen, der die naturwissenschaftlichen Sammlungen enthält und von der Sternwarte gekrönt wird – einziger Profanbau solchen Ausmaßes im österreichischen Barock. Hier herrschte ein zwischen Theologie und Aufklärung bedächtig waltender Geist, der, ohne die von Staat, Zeit und Ort gezogenen Grenzen zu überschreiten, dem Schüler eine angemessen scheinende Grundlage lieh; darüber hinaus gab Kremsmünster mit seinen Regeln und Satzungen dem Zögling das sichernde Gefühl der Zugehörigkeit, und dessen bedurfte der junge Stifter um so mehr, je lockerer die Bindung ans Elternhaus zu werden drohte. Die erste Trennung von zu Hause und insbesondere von der Mutter mochte dem Dreizehnjährigen schwer genug gefallen sein, und die Heimkehr in den Sommerferien, und gar als prämiierter Klassenbester, durfte er sicherlich als einen Höhepunkt jungen Glücks empfinden. Wie tief mag es ihn da getroffen haben, als er schon im zweiten Sommer im Hause einen Stiefvater vorfand! Die sechsunddreißigjährige Magdalena hatte den beträchtlich jüngeren Bäckermeister Ferdinand Mayer geheiratet, und ihr Ältester bekam noch im selben Jahr einen Halbbruder. Zwischen Adalbert und dem neuen Herrn im Haus war ein reibungsloses Verhältnis nicht herzustellen. In dem Mann, der ihm die Mutter weggenommen hatte, mußte er den Eindringling und Friedensstörer sehen. Die naturgegebenen Spannungen führten zu drastischen Szenen, und in den späteren großen Ferien kam Adalbert nicht mehr regelmäßig nach Hause.

Um so besser ging es ihm in der Schule. Er war fleißig und strebsam, wenn auch kein Streber, und fast durchwegs der Erste; der Lohn bestand nicht nur in vorzüglichen Zeugnissen und den üblichen Prämienbüchern, sondern auch in der Gunst der Lehrer. Namentlich

P. Placidus Hall nahm sich seiner an, und in ihm fand der Junge einen besseren Vaterersatz als in dem Mann seiner Mutter. Hall, in den ersten vier Jahren, den Grammatikalklassen, sein Klassenlehrer, der alle Fächer außer Religion bestritt, war ein wohlwollender und gütiger Mann, und Stifter bewahrte ihm dauernde Dankbarkeit. *Den vorzüglichsten, wenn nicht allen Teil an meinem Fortgang verdankte ich... dem Benediktiner Placidus Hall, der sich meiner annahm, weil er einige Anlage in mir zu entdecken meinte, mich selbst neben anderen Zöglingen zu sich auf sein Zimmer gehen ließ, mich ermunterte, mich im Zügel hielt, wenn mich mein zu lebhaftes Wesen fortreißen wollte, und mich endlich so lieb gewann, daß er fast mehr als väterlich für mich sorgte. Ich kann nur mit größter Liebe und Ehrerbietung an diesen Mann denken.*

P. Placidus Hall

In den nächsten zwei Jahren, den Humanitätsklassen, die «Poesie» genannt, trat an P. Halls Stelle der P. Ignaz Reischl, ein geistlicher Humanist von Rang, alter und neuer Sprachen kundig, der Dichtung zugetan und die Schüler zu poetischen Arbeiten ermunternd. Auf diese Klassen folgte die «Philosophie», ein zweijähriger Kursus, der zur Universität vorbereitete. Hier schloß Stifter sich besonders an P. Marian Koller, Physiker und Astronom, an. So groß auch sein Interesse an den Naturwissenschaften war, stärker zog es ihn doch zur Kunst. Er hatte nicht erst der Anregung durch P. Reischl bedurft, «poetische Ausarbeitungen» zu liefern, wie sie der Unterrichtsordnung entsprachen. Schon in der fünften Klasse hatte er damit begonnen, und allerlei Fabeln, Idyllen, Elegien, später antikisierende Strophen, Balladen und Epigramme entstanden. Die Einflüsse von Matthisson, Salis-Seewis, Schiller und anderer Schullektüre sind unverkennbar; und wenn auch den jugendlichen Ergüssen kein dichterischer Wert zuzusprechen ist, dringt doch ab und zu durch alle modischen Abhängigkeiten und Attitüden ein persönlicher und echter Ton.

Ähnlich verhielt es sich mit den zeichnerischen und malerischen Versuchen, denen der junge Stifter sich eifrig hingab. Der Lehrer Georg Riezlmayr leitete die Schüler an, landschaftliche Motive nach Stichen oder nach der Natur abzubilden, im Stil der beliebten Veduten-malerei und bedacht auf gefällige und dekorative Wirkung. Von den wenigen Arbeiten, die aus Stifters Schulzeit von seiner Hand erhalten sind, seien zwei erwähnt: die früheste, eine Ansicht von Oberplan, reizvoll in ihrer fast kindlichen Unbeholfenheit, und ein größeres Aquarell, das Kremsmünster und seine Umgebung panoramatisch darstellt. Wie seine poetischen Erstlinge schwerlich den eigenwilligen großen Sprachkünstler ahnen lassen, so verraten die bildkünstlerischen Anfänge in nichts den interessanten Landschaftsmaler, zu dem er sich entwickeln sollte. Und doch war es mehr als schülerhafter Enthusiasmus, was dem Versemachen und Bildermachen zugrunde lag: der Gestaltungstrieb, der schon in dem kleinen Kind ge-

Stifters Abgangszeugnis von Kremsmünster

Wien: die Alte Universität

wirkt hatte, drängte zur Äußerung, und daß ihm die Schule einen Weg wies, wenn es auch ein Abweg war, dankte er ihr immer wieder: *Seit jenen Tagen hat mich eine mir damals zugeführte Grazie keinen Augenblick verlassen, d i e L i e b e z u r K u n s t, und sie wird mir teuer bleiben, bis ich sterbe; denn sie allein hat ausgehalten, wenn auch Liebe, Freundschaft, Ehrgeiz, Tatenlust, alles log und floh.*

Im Sommer 1826 verließ er Kremsmünster mit den besten Zeugnissen. Es war ihm zu einer zweiten Heimat geworden, es hatte ihm eine zwar schulmäßig eingeengte, doch tragfähige Bildung vermittelt, vor

Wien: «Stock im Eisen» am Stefansplatz. Gemälde von Rudolf von Alt

allem aber das sichernde Gefühl, dessen gerade er bedurfte: einbezogen zu sein in eine Umwelt, die er verstand, wie sie ihn verstand, in eine Gemeinschaft, in der er sich geborgen wußte. Hier waren Gleichgesinnte unter Lehrern und Kameraden, anders als in dem engen Lebenskreis von Oberplan, in den er zurückkehrte, bevor er die Universität Wien bezog.

Zwar war das Wiedersehen mit der Kindheitswelt, mit der Mutter, an der er hing, und mit den vertrauten Fluren und Wäldern immer wieder eine Freude; aber konnte sich ein in allerlei Wissenschaften geschulter, von den Künsten schwärmender Jüngling noch zu Hause fühlen in dem dürftigen und beschränkten Leben des kleinen Ortes? Den Menschen hier mußte er von Jahr zu Jahr fremder geworden sein. Sie verstanden nicht, was ihn bewegte, sie mühten und bangten sich tagaus, tagein um den Unterhalt, waren befangen in Vorurteil, Aberglauben und Mißtrauen gegen alles Neue und Fremde und ergeben den weltlichen und geistlichen Obrigkeiten. Der Abstand war zu groß geworden. Die Entwicklung des jungen Menschen, dessen Veranlagung bereits durch eine gewisse Brüchigkeit gekennzeichnet war, mußte dadurch eine weitere Störung erfahren – und wie erst, als er nun die Unfreiheit des dörflichen Daseins vertauschte mit der Freiheit der Großstadt, die nur eine andere Unfreiheit war, in welcher die Gesellschaft, der Markt, der Kampf um Aufstieg und Geltung ihren Zwang übten!

Wien empfand er zuerst wie eine andere Wildnis. Mit einem Studienkameraden, dem noch einer folgte, mietete er sich in einem verwitterten Palais im Bezirk Landstraße ein, in einem von der geräuschvollen Stadt fast noch unberührten Winkel. Wie die drei dort hausten, hat er später in *Leben und Haushalt dreier Wiener Studenten* in «Wien und die Wiener» beschrieben, und durch den burschikosen Ton der Schilderung klingt das Erschrecken hindurch, die *Verlorenheit in dieser ungeheuren Wildnis von Mauern und Dächern, diesem unermeßlichen Gewimmel von Menschen, die sich alle fremd sind und aneinander vorübereilen.* Es fiel ihm schwer, sich in den Gassen, den Sitten, in dem Tumult der fröhlichen und gewandten Leute zurechtzufinden, alles bedrückte ihn; war er ja noch immer der unbeholfene Junge vom Lande, hinterwäldlerisch gekleidet, unvertraut mit den gesellschaftlichen Formen dieser «großen Welt».

Er hatte sich für das Rechtsstudium entschieden. Nicht daß ihn eine besondere Vorliebe in diese Richtung gezogen hätte; aber der geistliche Beruf, den zu wählen die Mutter lieber gesehen hätte, lag ihm noch ferner. Das Studium der Rechte, Vorbedingung für die Laufbahn eines staatlichen Beamten, sollte ihm einmal das tägliche Brot sichern. Nun betrat er das Gebäude der Universität *mit beklemmenden Vorgefühlen*, und dieser Druck wollte nicht weichen; ja er lastete von Jahr zu Jahr schwerer auf ihm. Aber den in der anfänglichen Verzagtheit gefaßten *festen Vorsatz, ungeheuer studieren zu wollen*, machte er wahr. Vorschriftsmäßig begann er mit Natur- und Kriminalrecht, bestand auch das Examen mit Vorzug. Aber ihn, den es – wenn auch noch so unbestimmt – nach künstlerischem Ausdruck drängte, konnte dieses Studium nicht ausfüllen, zumal die Wiener Universität geistiger Führerpersönlichkeiten entbehrte. Die Lehrer waren weder außerordentliche Fachgrößen, noch standen sie in lebendiger Fühlung mit dem sozialen und intellektuellen Leben der Zeit. Vom Kaiser Franz an bis hinunter zum kleinen Beamten diente alles einem schlecht funktionierenden, überalterten System. Kein frischer Luftzug durfte aus dem Ausland eindringen. Zensur, Polizei, Spitzelwesen beherrschten den Metternichschen Staatsapparat, und die Bevölkerung, zehrend von einer großen Vergangenheit, nahm alles gleichmütig hin oder flüchtete in biedermeierlich harmloses Vergnügen, wie es der Obrigkeit zustatten kam. Noch gedieh herrliche Musik wie immer – von ihr drohte dem System keine Gefahr. Das

Theater blühte, allerdings streng überwacht von der Behörde, und in einigen gebildeten und wohlhabenden Familien wurde auch eine besondere Art veredelter Kultur gepflegt. Die Universität blieb davon unberührt. Während um diese Zeit an deutschen Hochschulen Philosophen wie Hegel, Schelling und Schleiermacher, Naturforscher wie Henrik Steffens, Geister wie A. W. von Schlegel, Görres und viele andere durch ihren Einfluß auf die studierende Jugend mittelbar breite Kreise des Volkes ergriffen, waren die Professoren in Wien nur korrekte kaiserlich-königliche Beamte.

Wie schon in der Schulzeit lebhaft an den Naturwissenschaften interessiert, besuchte Stifter auch Vorlesungen über Physik, Mathematik und Astronomie. Und wie er in Kremsmünster Nachhilfestunden gegeben hatte, erwarb er sich jetzt damit seinen Lebensunterhalt. War er des im Grunde planlosen Lernens und des Lehrens müde, erholte er sich vor den Wunderwerken in den Gemäldesammlungen und zeichnete, malte und schrieb.

Die Sommerferien verbrachte er in der Heimat. Seine Schul-, Weg- und Wohngenossen waren in Friedberg zu Hause, einem freundlichen Städtchen an der Moldau unweit von Oberplan. Es gab da mehrere junge Akademiker, in ihrem Kreis auch junge Mädchen. Das angesehenste Haus war das des wohlhabenden Leinwandhändlers Greipl, und seine vier Töchter und ein jüngerer Sohn gehörten zu dem Kreis der geselligen Jugend. Man machte Ausflüge durch die Wälder an die romantische Moldauschlucht, Teufelsmauer genannt, und man wanderte nach dem Thomasberg an der oberösterreichischen Grenze, wo sich die zerfallene Burgruine Wittinghausen erhebt. Witiko von Prschitz hatte sie im 12. Jahrhundert erbaut, der Ahnherr des Geschlechts der Witigonen, die in ihrem Wappen die fünfblättrige Rose führten. Die Burg, Witiko, die Rose und jene glücklichen Jugendtage sollten für Stifter zu dem Erlebnis werden, das bis ans Ende seiner Tage das künstlerische Werk nährte.

LIEBE OHNE HOFFNUNG

Der mittellose Sohn des Mothselhauses, der längst schon erfahren hatte, daß in dieser Welt nichts galt, wer nichts besaß, verliebte sich in die neunzehnjährige Fanny Greipl, ein anmutiges, beliebtes und vielumworbenes Mädchen. Stifters äußere Erscheinung hatte wenig Anziehendes. Kaum mittelgroß, im Gesicht die Narben, die von einer Pockenerkrankung herrührten, in seiner Kleidung keineswegs elegant, ohne Selbstsicherheit im Verkehr und aus Verlegenheit oft ungeschickt, war er nicht eben der Inbegriff eines jugendlichen Liebhabers. Wohl übertraf er an Geist und Begabung die anderen weit. Aber sein geniales Treiben, meinten sie, verfehle das Wichtigste: sich auf den zukünftigen Beruf zu konzentrieren. Wenn er sich dann

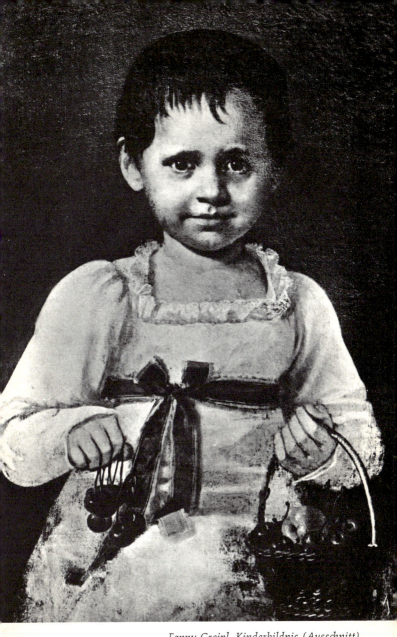

Fanny Greipl. Kinderbildnis (Ausschnitt)

erhitzte und von der Kunst zu schwärmen anfing, die zehntausendmal mehr wert sei als ihre ganze Berufswissenschaft, gaben sie es auf und fanden sich mit solchen Hirngespinsten ab. Klar, daß er es zu nichts Rechtem bringen werde! Ihm selbst war alles unklar.

Auch im zweiten Hochschuljahr betrieb er seine Studien fleißig, und da ihn Professor Andreas von Baumgartner, ein gebürtiger Friedberger, als Lehrer bei angesehenen Familien empfahl, besserten sich auch seine wirtschaftlichen Verhältnisse, und durch den neuen Umgang gewann er an Sicherheit und Lebensart; aber das Behagen, sich einer Gemeinschaft zugehörig zu fühlen, war ihm versagt. Er blieb ein Außenseiter.

Wieder kam der Sommer und wieder war Friedberg der Sammelplatz der jungen Leute und das Greiplhaus ihr Mittelpunkt. Die freundschaftlichen Fäden sponnen sich dichter, man gewährte einander das vertraulichere Du, und die allgemeine Stimmung gestattete Stifter, dem Mädchen seines Herzens zu bekennen, daß er sie liebe, als ihr bester Freund liebe. Denn daß er sie liebe als Mann, der sie zur Frau haben wolle, davon konnte natürlich nicht die Rede sein. Wie eng die Grenzen waren, in denen die Beziehung sich hielt, geht daraus hervor, daß Fanny ihm erlauben durfte, ihr zu schreiben, wenn er wieder in Wien sein werde.

... Von dieser Erlaubnis mache ich daher Gebrauch und sende Dir diese Zeilen von Wien, nebst meinem tausendfachen Gruß. Beinahe unerträglich ist mir wieder das Leben in Wien auf jene glückliche goldene Zeit, in welcher ich in so angenehmer Gesellschaft im Budweiser Kreise herumfuhr. Ich werde jener Tage in Ewigkeit nicht vergessen... Vergiß nicht, liebe Fanny, auf das, was ich Dir in den Ferien sagte, es kam aus dem aufrichtigen Herzen Deines besten Freundes – doch das wirst Du längst vergessen haben, nur eines bitte ich Dich, spotte nie über meine Schwäche, es würde mich ungemein schmerzen, denn ich habe Dich wirklich recht mit ganzem Gemüte lieb und werde Dich immer lieben. Ich weiß es ja, es ist nur ein liebliches Phantom, es ist nur ein Kartenhaus, an dem ich mich so sehr ergötze, doch mir ist dieses Phantom, dieses Kartenhaus so lieb, und mich wird der Wind sehr betrüben, der es gewiß über kurz oder lang umblasen wird...

Auch Verse schickt der Kleinmütige nach Friedberg. Die Eltern werden ängstlich, und in ihrem Auftrag muß der junge Sohn dem unerwünschten Verehrer reinen Wein einschenken. Stifter antwortet aufgeregt und eifersüchtig, Fannys Bruder beruhigt ihn, sie selbst versichert ihn ihres tieferen Wohlwollens, aber er zweifelt und fürchtet sich *auf die Zeit, wo das so schöne brüderliche Band sich allmählich lösen wird, und wo der Jugendzeit, der Zeit unbefangenen, freudigen Liebens als eines schönen Traumes gedacht werden wird... Meine Stirne verfinstert sich. Einen großen Teil davon mag das Bewußtsein haben, daß ich einen gewissen Wunsch, der mein höchster ist, nie und nimmermehr erreichen werde. Nun, er fahre hin, aber lieb wird er mir bleiben, so lange ich lebe.*

Friedberg. Gemälde von Stifter, um 1830

Weitere Briefe gehen hin und her. Fanny, selbst mißtrauisch, wirft ihm Mißtrauen vor, spielt ein wenig die Eifersüchtige und schlägt endlich vor: «Treten wir wieder zurück in unser ganzes früheres Verhältnis, ich weiß, Du wünschest es.» Jetzt ist er tief verletzt, will sich rechtfertigen, drängt auf eine Entscheidung: *Ich bitte Dich, weiche mir nicht aus, sag es mir geradezu – ich kann und will nicht länger in diesem Zwitterverhältnis zwischen Freundschaft und Liebe schweben – mag die Antwort sein, wie sie wolle, einmal muß es entschieden werden – nur zweifle nicht an meiner Liebe und Aufrichtigkeit . . .*

Nichts wurde entschieden. Es mag sein, daß ihn die Hauslehrertätigkeit stärker in Anspruch nahm oder daß er sich mehr den künstlerischen Liebhabereien widmete, oder es war die zerrüttende Unsicherheit der Liebe, jedenfalls ließ der Eifer des Rechtshörers nach. Seine Gedanken waren in Friedberg. Als Geschenk für Fanny malte er eine Ansicht des Städtchens in einfachen Wasserfarben: über die Spielzeughäuschen ragt das Greiplhaus bedeutsam empor, die Landschaft des Vordergrundes ist von ein paar Bäumen belebt, den Hintergrund bildet der bergige Höhenzug, den der ferne Würfel der Ruine Wittinghausen krönt, das Ganze von jener kunstlosen Naivität, die an moderne Sonntagsmaler erinnert. Fanny stickte ihm als Gegengeschenk einen Tabaksbeutel.

Seine juristischen Prüfungen absolvierte er zwar auch in diesem

Jahr, in einem Fach sollte er jedoch eine Nachprüfung machen. Er vergaß den Termin, er «dachte nicht daran». Was scherten ihn Gerichtsverfahren und Geschäftsstil – der Sommer war da und Fanny mit dem Bruder im oberösterreichischen Bad Hall. Stifter eilte ihnen nach, das Einvernehmen war wieder hergestellt, es waren glückliche Wochen. Er malte und schrieb Gedichte und schien vom Glauben an sich, von seiner Liebe und der Hoffnung auf die Zukunft ganz erfüllt. Nur den Eltern sich zu eröffnen, wagte er noch immer nicht. Die Furcht vor der Entscheidung hielt ihn zurück.

Am 1. Oktober 1829
Meine herzinnigst geliebte Freundin!
Die schlechte stinkende Luft, der Lärmen, und vor allem mein Herzweh sagen mir, daß ich in Wien bin ... Es ist heute mein einziges tröstliches Geschäft, diese Zeilen an Dich zu schreiben. O Fanni, in meinem ganzen Leben habe ich noch keinen so innigen Schmerz gefühlt, als der war, mit dem ich am Montage Morgens vor Deinem Bette stand und Abschied nahm. Mir war, als müßte ich von allem, was die Erde nur immer Liebes und Freundliches für mich hat, auf immer scheiden, als stände mir ein unglücksvolles Jahr bevor ... Jetzt erst weiß ich, wie unendlich ich Dich liebe, da die 32 Meilen zwischen uns liegen, da ich Deinen freundlichen Blick nicht sehe, Deine Stimme nicht höre und Dir nicht sagen kann, wie mir um die Seele ist ... Fanni, liebe liebe Freundin! wenn ich den Gedanken denken sollte, daß wir uns einst trennen müßten – ich bitte Dich, übereile Dich nicht, wenn man Dir eine Partie vorführt – Du zerrissest mir das Herz, wenn ich Dich unglücklich wüßte – und doch, was wird es anders sein? – ein Fremdling wird kommen und mit kalter Hand Dein Herz dahinführen, das mich und Dich unendlich glücklich gemacht hätte ...

Und er beschwört sie, ihm zu vertrauen, er bekräftigt seinen nüchternen, unabänderlichen Entschluß, sie zu gewinnen, alle Bedenken und Zweifel schlägt er in den Wind, und in sentenzenreichem Erguß setzt er seine Seligkeit zum Pfand, daß er nur sie zur Frau nehmen werde, und sollte sie hundert Jahre alt sein.

Ihre Antwort enttäuscht ihn tief. Sie ist überzeugt, daß ihre Mutter nie einwilligen werde; also gebe es nur Trennung oder Fortsetzung des jetzigen Verhältnisses – «und immer unter Heimlichkeiten fortleben, dies kannst auch Du selbst nicht gutheißen». Er heißt es in der Tat nicht gut und will die Eltern bitten, Fanny wenigstens schreiben zu dürfen, aber wie, wenn sie auf der Lösung des Verhältnisses bestehen? Inständig beschwört er die Freundin, einen Ausweg zu finden, immer wieder versichert er sie seiner Liebe – *sei sie auch töricht und hoffnungslos ... Bist Du für mich hin: nun dann liegt mir auch nichts mehr an der Welt. Mögen sie mir dann die glänzendste Stelle geben, mir gleichviel, dann ist es für mich zu spät – doch wozu all dieses zergliedern, möge der Himmel D i c h bewahren und*

*glücklich machen, dann will auch ich versuchen, die Liebe, die nun
Dein ist, überzutragen auf meine Arbeiten und auf die Menschheit –
ein wohltätiges Leben, sagt man, gibt ja auch Zufriedenheit ...*

Kein Wunder, daß das Mädchen auf die Beteuerungen, die zwischen Entschlossenheit und Verzagtheit schwankten, keine Antwort wußte. Im «Österreichischen Bürgerblatt für Verstand, Herz und gute Laune» in Linz veröffentlichte Stifter unter dem Decknamen Ostade sehnsuchtsvolle Gedichte, die für Fanny bestimmt waren: *Erinnerung an Friedberg, An ihre Heimat,* und in einer Ode in Klopstockscher Form schickt er sich melancholisch in die Sinnlosigkeit alles Hoffens und Suchens.

Im Felde

*Wir wandeln durch die Felder und freuen uns.
Du, Emma, bist so glücklich an meiner Hand
Zu gehn, ich bin es auch an deiner,
Halte gefüget die treuen Hände.*

*Es wird ein Tag sein: freundlicher Sonnenschein
Wird sein wie heute, wieder im Felde da
Die Ähren stehn, so reif, so schweigend,
Drinnen der Mohn auch so einsam glühen.*

*Ich werde ruhn im Grabe. Dies Haus von Bein
Und Fleisch ist eingesunken in weißen Staub.
Das Aug, dein süßer Zeuge, Emma –
Aus ist sein Leuchten und aus die Tränen.*

*Und dieses Herz – es strebte so weit hinaus,
Es schloß dem Himmel, schloß sich der Erde auf,
Es schlug in Liebe, schlug in Wehmut,
Hoffte – verzagte – verwarf und suchte –*

*Nun ist es ruhig. – Moderne Erde sinkt
Durch diese Brust. Verwehet ist jedes Lied
Und längst vergessen ist mein Name.
Über die grünende Kirchhofdecke*

*Gehn fremde Menschen. – Freundlicher Sonnenschein
Wird sein wie heute, wieder im Felde da
Die Ähren stehn, so reif, so schweigend,
Drinnen der Mohn auch so einsam glühen.*

Dichtend und wartend lebte er ins nächste Jahr hinein; schrieb wieder und wieder nach Friedberg, aber keine Zeile kam zurück. Seinen Schmerz versuchte der Gekränkte mit Ironie zu überdecken – *da Du vielleicht im Vergnügen des Karnevals vergessen haben magst, daß in Wien einer lebt, dem 3 Zeilen von Dir sehr lieb wären, so gebe ich mir mit diesem Blatte die Freiheit, Dich daran zu erinnern...* – aber die vorgegebene Distanz läßt sich nicht durchhalten. *Ich mag und kann nicht grübeln, sonst zerfalle ich heillos mit mir selber; daß ich so ein Narr, ein entsetzlicher Narr bin! Ich bin in der allerausgelassen lustigsten Stimmung...* Doch ich erinnere mich, daß die *Rekruten, welche zum Militär abgeliefert wurden, an den eisernen Stäben ihres Fensters rüttelten, mit feuchten Augen die Hüte schwenkten und aus ergrimmten Herzen himmelhoch jauchzten...* Und auf den Ausbruch eines der Verzweiflung nahen Herzens folgt die Nachschrift: *Letzthin haben wir bei Frau von Schinko getanzt bis drei Uhr morgens, und alles hat sich recht gut unterhalten.* Indem der Briefschreiber sich so zu verstellen sucht, gibt er sich wider Willen zu erkennen. Der Freundin will er weismachen, daß er sich schadlos zu halten verstehe, wie er es von ihr argwöhnt; er kränkt sie geflissentlich, und der Schmerz, den er ihr zufügt, ist sein eigener Schmerz, und aus der doppelten Qual bezieht er einen verräterischen Selbstgenuß.

Fanny hatte sich offenbar dem Wunsch der Eltern gefügt und die Korrespondenz aufgegeben. Den Friedbergern konnte der aus ihrer Art geschlagene Student, dessen Zukunft von Jahr zu Jahr unsicherer zu werden schien, kein erwünschter Schwiegersohn sein, und die Tochter mußte sich von seiner Entschlußunfähigkeit enttäuscht und von seinem Mißtrauen verletzt fühlen. Franziska Greipl war gewiß intelligent genug, in dem Außenseiter ihres Umkreises die höhere Natur zu erkennen, und seine schwärmerische Anbetung kann nicht ohne Wirkung geblieben sein, aber ein Geschöpf ihrer Zeit und ihres Standes, aufgewachsen in soliden Verhältnissen und unerschütterten Konventionen, erwartete von dem Liebhaber neben poetischem Überschwang männliche Entschiedenheit und klares Zielbewußtsein – eben das, was Stifter nach Anlage und Entwicklung versagt war.

Man hat sein Verhalten in jenen Jahren mit Recht als verspätete oder gescheiterte Pubertät bezeichnet. Mit beklemmender Deutlichkeit spricht diese Haltung aus seinem ersten literarischen Versuch, der nur unvollständig erhaltenen Erzählung *Julius*, die um diese Zeit entstanden sein muß. Sie enthüllt ohne Verschleierung den seelischen Zustand ihres Verfassers. Julius ist Hörer der Rechtswissenschaft, haßt das Studium und hängt es resolut an den Nagel, um dem Genius im Herzen zu folgen und *auf immer und ewig der schönen Kunst zu leben.* Mannhaft rettet der Jüngling das Leben der wunderschönen Freiherrntochter, die er insgeheim über alle Maßen liebt, und edel entzieht er sich ihrem Dank, denn wie dürfte er es wagen, *die Hand auszustrecken nach dem Diamant des Landes. Nimmer kann der unbekannte Fremdling um die Tochter des stolzen Freiherrn werben.* Doch der Dichter weiß sich zu helfen. Hat er doch genug von Kaspar Hauser gehört, der im Jahre 1828 geheimnisvoll aufgetaucht war und dessen Schicksal ganz Europa beschäftigte! Auch Julius soll sich, wie es ohnedies vermutet wurde, als das verschleppte Kind aus vornehmem Hause entlarven, damit die sonst unübersteigbare Mauer des Klassenunterschiedes falle ...

Das letzte Blatt dieser Handschrift eines puerilen Wunschtraums von Edelmut, Selbstbewußtsein, Genialität und Kraft enthält den Entwurf einer Ode.

An Fanni

Wenn ich einst tot bin, wenn mein Gebein zu Staub
Ist eingesunken, wenn mein Auge, du
Der süßen Träne salzge Quelle,
Längst schon gebrochen, nun ausgeweint hat,
Und wenn mein Name, welcher doch manchem jetzt
Ein lieber Klang ist, wenn das gesungne Lied,
Die Frucht von meinen Jünglingsnächten
Und von der Liebe zu dir, o Mädchen, Seele,
Nun auch verweht ist,
Wenn dann in Moder auch
Die

Erst das übernächste Jahr, als eine Cholera-Epidemie die Wiener aus der Stadt vertrieb, sah ihn wieder in Friedberg. Er brachte den jungen Adolf Brenner von Felsach mit, der, obwohl kaum achtzehn Jahre alt, sein vertrautester Freund war und mit dessen Familie er in näherem Verkehr stand. Die Aufnahme im Greiplhaus war freundlich, aber nicht mehr. Auch der nächste Sommer, 1832, führte ihn in die Heimat. Unterwegs hätte er Fanny in Linz treffen können, ging ihr jedoch aus dem Weg und verließ Friedberg, als ihre Ankunft bevorstand. Aus Oberplan schrieb er dann an den jungen Freund:

So sitze ich denn hier und b i n. Leben kann ich fast nicht sagen, da der inspirierten Augenblicke so wenig sind, daß sie verschwindend klein werden. Hätt' ich nur um Gotteswillen einige Jean Paule da, aber so lieg' ich oft stundenlang unter wehenden Föhren oder blätternden Birken und lese nichts als mich selber, d. h. ich denke und jage den scheckigsten Bildern nach und mache Gedichte, mit denen ich mir abends die Pfeife anzünde. Wann wird denn einmal dieser Vulkan ausbrennen, ich sehe hier rings so sanfte Fruchthügel, auf denen blauer Himmel und Sonnenschein liegt, und ich stehe darunter ein blitzender Krater, auf dem gar wohl süße Weine wachsen, aber zitternd unter der Drohung vielleicht morgender Vernichtung. Links und rechts, oben und unten stehen Kräfte auf und schwanken und können in keine Resultierende ausruhen. Es sind viele Studierende in Oberplan, aber Du bist nicht darunter, und alle sagen vieles über ein Einleuchtendes und wiederholen es dann noch einmal, und wenn mir ein Hoffmann'scher oder Jean Paul'scher Gedanke entfährt, so preist sich jeder in seinem Herzen und ist froh, daß er gescheuter ist und solider und gesetzter als ich, der absurde Dinge sagt und satirisch ist und wieder schwermütig ...

Ein paar Wochen später stellt er dem Freund alle die Fragen, die er sich selbst stellt und nicht beantworten kann: wie es denn möglich sei, daß ein Mensch wie er, der den Wissenschaften ergeben und sonst doch unbeständig sei, so hartnäckig an einem launenhaften und ganz unwissenschaftlichen Mädchen hänge; daß er sich leidenschaftlich nach ihrem Besitz sehne, dessen Wert er bezweifle, daß er fürchte, sich vor seinem Verstand zu blamieren. *Beantworte mir die Frage, ob Du meinst, daß ich die Neigung zu einer des andern Geschlechts k o n t i n u i e r e n könnte oder nicht. Auf die Antwort dieser Frage kommt es an, was ich tun soll.* Seine Entscheidung also macht er von dem Rat abhängig, den ihm ein kaum der Schule Entwachsener in Liebesdingen geben soll!

Vor den Rätseln der eigenen Seele in die Welt der Poesie flüchtend, dichtete er in seiner Wiener Bude an Mädchengestalten, holden Verkörperungen weiblicher Unschuld, Schönheit und Geistesgröße. Aber er brauchte nur einem Mädchen zu begegnen, das außer einem hübschen Gesicht nichts besaß, was einen Mann fesseln konnte, und schon verstrickte er sich in eine Liebschaft, die allen anderen und ihm selbst noch unbegreiflicher war als seine Leidenschaft für Fanny.

Die andere hieß Amalie Mohaupt und war die Tochter eines Unteroffiziers, der krank und bettelarm irgendwo an der serbischen Grenze von einer kümmerlichen Pension dahinlebte. Sie schlug sich mit ihrer Schwester Josephine in Wien als Putzmacherin durch. Ungebildet, ohne höhere Neigungen, nicht unerfahren im Umgang mit Männern, fand sie sich im Leben einigermaßen zurecht. Der Hauslehrer Stifter hatte zwar einer Frau keine glänzenden Aussichten zu bieten, aber eine kleine Modistin konnte es sich nicht leisten, wählerisch zu sein. Zwar war von Heirat erst nicht die Rede; doch was war natürlicher, als daß das alleinstehende Mädchen von Anfang an darauf hinarbeitete. So verfiel der Liebhaber, der vom Traumbild eines vollkommenen weiblichen Wesens schwärmte, einer Wirklichkeit, die rauh und köstlich und zum Verzweifeln war.

Dabei gingen seine Briefe weiter an Fanny, bis ihr Bruder Mathis ihm zu verstehen gab, daß die Eltern der Korrespondenz ein Ende zu machen wünschten. Zwar habe der Vater «eine sehr gute und wahre und vernünftige Meinung» von Stifter, versicherte Mathis, aber eben diese vernünftige Meinung mochte die Friedberger bewogen haben, auf den Abbruch der Beziehung zu drängen. Dazu glaubten sie mehr als je Grund zu haben. Nach fünf Jahren hatte Stifter auf eine Art versagt, die den nächsten Freunden unverständlich war. Des Studiums längst überdrüssig, warf er es nicht wie sein Julius entschlossen hin: er scheint es nur mehr und mehr vernachlässigt zu haben. Und als er knapp vor dem förmlichen Abschluß und einer an sich unbedeutenden Wiederholungsprüfung stand, lehnte er mit einem Kraftwort ab, zum Examen zu erscheinen, und gab damit die Laufbahn preis, die er einst mit den löblichsten Vorsätzen betreten hatte. Aber der Gedanke an eine Lebensgemeinschaft mit Fanny

Amalie Mohaupt. Zeichnung von Ferdinand v. Lampi

Wien: das alte Burgtheater (rechts) am Michaelerplatz

Greipl ließ ihn nicht los, und das bedeutete, daß er sich nach einem festen Beruf umsehen mußte. Professor Baumgartner, der Freund des Greiplhauses, wußte um den Herzensroman und ermutigte Stifter, sich um den Lehrstuhl für Physik an der Prager Universität zu bewerben. Erst nach mancherlei Drängen besorgte der Kandidat die nötigen Papiere, unterzog sich auch dem schriftlichen Examen, zum vorgeschriebenen mündlichen Vortrag erschien er jedoch nicht. Er hatte den Termin vergessen ...

Der Bericht, den sein Gönner Baumgartner, peinlich bloßgestellt, darüber nach Friedberg sandte, mußte die Haltung der Eltern Greipl nur bestätigen. Wie um sein Versagen gutzumachen, bewarb Stifter sich dann um die physikalische Lehrkanzel am Lyzeum in Linz. Seine Konkursarbeit fand zwar Anerkennung, genügte jedoch nicht, ihm die Stellung zu gewähren. So oft er auch später in einem bürgerlichen Beruf Fuß zu fassen einen Anlauf nahm, scheiterte der Versuch an schwer erklärlichen Umständen. War, was Zufall zu sein schien, nur eine Ausflucht? In der Unfähigkeit, den praktischen Anforderungen des Lebens zu genügen, sprach sich wohl auch der dunkle Drang aus, festen Bindungen, die ihn an der Erfüllung einer ebenso unklaren wie hohen Leistung verhindern konnten, aus dem Weg zu gehen. Schon seiner Beziehung zu Fanny mag solcher Zwiespalt zugrunde gelegen haben.

Des öfteren hat man gemutmaßt, daß Stifter, hätte er sein Studium in der üblichen Form abgeschlossen und möglicherweise die

Ersehnte heimgeführt, wohl ein braver Staatsbeamter, aber kein großer Dichter geworden wäre. Die Klügelei ist fruchtlos. Was ihn lähmte, frischweg zu handeln, was ihn zwang, sich einem ungewissen Ziel entgegentreiben zu lassen, war die gleiche Macht, die hemmend und fördernd, so bestimmt wie verwirrend in seiner seelischen Anlage begründet war. Beruf und Berufung waren unvereinbar. Jener war ihm eindeutig verhaßt, diese schwebte ihm, zwingend in aller Undeutlichkeit, vage vor. Er glaubte fest an seine Sendung zur Kunst, ohne der Richtung seiner Begabung gewiß zu sein. Bemerkenswert ist hier, daß weder seine malerischen noch seine literarischen Bemühungen bisher die Gewähr für eine außerordentliche Begabung boten. Sie waren, entsprechend seinem Verhalten in Lebens- und Liebesdingen, lediglich Dokumente der Unreife.

Diese Unreife ist um so auffallender, als der junge Mann längst nicht mehr jener Hinterwäldler war, den die Stadt und ihr Treiben einst bestürzt und verwirrt hatten. Er war in ihr Leben mehr und mehr hineingewachsen und zum Verständnis der adeligen Schönheit erwacht, die als Abglanz der Jahrhunderte noch auf ihr lag. Der Ver-

*Anschütz als
König Lear*

kehr in den kultivierten Häusern, wo er seine Kenntnisse als Lehrer verwertete, hatte sein äußeres Wesen zurechtgeschliffen. Er war bewandert in den klassischen Literaturen und im deutschen Schrifttum, bewunderte die Romantiker und Goethe, verehrte seinen Lieblingsdichter Jean Paul, begeisterte sich für Beethoven und vertiefte sich in die Meisterwerke der Kunstsammlungen; im Burgtheater prägten die Schröder und Anschütz, dessen Lear ihn mächtig erschütterte, für immer seinen Begriff von großer Schauspielkunst. Und derselbe gebildete und kunstbegeisterte junge Mann, der sich nicht mit Unrecht für einfallsreich, geistvoll und zu Großem berufen hielt, brachte trotz inständiger Hingabe nichts zuwege, was echte künstlerische Eigenart erkennen ließ. Zeichnend und malend blieb er ein noch immer ängstlicher, etwas pedantischer Schüler, und seine dichterischen Versuche lebten von der Erinnerung an große und kleine Vorbilder; selbst wenn er seine Träume, Hoffnungen und Zweifel in überschwengliche Briefe an den *herzlieben Isidor*, den jungen Adolf Brenner von Felsach ergoß, wenn er seine «Zerrissenheit» beschrieb, als er im Sommer 1833 wieder nach Friedberg kam und von neuem Fannys Zauber verfiel, selbst dann klang durch den ehrlichen Jammer der Tonfall Jean Paulscher Sprache hindurch.

...Lag denn nicht wieder der so tiefe, so weit gespannte, so klare blaue offne Himmel da, und die Sonne mild darin? Hingegeben in Kindessinnigkeit, bauend und trauend, arglos, ein Falsch nicht ahnend, alle Sorgen senkend in die eine, ihr kleines Herz zu wenig achtend für das seine. – O wieviel weniger ist sie schön als Am(alie)*, und wie unendlich schöner! Lieber und teurer Isidor, lache und tobe und sei ein Narr, aber komme und komme und komme und lerne kennen dieses Herz, das solches übet über meines. Wenn die eine zündet, entzücket und verdammet: so liegt in d i e s e m Auge ein Zauber, der entsündigt und die Wetter beschwichtigt...*

Ich bin aus schwülen Hundstagen und Gewitterschlägen in das Mondenlicht geraten, so klar und still und florig und golden – und so glückselig um und über!! Ärgere Dich, ich bitte Dich, daß ich schon zweimal daran war, ihr a l l e s zu sagen und dann auf und davon zu gehen auf immer und ewig – mir kömmt vor, dann wäre ich wieder edel und ihrer Achtung wert: so aber, je höher ihre Meinung, desto tiefer meine eigene, ihr sanfter schuldloser inniger Kuß brennt auf der Lippe, die sich entweihte, wie Fegefeuer, und Ruhe, scheint mir, läge dann im Schmerze, den ich um sie hätte; aber wodurch hat denn s i e ihn verdient, den doppelten: den Geliebten zu verlieren und ihren Glauben? Will i c h gestraft sein, darf ichs mit dem Blute ihres Herzens? – – – Während ich hier schreibe, geht sie aus und ein und spricht mich an, und ist halt so lieb, so lieb...

Ich will dieser Tage dichten – dichten, ich sage Dir dichten!!!!! Es sind just die zwei rechten Elemente gemischt, Seligkeit und Verwerfung.

Die Befreiung aus der Qual der Wahl winkte. Ein paar Wochen später erkannte er: *Warum bin ich denn nicht so glücklich als Du mich wähnst? Mir tut not zu p r o d u z i e r e n, und ich werde es.*

TRAUM
UND TRAUMA

So sicher er sich dessen war, was ihm not tat, so unsicher war der Weg von der Erkenntnis bis zu ihrer Realisierung. Er schrieb Verse, entwarf Romane und ein Drama, und alles kreiste um Fanny, deren Liebe er durch seine Beziehung zu Amalie entweiht zu haben fühlte. Sinnlich an die eine, seelisch an die andere gekettet, kam er von keiner los, betrog er beide und sich selbst. Wie um Trost und Ersatz zu finden, schloß er sich um so enger an den Kreis der Wiener Freunde an. Es waren meist junge Leute aus aristokratischen Familien wie Graf Colloredo-Mannsfeldt, genannt Pepi, Ludwig von Collin, Alexander von Lebzeltern, Baron Sigmund von Handel. Man traf sich am Stammtisch, machte Ausflüge, schwärmte von philosophischen und ästhetischen Idealen, die es zu verwirklichen galt, und versicherte einander grenzenloser Liebe und Treue.

Joseph Graf von Colloredo-Mannsfeldt

O was sind alle Liebschaften und Mädchen gegen ein Männerherz, fest, treu, glühend, gut und nimmer lassend von Recht und Freund, wie Du eins trägst, wie Sigmund eins trägt, wie Pepi und hol' mich der Teufel, wie ich! Die Liebe ist die höchste Poesie, sie ist die weinende, jauchzende, spielende M u s i k – die M ä n n e rfreundschaft ist die schweigsame, edle, klare P l a s t i k: jene gibt einen Himmel, selig und trunken (wie ihn weiter nichts gibt) – diese stellt erst die schönen aber ruhigen Göttergestalten hinein. – – Freilich der schönste Bund ist es, wenn ein Mädchen oder eine Gattin groß genug sein kann, nicht vor dem weiten Tempel des Mannes oder vor seiner großen Alpe zu erschrecken, sondern bewundernd und jubelnd hinein-

zutreten oder hinaufzuklettern und alles freudenreich, als ihr ver-
wandt, ans große Herz zu drücken und nicht zu sinken, – und alles
ihm, dem Glücklichen aus der Sonne ihres Auges keck zu spiegeln
– – – – – – du, wo ist die?? – – – die deine Geliebte und dein
Freund zugleich ist? die durch unsere Donnerwetter schiffet, an un-
sern Gletschern sich nicht spießt, an den wackern Stachelgewächsen,
Cactis und Aloen sich nicht zerreißt (die doch so süß blühen werden),
alles in allem nimmt und versteht und vermildert wiedergibt. – Ich
könnte niederknien vor der hohen Seele, sie wäre größer als ein
großer Mann!
　　Da schwärm' ich nun wieder!!

Die überspannten Idealvorstellungen, die der bald Dreißigjährige
sich von der Beziehung des Mannes zur Frau machte, sind von seiner
Veranlagung ebenso wie von Umwelt und verlangsamter Entwicklung bedingt. Wer lange Kind bleibt, erwacht nur spät und allmählich zur Welt; der Zusammenstoß mit der Wirklichkeit ist dann unvermeidlich, und die Verwundungen, die er mit sich bringt,
sind schmerzhaft, fruchtbar und oft unheilbar. Es mutet gleichsam natur-
notwendig an, daß der entschlußunfähige Idealist Franziska Greipl
lieben und verlieren mußte und daß der weiche und leidenschaftliche
Schwärmer im Sturm jugendlicher Sexualnot in den Armen einer
unbedeutenden Putzmacherin landete. Die Natur ließ sich nicht um
ihr Recht bringen, mochten sich auch Geist und Seele in knabenhaft
erhabene Imaginationen flüchten.

Wenn ein labiler Gemütszustand unter solcher Belastung das Gleichgewicht zu verlieren in Gefahr ist, rettet er sich in den Witz. So
nahm Stifter die Maske des vertrackten Schoppe aus Jean Pauls «Ti-
tan» an. Im Rundkreis der jungen Freunde, deren Mentor und lie-
bevollster Genosse er war, spielte er den unbürgerlichen, herzensgu-
ten «Narren»; unbürgerlich freilich wie nur einer in seinem Liebes-
leben wie in seiner ganzen Lebensführung, ein Bohemien, ohne daß
er sein Pariser Urbild kannte. Die Studienkameraden aus der Heimat, junge Leute ohne Schwung und gewissenhaft auf ihr Fortkom-
men in der Welt bedacht, konnten ihn nicht verstehen, fanden sein
Verhältnis mit Amalie unmöglich, ja abstoßend und ließen darüber
wohl auch in Friedberg etwas verlauten. Sie glaubten zu sehen, daß
der Freund einem zweifelhaften Mädchen ins Garn ging. Natürlich
mußte Amalie es auf die Legitimierung der Beziehung abgesehen
haben; in der Tat erhielt sie von Stifter das Eheversprechen und be-
eilte sich, ihren Vater von der bevorstehenden Hochzeit in Kenntnis
zu setzen. Die Mitteilung war verfrüht. Der «anzuhoffende Ehegat-
te», als den ihn Vater Mohaupts Antwort begrüßte, hatte sein Wort
ja nicht an Amalie allein verpfändet.
　　Als er im August 1835 nach Hause kam, um an der Hochzeit seines
Jugendfreundes Schiffler teilzunehmen, sah er bei der Feier Fanny wieder; und die Erschütterung bewog ihn, noch einmal sich ihr zu nähern.

Amalie Mohaupt.
Gemälde von Ferdinand v. Lampi

Liebe teure Freundin!

Oberplan ist mir fürchterlich leer, und nur Du allein beschäftigest immer mein Herz – ein unsägliches Gefühl, halb Trauer und halb Seligkeit, ist seit der Vermählung Schifflers mit Marie in mir – zweier Menschen, deren Geschichte so enge mit unserer verbunden ist, und deren Glück so hart mit unserm Unglück kontrastiert, daß ich jenes Gefühls des tiefsten Mitleidens mit mir selber seit jenem Hochamte zu Christiansberg nicht Meister werden kann ... Du bist ein Engel, den ich nie verdiente, Du hast von Deinen Eltern die unerschöpfliche Herzensgüte geerbt, mein heiliger Engel bist Du, so rein und gut, und ich konnte das an Dir tun, was ich tat! Seit Du sagtest, Du habest dergleichen nicht von mir erwartet, u n d i c h h a b e D i r e r b a r m t, seither ist ein Schmerz in mir so heiß und strafend, daß ich nichts als die Sehnsucht habe: könnte ich doch an Deinem unschuldigen keuschen Herzen diese Last recht in bittren Tränen ausweinen, obs nicht doch Linderung gäbe ...

Daß er Amalie die Ehe versprochen habe, begründet er mit seiner Eifersucht, als er von der Absicht Fannys gehört hatte, einen anderen zu heiraten, mit Trotz und gekränkter Eitelkeit. Geliebt habe er immer nur sie, trotz seiner *vorsätzlichen Selbstverhärtung.* Mit Amalie habe er wieder gebrochen, *denn ich liebte sie nicht, und sollte mir ihr Kuß Wohlgefallen sein, so mußte ich mir D e i n e Lippen dazu denken.*

Das Schuldbekenntnis schließt mit einer inständigen Bitte, einem Gelöbnis und einer Hoffnung: *Wenn Du ein Herz, das so hart von seinem wahren Ziele irrte, das aber bereute und umkehrte, nicht verschmähen willst, wenn Deine Güte noch einen Rest alter Liebe und Zärtlichkeit aufbewahret, so nimm meine Liebe, die ich Dir als eine demütige Gabe anbiete, wieder an und heile meine Wehmut mit freundlicher Zärtlichkeit – ich weiß, was ich Dir dann schuldig bin, und nie, so lange ich lebe, soll ein unsanftes Wort Dein Herz betrüben oder eine Handlung Dein Gemüt verletzen. Kein Mann auf Erden liebt Dich mehr als ich, weil Dich keiner mehr kennt als ich – und keiner kann Dich glücklicher machen. Sagst Du ja (und Du wirst es, weil Du s o gut bist) so werde ich mit Deinen Eltern reden und ihnen dartun, daß eine Verbindung zwischen uns ganz und gar nicht ungereimt sei, und um ihre Einwilligung bitten. Sagst Du aber, Du liebest mich nicht mehr, so will ich es leiden, wie auch das Herz wehe tue, und will nur allein Dich zur Braut meiner Ideen machen und Dich fort lieben bis an meinen Tod.*

Dieser Herzensergießung, die unter die berühmten Bekenntnisbriefe aufgenommen worden ist, sind sehr verschiedene Deutungen widerfahren: die einen sehen in ihr das Zeugnis eines wahrhaften und liebenden Gemüts und nennen sie «einen der tragischsten Liebesbriefe», anderen erscheint sie peinlich und taktlos, «eine weinerliche Wertheriade». Beide Urteile sind in einer Einseitigkeit befangen, welche der widerspruchsvollen Beschaffenheit des Briefschreibers und der bedrängten Lage, in der er sich fand, zu wenig Rechnung trägt.

Das Wiedersehen mit Fanny mußte ihm die Schwere seines Verschuldens mit aller Macht zum Bewußtsein bringen, hatte er doch die ihr gelobte Treue gebrochen, sie verkannt und enttäuscht und sich an einer anderen bewußt verfehlt; aber nicht nur dies bedrückte ihn. Fast widerstands- und ziellos hatte er sich treiben lassen, beruflich hatte er versagt, sein privates Leben war haltlos, die Zukunft wirr, und die Unsicherheit seiner Situation dürfte sich ihm, zumal wenn man die speziellen Umstände jenes Wiedersehens bedenkt, mit besonderer Schmerzlichkeit aufgedrängt haben. Mehr als je verkörperte Fanny jetzt für ihn das, wonach er sich sehnte: ein Leben in äußerer und innerer Ordnung, frei von Schuld und Sorge. Da er sich so planlos im Labyrinth der Liebe vergangen, sich an der einen wie der anderen vergangen hatte, wollte er alle diese Vergehen mit einem aufrichtigen und mannhaften Bekenntnis gutmachen. Daß es an solcher Mannhaftigkeit gebrach, spricht aus dem weichlichen Selbstmitleid, das ihm stets eigen war; und daß er vor der letzten Aufrichtigkeit haltmachte, besagen die falschen Angaben und der unechte Tonfall, wo er das «Experiment» mit Amalie zu erklären versuchte.

Und doch wäre es unstatthaft, daraus auf bewußte oder auch nur unbewußte Unwahrhaftigkeit zu schließen. Die Wahrheit dieser Worte will mit einem anderen Maß gemessen werden als etwa die eines Dutzendfreiers, der das Pech hat, mit seinen Liebesaffären nicht fertig zu werden. Das dichterische Genie erlebt die Welt anders und gibt das Erlebte anders wieder. In Stifters Fall mag man Begabung als die Entschädigung ansehen, mit der die Natur sein Unvermögen gegenüber den Forderungen der Realität kompensieren wollte, oder man mag just die Muse verantwortlich machen für seine Halbheit in weltlichen Dingen – die simplen Begriffe Wahrheit und Wahrhaftigkeit reichen hier als Prüfstein jedenfalls nicht zu. Dem kritischen Verstand zum Trotz verfärbt die Einbildungskraft des Künstlers die Tatsachen. Kein Zweifel, daß es dem Verzweifelnden ernst war mit jedem seiner Worte, aber es waren die Worte eines Dichters, der seine eigene Welt dichtete; ernst auch trotz der nachempfundenen Pose der Entsagung, wenn er am Schluß des Briefes auf eine Zukunft anspielt, in der die Unerreichbare fortleben werde als seine ewige Braut im Geiste.

Sie gab keine Antwort, und er kehrte zu der anderen zurück, der sehr realen Geliebten.

Der Chronist, der sich bemüßigt fühlt, den Fäden nachzugehen, die den Dichter und sein Werk verknüpfen, wird darob nicht den Anspruch erheben, mit biographischen Daten ins Wesen der schöpferischen Persönlichkeit einzudringen. Psychologische «Entlarvung» vermag nichts absolut Gültiges über das Werk des Künstlers auszusagen. Es gehört einer anderen Dimension an als sein Leben. Aber daß nicht nur die Themen, daß auch die Gestaltungen unablösbar sind von seiner Lebenserfahrung, ist keine Frage – eine Frage ist höchstens, was sich hinter der Scheu oder der grundsätzlichen Ablehnung, aus seinem Verhalten in entscheidenden Phasen und Wendungen seines irdischen Wandels auf die Geschichte seiner Leistung zu schließen, verbirgt oder verrät. Weil Stifters Beziehung zu den beiden Mädchen, so zwielichtig sie ist, manches im Wesen und Werden des Dichters erhellt, schien es begründet, auf die Problematik jener Beziehung näher einzugehen. Daß ihn erst seine Liebeserlebnisse zum Dichter gemacht haben, ist eine oberflächliche Deutung; fest steht allerdings, daß sie, verschleiert oder entfaltet, zu einem immer wiederkehrenden Gegenstand seiner Dichtung geworden sind. Seit er erkannt hatte, daß nichts anderes ihm helfen konnte als «produzieren», war dieses Wort zum Leitwort geworden. Jetzt war er nicht mehr ein Sonntagspoet. Er betrat den Weg zur Literatur. Gestaltung, im Kind einst triebhaft wirkend, wurde nun bewußte Notwendigkeit. Am Schreibtisch und an der Staffelei wollte er eine heile, eine schuldlose Welt der Kunst und der Schönheit schaffen, trostreiches Gegenbild der rauhen Wirklichkeit, an der er sich wund rieb. Der Traum war ausgeträumt, das Trauma blieb.

   ... *Ich wollte sogleich den ganzen Roman mitschicken,* schrieb er an den «geliebten Adolf», *aber wird er denn fertig? Und wenn ich im besten Zuge bin, läuft nicht eilig ein Prosa-Individuum daher und redet sehr mit mir? Und hab' ich nicht selber solche kapitellose Tage, nein Tage, die mit einem negativen Kapitel angefüllt sind, weil es an andern wieder ausgestrichen und neu gemacht werden müßte?* In dieser Jean Paulschen Sprache und Laune erzählte er dem Kameraden im fernen Rom von seiner Arbeit, seinen Freunden, seinen Nöten, und immer bricht der Gewissenskonflikt durch. *Nichts in der ganzen Welt hab' ich ja mehr als mein bißchen Poesie und den Pinsel ... Du schreibst von «Schlingen» – keine neue und keine alte ist um meinen Nacken geworfen; denn jenes eine schöne ferne zarte Lichtgewebe aus meinem Jugendhimmel, das sich noch immer um mein Herz flicht, kann doch nicht Schlinge getauft werden? Aber eines muß ich sagen: Eurem Zureden, nicht euren Gründen weichend, und wähnend, ihr sähet in diesem Punkte klarer als ich, habe ich ein Wesen verlassen, das ob es auch fehlte, doch gegen mich sich durchaus schön benahm – ist auch der Verstand befriedigt, so ist doch ein sicherer Richter im Innern, und der heißt mich deshalb schlecht, und mein Gewissen rückt mir's immer vor, und nie, so lange ich lebe, werd' ich das mehr losbekommen. Gleichsam schmerzlich riß ich dies Stück Herz von meinem weg, um doch in Freundesliebe, in reiner, Ersatz zu finden, und nun lassen sie mich eben so gehen. Ich möcht' oft knirschen oder weinen ... Punktum.*

Bei alldem ging es ihm herzlich schlecht. Wieder war die Bewerbung um eine Anstellung fehlgeschlagen, er hatte Schüler verloren, und manchmal wußte er nicht, wovon er am nächsten Tag leben sollte. Die unfreiwillige Muße kam dem «Roman» zustatten, nämlich der Erzählung in Tagebuchform, die später *Feldblumen* betitelt wurde; Aufzeichnungen des jungen Malers Albrecht, datiert vom Frühling bis zum Herbst 1834 und an einen Freund gerichtet. Der Schreiber ist arm und geistvoll, leidenschaftlich und gutherzig und ein ebenso schwärmerischer Freund wie sein Schöpfer, leidend an der fürchterlichen Einsamkeit der Herzen auf der Insel Erde, an der Stumpfheit einer liebelosen Welt der Wirtschaft und der Konventionen, die noch Kriege kennt und Armut und Reichtum, die viele zu menschenunwürdiger Arbeit verdammt, die Kinderseele durch verkehrte Erziehung verwüstet und den Geist der Mädchen verödet. Vom Hintergrund dieser fortschrittlichen Gesellschaftskritik heben sich die Gestalten und Gedanken der geschilderten Personen ab: edle, gemüt- und geistreiche Männer und Mädchen, unabhängige, vorurteilsfreie Kosmopoliten alle, Vorbilder harmonischer Lebensführung, wie sie den Idealen des Stifterschen Rundkreises entsprachen, wie geschaffen, *das Reich der Vernunft auf Erden zu gründen.*

So antwortet der romantische Träumer seiner Umwelt: dem kleinstädtischen Milieu von Friedberg stellt er eine Welt hoher Geistigkeit gegenüber, seinem Wiener Hungerleben ein utopisches Tuskulum am Traunsee, der prosaischen Amalie aber *den ernsten, ruhigen, gemütsgewaltigen Cherub, die hochgeistige Gestalt* der Angela, diesen zur Vollkommenheit gesteigerten Blaustrumpf. Ihm ist's, als sei sie einst auf einem anderen Stern seine Gattin gewesen, als habe er sie, ohne von ihr zu wissen, immer geliebt. Und diese Liebe ist *ein zartes Gewebe von Vernunft und Sitte* – was sonst als Liebe gilt, nennt er *Geschlechtsleidenschaft.* Einfalt bei höchster Bildung, Keuschheit und Unschuld sind die erhabensten Tugenden, die er seiner Heldin und allen um sie herum andichtet, er, der sich so schwer vergangen zu haben wähnt. Indem der Dichter so die sinnliche Liebe verwirft, reißt er eine Kluft auf zwischen seinem realsten Dasein und dem Wunschbild, das er, jenseits aller realisierbaren Wirklichkeit, von sich selbst hegt und prägt. Erlösung aus dem heillosen Zwiespalt von Sünde und Reinheit sucht er in der Kunst, im imaginären Reich der Freiheit und Harmonie.

Und während der Maler Albrecht in diesen platonischen Höhen wandelt und die hohe, die überirdische Angela, nachdem er sie in einer Anwandlung von Eifersucht verloren gegeben hatte, am Ende doch gewinnt, hat sich der malende und schreibende Adalbert doch entschlossen, seine Amalie zu ehelichen. Es war aus praktischen und moralischen Gründen unvermeidlich. Aber die Heirat zog sich hin. In dieser Zeit äußerer und innerer Not verströmte er seine Gefühle in Briefen an die Freunde, so an Sigmund von Handel im Juni 1836:

Meine himmelschönen Ideale der Frauenliebe sind elend hin, das Herz, närrisch und warm, einst pochend in Überlust, und die Herrliche, Schwärmerische, Trunkene, Treue, Seraphreine, Künftige mit der namenlosesten, unsäglichsten Überschwenglichkeit lieben wollend, mußte lächerlich verpuffen zwischen Himmel und Erde, und niemand war entzückt über seine schönen Raketen, niemand wärmte sich an seinem stillern Fortbrennen, höchstens die eine oder andere Suppe wurde daran gekocht, und aller Satan. Selber alle Afterwüchse jener

Wollustpoesie, zu deren Kelch ich griff, waren doch nur dumme Wülste an demselben Kaktus, an dem die wunderbare Glutblume hätte blühen und leuchten können, das dürftige (durstige?) Herz vergriff sich nur am Tranke und goß Feuer statt Kühlung hinunter ... Wie hätte ich ein geliebtes Weib geliebt und geschmückt mit den Schönheiten, die Gott so unerhört in seiner Welt aufhäufte, und die in der Kunst widerspiegeln, und dann hätt' ich gejubelt und zu Gott gesagt, er solle mich nur gerade totschlagen, weil ich doch des Glückes unwert bin, wenn ihr liebes, großes Herz aufgegangen wäre in seine Wunderblüten, lauter Schönes, Herrliches, köstlich Liebendes in seinem Kelche tragend, das ich doch selber wieder vorgelocket habe – es muß kostbar, himmlisch sein, so ein Tuch um das andere wegzuhüllen und nun zu erstaunen, welch' abgrundlich tiefe Schätze in dem unscheinbaren Dinge lagen, das nun seinerseits auch staunt, und dann so lieb und nichts als liebt. – – Aber dumm ist's, daß ich Dir da vortränodiere – es kommt ja immer zu nichts solchem, da ich's höchstens zu einer oder der anderen Lächerlichkeit bringe und gar keine Aussicht habe, in Zukunft glücklicher zu werden ...

Im Sommer dieses Jahres wanderte Stifter zeichnend und malend durch das Salzkammergut, begleitet von Amalie. Die böhmische Heimat lockte ihn nicht mehr. Was sollte er zu Hause in Oberplan, wo man in ihm vielleicht nur einen verbummelten Studenten sah und für sein Treiben in Wien gewiß weder Verständnis noch Achtung übrig haben konnte; und in Friedberg hatte sich Fanny Greipl, offenbar unter dem Einfluß der Mutter und der Freundinnen, mit dem Kameralbeamten Fleischanderl verlobt. In den Jahren seit der Trennung von Stifter hatte das alternde Mädchen viel von ihrer Lebenslust verloren – jetzt schien ihr die Zukunft wieder ein wenig freundlicher. Bald darauf heiratete sie; aber aus ein paar wehmütigen Gedichtzeilen, die sie nach Hause sandte, geht hervor, daß ihre Hoffnung sich nicht erfüllt hat.

Stifter führte indessen sein unruhiges Leben weiter, unterrichtete mit Begeisterung anmutige junge Damen, schrieb an seiner Erzählung, quälte sich mit Landschaftsgemälden ab und schlug sich mit Müh und Not durch. Er mußte Schulden machen, wurde von Gläubigern bedrängt und gepfändet, mehrfach wechselte er die Wohnung. Die Verhältnisse wurden immer undurchsichtiger. Es scheint, daß er mit Amalie Mohaupt zusammenwohnte. Neuere Forschungen legen die Vermutung nahe, daß Amalie in diesem Jahr ein Kind bekam, das im Taufregister als das ihrer Schwester Josephine ausgegeben wurde und bald nach der Geburt starb. Auffallend ist, daß im Sterberegister die Mutter des Kindes Anna Mohaupt genannt wurde. Der Vater blieb unbekannt.

Nach wie vor schüttete Stifter sein Herz in Briefen an die Freunde aus. Maskiert als der «wild humoristische Schoppe» kritisierte er Bilder und Bühnenstücke und sich selbst, und stets schloß er damit, den anderen seiner grenzenlosen Liebe zu versichern und seine Ent-

täuschungen zu bejammern... Nun lebe wohl – daß ich ein Narr bin, weißt Du ohnehin, daß ich ein Narr voll unsäglicher Liebe zu Dir und den andern des gewesenen Rundkreises bin, wirst Du ja doch endlich auch wissen – daß ich ferner ein Narr bin, der sich nur ein einzig Mal überschwenglich mit universumsgroßem Herzen werfen möchte an ein eben solches unermeßliches Weiberherz, das fähig wäre, einen geistigen Abgrund aufzutun, in den man sich mit Lust und Grauen stürze – und eine Trillion Engel singen hörte – Jesus Maria! ich könnte mich mit ihr Arm in Arm in den Niagarafall stürzen – – – aber sie sind Gänse, die derlei für Phantasterei ausgeben und bei Ypsilanti nette Schmiseln kaufen.

Lieber, fürchte nicht, daß ich überschnappe, und denke Dir mich recht heiter und gutmütig – aber das Herz tut mir doch immer leise weh.

So schrieb er an Sigmund von Handel am 20. September 1837. Und vier Wochen später trug er die folgenden Worte – sie waren der Tagebucherzählung entnommen – ins Album eines anderen Freundes ein:

Ich weiß nur das eine, daß ich alle Menschen, die eine Welle dieses Meeres an mein Herz trägt, für dieses kurze Dasein lieben und schonen will, so sehr es nur ein Mensch vermag – ich muß es tun, daß nur etwas, etwas von dem Ungeheuren geschehe, wozu mich dieses Herz treibt – ich werde oft getäuscht sein, aber ich werde wieder Liebe geben, auch wenn ich nicht Liebe glaube – nicht aus Schwäche werde ich es tun, sondern aus Pflicht. Haß und Zank hegen oder erwidern, ist Schwäche – sie übersehen und mit Liebe zurückzahlen, ist Stärke.

Mit diesem heroischen Vorsatz schloß er, wiederum einen Monat später, die Ehe mit Amalie.

DICHTER, MALER, LEHRER

Amalie brachte in die Ehe nichts mit außer einem Heiligenbild und ihrer lungenkranken Schwester Pepi, die mit ihnen wohnte. Es war ein kümmerliches Wirtschaften, dessen Kosten Stifters Unterrichtsstunden bestreiten mußten; aber Amalie schaffte es; sie war eine sparsame, ja genaue Hausfrau und von unerbittlicher Ordnungssucht. Der an das regellose Leben eines Junggesellen gewöhnte Ehemann mußte sich ihrem Regiment, keineswegs zu seinem Schaden, fügen, so gewaltig er auch in seinen literarischen Erstlingen über spießbürgerliche Häuslichkeit herzog. Im Grunde mag sie seinem Zug zur Weichlichkeit und Pedanterie entgegengekommen sein; jedenfalls fand er sich damit ab.

Die Verbindung mit den in alle Welt verstreuten Mitgliedern der ehemaligen Freundesrunde lockerte sich; auch die alten Kameraden aus der Heimat, mit denen er einst in Wien eingezogen war und die Studentenbude geteilt hatte, hielten sich zurück. Sie fanden seine

Frau dumm und kalt, und Amalie ihrerseits legte keinen besonderen Wert auf den Umgang mit Männern, die weder durch Reichtum noch durch Adelstitel hervorragten.

Nicht lange nach der Eheschließung starb Amalies Schwester im Allgemeinen Krankenhaus, allein und unbekannt. Die Polizei forderte etwaige Angehörige durch die Zeitungen öffentlich auf, sich zu melden. Es ist nicht anzunehmen, daß dem Ehepaar Stifter der Tod dieser nahen Verwandten verborgen geblieben sein sollte. Aber niemand meldete sich.

Mehr als je mußte der Ehemann Stifter seine wirtschaftliche und gesellschaftliche Lage zu verbessern suchen, und seine Frau dürfte ihn darin mit Nachdruck bestärkt haben. In dem oben zitierten Brief, den er kurz vor der Hochzeit an Handel schrieb, hatte er hoffnungsfroh von seiner Bewerbung um eine Lehrstelle an der Forstanstalt Maria-Brunn berichtet – *einen Konkurs will ich machen, an dem nichts mangeln soll* –, aber vorsichtshalber fügte er gleich hinzu, daß er auf die sonderbarsten Unfälle gefaßt sei; und was von ihm als Tücke des Schicksals, von anderen als Flucht in die Krankheit bezeichnet wurde, ließ in der Tat nicht auf sich warten. Eine Hüftgelenkentzündung verhinderte ihn zwar nicht an der Heirat, wohl aber an der Bewerbung um das Lehramt. Kennzeichnend, daß jener Befürchtung eines Verhängnisses unmittelbar die Worte folgten: *Sagt' ich Dir nicht, das Fatum laure?* Mit Fatum meinte er hier nur das Pech, daß schlechtes Wetter ihn am Landschaftsmalen hindere, und fuhr dann fort: *Der Himmel ist stets wolkig und noch dazu so langweilig, grauschuppig, daß kein handgroßes Fleckchen desselben malerisch ist ... Über die grauen Schindeldächer, die im Glase meiner Fenster stehen, steigt ein Stückchen grauer Wald, dann fängt der graue Himmel an, und längs der Dächer wallt zeitweise im kalten Winde dünne ein grauer Rauchstoß, eine Trauerweide, die grau ist, regt ihre Zweige zum öftern, als klaubte sie dieselben im Traume durcheinander.*

Die Sprache, die in einem einzigen Farbton malt und Geschautes ohne Empfindelei im Wort gestaltet, beglaubigt den Musenjünger als Dichter. Diese Würde, die er nur den erlauchtesten Geistern zuerkannt wissen wollte, pflegte er sich auch später noch abzusprechen; ihm fehle dazu, meinte er, *die Schwinge des Genies, d. h. die geistige Souverenetät, um zu herrschen, und meine Seele bleibt ... immer und ewig ein schönes Frauenbild, das liebet, aber stumm ist ...* Eigentlich berufen fühlte er sich zur Landschaftsmalerei, und sie gab er als seine Profession auch dann noch an, als das Verhältnis der beiden Begabungen bereits zugunsten der dichterischen entschieden war. Wie seine literarischen Versuche standen auch die zeichnerischen und malerischen Arbeiten ungewöhnlich lange unter den Einflüssen, die auf Kremsmünster und die zeitgenössischen Wiener Künstler zurückzuführen sind. Ohne technische Schulung und in erster Linie auf gegenständliche Treue bedacht, verstand er es nicht, sich die Meisterwerke der Gemäldegalerie zunutze zu machen. Er bewunderte die neueren Maler wie Gauermann, Fischbach und Amerling maßlos, ein größerer, Ferdinand Waldmüller, scheint ihn weniger angesprochen zu haben, und die Nazarener lehnte er so ab wie den angewandten Katholizismus der Malermönche von San Isidoro. Kunst sei die Darstellung des Göttlichen im Gewande des Reizes, hatte das ästhetische Dogma in Kremsmünster gelautet, und das Göttliche vermochte er als Maler nur im Kleid der Gottesnatur zu sehen

Von seinen Bildern aus den zwanziger Jahren sind verschiedene Landschaftsdarstellungen erhalten, zumeist in Deckfarben auf Papier gemalt und bei aller Unbeholfenheit manchmal ehrlich bemüht um die Bewältigung von Raum- und Farbproblemen; auch als er, gelegentlich unterwiesen von Johann Fischbach, seit 1832 sich mit der Ölmalerei vertraut machte, kam er anfangs nicht über dilettantische Anläufe hinaus. Neben Kopien entstanden allerlei Salzkammergutbilder noch ohne persönliche Eigenart. Aber ein kleines Bild der Ruine Wittinghausen, jenes für seine Jugend und sein dichterisches Schaffen so bedeutsamen Schauplatzes, will mehr sein als eine topographische Wiedergabe: mit dem Mut zu formaler und koloristischer Eigenwilligkeit wagt er es, ein düsteres Gleichnis der Vergänglichkeit zu geben. In anderem Sinn bemerkenswert ist der *Fabriksgarten in Schwadorf* von 1835, ein Bild mit allen Reizen naiver Komposition und Farbgebung. Erst in Zeichnungen und einigen Gemälden aus dem Jahre 1837 macht sich wenigstens stellenweise eine Loslösung von akademischer Akkuratesse bemerkbar. Gewiß ein Beweis zunehmender Selbständigkeit, und doch ist es überraschend, zu welcher erstaunlichen malerischen Freiheit er es in den nächsten Jahren brachte.

Fünf Landschaften, mit denen er in der Akademie-Ausstellung von 1839 vertreten ist, erweisen ihn plötzlich als einen Maler auf eigene Faust. Seine Gegenstände sind nun weder romantisch noch idealistisch. Ein *Blick auf Wiener Vorstadthäuser* gewinnt dem unscheinbaren Vorwurf alle Liebenswürdigkeit einer Biedermeier-Idylle ab. Die Einzelheiten des verschwiegenen Gärtchens zeigen noch die herkömmliche Kleinlichkeit, aber kräftig und hoch steigen die kahlen, nüchternen Dächer auf. Noch gewagter ist die Dachlandschaft in dem *Blick in die Beatrixgasse*: Firste, Schornsteine und öde Straßenwand unter einem bewegten Sommerhimmel, Verzicht auf alle Gegenstandsreize, fern jeder Stilisierung und jeder Anekdote, alles auf die Farbe und den Augenblickseindruck gestellt und mit Frische, ja mit einer gewissen Verwegenheit ausgeführt. Diese und die ihnen bald folgenden Bilder werden mit Recht in die Geschichte des deutschen Frühimpressionismus eingereiht, mit dessen Meistern sich die späteren Wolken- und Felsstudien, die westungarischen Landschaften und vor allem das *Motiv aus Neuwaldegg* getrost messen können. Dem sonst von mehr oder weniger konventionellen Vorbildern abhängigen Stifter ist es hier – ohne Kenntnis des machtvollen Durchbruchs in der Malerei, der sich um diese Zeit anderswo ereignete – aus unmittelbarer Beobachtung der Natur gelungen, zu einem echt malerischen Naturalismus vorzustoßen.

Ruine Wittinghausen. Gemälde von Stifter

Fabriksgarten in Schwadorf. Gemälde von Stifter

Blick in die Beatrixgasse. Gemälde von Stifter, 1839

Wiener Vorstadthäuser. Gemälde von Stifter, 1839

Wenn sich auch gelegentlich ein Käufer für ein Bild fand, das tägliche Brot mußte Stifter nach wie vor mit Stundengeben verdienen. Dabei kam dem Dichter und Maler eine Begabung anderer, nicht weniger beachtenswerter Art zustatten: seine eminenten pädagogischen Fähigkeiten. Sie mögen in seiner Persönlichkeit keimartig vorgebildet gewesen und von den Vorbildern, seinen Lehrern in der Heimat und im Gymnasium, entwickelt worden sein: Anlage und Gesinnung machten ihn zu einem hervorragenden Erzieher. Wie er in Wort und Bild «bilden» wollte, so drängte es ihn, auch Menschen auszubilden, und so sollte er sich später fünfzehn Jahre lang als menschenbildender Schulmann bewähren. Der Privatlehrer in Wien verwertete mit Erfolg seine vielfachen Kenntnisse der Natur- und Geisteswissenschaften, er gab den Schülern sein Bestes, und wenn sie ihn achteten und bewunderten, galt das gewiß in erster Linie seiner persönlichen Ausstrahlung noch mehr als seinem Wissen. Wie hätte sich auch ein dem Höheren aufgeschlossener Zögling ihm entziehen können, der sein Leben lang sich liebend an den anderen anzuschließen suchte! Allein, oft genug suchte er vergeblich, und er bekam das Unwürdige seiner Stellung zu spüren. Dann kam er sich vor wie ein Bettler, wie einer der Marktschreier und Komödianten, eben einer, der – wie er es in einer seiner frühen Geschichten bitter schilderte – in die Häuser gehen muß, *um ein wenig Unterricht und Erziehung darzureichen und sich dann wieder von hinnen zu begeben. Und wenn deine Zeit um ist, bekommst du dein Geld, und niemand kümmert sich um dich. Und wenn dich dein Herz überkommt und du aus ihm zu dem Schüler redest und dann aufstehst und in Demut Abschied nimmst und fortgehst, und wenn er dann an dem Fenster steht und auf die Scheiben trommelt und dich unten weggehen sieht, von Wagen, die da fahren, mit Kot bespritzt, dann deucht er sich mehr zu sein als du, und die Seinigen denken auch so . . . Mir ist es schon lange bis zur Kehle.*

Von den Unbilden der Realität erholte Stifter sich im dichterischen Schaffen. Eine neue Erzählung beschäftigte ihn, *Der Condor*, die Liebesgeschichte des edlen jungen Malers Gustav und der hochgesinnten, schönen Cornelia. Das Motiv der weiblichen Emanzipation wird wohl gestreift, der reifende Autor indessen zielt mit geistiger Vertiefung weit über alle Aktualität hinaus. Daß Cornelia mit den zwei Begleitern in der Gondel der Montgolfiere aufsteigt, um ihre Beherztheit zu beweisen, ist nur eine vordergründige Handlungshilfe; hinter ihr erhebt sich das eigentliche Problem: wie kann der Mensch sich behaupten, wenn er den irdisch-mütterlichen Grund, das ihm zubestimmte Diesseits verläßt und den Schrecken des Formlosen, des Chaos, des Nichts ausgesetzt ist? Der junge Lord, der den Condor führt, vermag es dank einer Künstlerseele, die *dichterisch mit Gefahr und Größe spielt;* der alte Gelehrte bleibt unerschüttert, sein Forschergeist hat kein Organ für die Wunder und Rätsel des Grenzenlosen; während das stolze Mädchen, dem Wahnsinn und Tod nahe, zum armen, schwachen Weib wird, das den Himmel nicht erträgt.

Sie erkennt die ihr von der Natur gesetzten Grenzen und ihre Liebe zu Gustav, aber sie ist nicht groß genug für sein reines Herz und trauert ihm, den es in die Einsamkeit der Neuen Welt treibt, reue- oder sehnsuchtsvoll nach. Hat es nicht auch einer anderen einst an der Kraft gefehlt, mit einem ihr in Liebe zugetanen jungen Künstler das Abenteuer des Höhenflugs zu bestehen? Auch Fanny, auf die der Dichter so die Schuld verlagern möchte, die ihn bedrückt, hatte den Mut nicht aufgebracht, der vertrauten bürgerlichen Wohnlichkeit zu entsagen. Anders als Cornelia, die gefeierte Schönheit der Pariser Salons, begnügte sie sich freilich als Frau Fleischanderl mit einem kleinbürgerlichen Dasein in einem oberösterreichischen Nest. Dort starb sie bei der Geburt ihres ersten Kindes.

Die Nachricht von ihrem Tod soll Stifter sehr ergriffen haben; ob er, wie es heißt, seiner Frau daraufhin versichert hat, sie sei erst jetzt ganz sein, ist gleich manchen anderen ihm zugeschriebenen Äußerungen dieser Art kaum glaubhaft. Ungesichert ist auch die Überlieferung, die vom Anfang seines literarischen Auftretens berichtet. Es heißt, daß er Anfang 1840 die Mutter einer seiner Schülerinnen, eine Baronin Mink, besuchte und daß ihm die vorwitzige Tochter des Hauses heimlich eine Rolle aus der Tasche zog, darin zu lesen anfing und plötzlich ausrief: «Der Stifter ist ja ein Dichter – da fliegt ein Mädel in die Luft!» Nun mußte er seine Arbeit, eben den *Condor*, vorlesen, und die schöngeistige Baronin, selber poetisch dilettierend und mit den Wiener Literatenkreisen vertraut, interessierte den Herausgeber einer Zeitschrift für das Manuskript. Er nahm es mit Dank an, der *Condor* erschien in der «Wiener Zeitschrift für Kunst, Literatur, Theater und Mode», fand Beifall, und Stifter schritt mit erhöhter Schaffenslust auf dem sich so eröffnenden Weg weiter.

Jetzt lockte es ihn nicht mehr, ins Romantisch-Utopische auszuschweifen. Er wandte sich zurück in die eigene Vergangenheit, in seine Heimat und Kindheit und sah sich als den Heideknaben Felix, der aus der dichtenden Seele des Volkes, wie die Großmutter sie verkörperte, *die Anfänge der Fäden zog, an denen er vorerst seine Heidefreuden webte, dann sein Herz und sein ganzes zukünftiges Schicksal.* Felix geht in die Welt, erfährt die Enttäuschungen einer großen Liebe, wird ein Gelehrter und Dichter und kehrt doch wieder an den Ort des Ursprungs zurück, zurück zu der uralten Großmutter, *die allein unverwüstlich und unveränderlich blieb, immer und ewig am Hause sitzend, ohne sterben zu können, eine träumerische Reliquie, gleichsam als warte sie auf seine Rückkehr.* Scheinbar untätig lebt der zum Fremdling gewordene Felix unter den Seinen, unverstanden, ihnen beinahe verdächtig, bis eines Tages der König mit großem Hofstaat angefahren kommt, um den Dichter, *einen König der Herzen,* zu ehren und zu beschenken. Und nun zeigt sich der Edelmut des Verkannten in seiner ganzen Größe: er lehnt Ehrungen und Geschenke ab und bittet nur um Hilfe für das von der Dürre bedrohte Dorf.

Die naive Einfalt dieser Fabel ist unvereinbar mit dem wachsenden Kunstverstand des Verfassers. Vielleicht war sein Bedürfnis, die

Menschen in der Heimat, die den kleinen Bertl einst «Luigenbertl» genannt hatten und wohl auch den Erwachsenen nicht nach Gebühr würdigen wollten, eines Besseren zu belehren, so zwingend, daß es den Widerspruch übertönte. Der Heimgekehrte enthüllte sich in seiner Glorie. Und um das Maß voll zu machen, vergilt Felix, jetzt *ein geehrter und gerechtfertigter Mann*, die Mißachtung mit selbstloser Großmut und wird zu ihrem Retter. Zugleich ist die Erzählung, jenseits des lebensgeschichtlichen Sinngehalts, eine flache Allegorie vom Triumph der Poesie über die gemeine Wirklichkeit.

Das Heidedorf erschien wieder in der «Wiener Zeitschrift» und war wieder ein Erfolg. Nun trat Graf Majlath, Mitherausgeber des angesehenen Jahresalmanachs «Iris» in Budapest, an Stifter heran: er brauchte dringend einen umfangreichen Beitrag für den nächsten Jahrgang. Nichts eignete sich dafür besser als die längst begonnene Tagebuch- und Brieferzählung des Malers Albrecht. Ausgearbeitet sollte sie einen Liebesroman im Rahmen einer poetisch-sozialen Utopie ergeben. *Feldblumen*, wie sie auf Majlaths Vorschlag genannt wurde, erschien bereits im Herbst und erregte Aufsehen. Die einen fanden gewisse aktuelle Tendenzen wie die Forderung nach einer vernunftgemäßen Mädchenerziehung verdächtig, andere bedauerten, daß die politischen Zeitfragen zu kurz gekommen seien; einig war man sich jedoch in der Gewichtigkeit dieses Beitrags. Die «Iris» wünschte sogleich ein neues Werk.

Es wurde *die liebliche grüne Fabel des Waldes*, erst *Der Wildschütz*, dann *Hochwald* betitelt. Es lag nicht in Stifters Begabung, eine neuartige und außergewöhnliche Story zu erfinden. Wo das eigene Erlebnis nicht den Stoff lieferte, lehnte er sich gern an literarische Vorbilder an. Hatten bisher Jean Paul, Tieck und E. T. A. Hoffmann mit thematischen Motiven beigestanden, ließ er sich jetzt von einer anderen Romantik anregen: der des Urwalds und seiner Menschen, wie sie James Fenimore Cooper in seinen Wildwestromanen verherrlichte. In die Einsamkeit, die in den böhmisch-bayrischen Waldungen so unberührt ist wie im amerikanischen Urwald, bricht das Schicksal als Geschichte in seiner grausamsten Form ein. Der Krieg vernichtet den Frieden des Landes und die Liebe eines engelhaften Mädchens und ihres Märchenprinzen. Mit der Burg Wittinghausen, der Stätte, die vom Jugendglück und ewigen Kummer des Dichters umwittert ist, gehen die edelsten Menschen zugrunde – nicht durch menschliches Verschulden, sondern durch die Tücke eines sinnlosen Fatums. Ein Mißverständnis, ein Wald, ja, der geliebte unschuldige Wald hat das Unglück herbeigeführt, und welche Ironie, daß die fromme Clarissa sich selbst der Schuld am Tod des Vaters und des Geliebten bezichtigen muß und daß über der Brandstätte der väterlichen Burg *die lächelnde schöne Ruhe des Himmels* im heiter funkelnden Tage liegt! Ist also der Mensch nichts als das Spielzeug blinder Willkür?

Es fehlt nicht an Versuchen, die bei Stifter immer wiederkehrende Gegenüberstellung von menschlichem Leid und kosmischer Gefühllo-

Windsturz im Böhmerwald. Zeichnung von Stifter

sigkeit so zu deuten, als fände dieser Gegensatz seine Aufhebung in der höheren Ordnung einer Mensch und Natur umfassenden Gesetzhaftigkeit. Sicherlich ist Stifters gesamtes Werk erfüllt von der Bemühung, eine Lösung des Schicksalsproblems zu finden, das ihn in wechselnder Form bis an sein Ende beschäftigte; eine Lösung, die in Einklang mit seinem vorsätzlichen Glauben an die Vernunftwürde gebracht werden konnte. Aber *die lächelnde schöne Ruhe des Himmels* hoch über dem irdischen Jammertal als ein versöhnendes Lächeln zu interpretieren, ist eine erklügelte Konstruktion. Von früh an hatte der Dichter sich Mächten ausgeliefert gefühlt, deren unbewegte Gleichgültigkeit aller kreatürlichen Not spottet. Sprach doch schon aus der Ode an Fanny, in welcher der Fünfundzwanzigjährige Hand in Hand mit der Geliebten durch die Felder wandelt, nicht die Seligkeit des Beisammenseins, sondern die verzweifelte Gewißheit, daß er an ebensolchem Tage einmal im Grab ruhen wird, vergessen und vermodernd. Die Stunde mit der Geliebten im Felde erfüllt ihn nicht mit Glück, nur mit Trauer ob der tiefen Sinnlosigkeit alles Suchens und Hoffens. Daß es die Bestimmung alles Irdischen ist, zu vergehen wie die Blumen des Feldes, tönt traurig aus vieler Dichter Mund –

> Wie Gras auf dem Felde sind Menschen
> Dahin wie Blätter! Nur wenige Tage
> Gehn wir verkleidet einher –

Der Plöckensteinsee, Schauplatz der Erzählung «Der Hochwald»

aber für Claudius, wie für Klopstock vor ihm, erhebt sich die Trauer zur trostvollen Gewißheit von der Heimkehr in die wahre Heimat des Christenmenschen.

REALITÄT UND POESIE

Was der balladesken Erzählung vom *Hochwald* ihren Ruhm einbrachte, ist die vielfach ausgedeutete, bestrickende Kunst der Naturbeschreibung. Die Sprache, die den Zauber des Waldes, des geheimnisvollen dunklen Weihers am Plöckenstein einfängt, hat sich von dem metapherfrohen, oft abrupten und übersteigerten Stil der Jugendarbeiten fortentwickelt, der Tonfall ist gedämpft, die Bilder sind anschaulicher geworden, und indem der Dichter sich mit Andeutungen und Aussparungen begnügt, erreicht er eine um so erregendere Wirkung. Er war von seinem Werk selbst angetan. *Es dünkt mich, der Hochwald ... gehe im milden Redeflusse fort, ein einfach schön Ergießen, ohne dem koketten Herumspringen, das mich in den Feldblumen ärgert. Ich bin so kindisch, daß mich der Hochwald stellenweise selber rührt und freut ... Sie werden mit einem Menschen nicht ins Gericht gehen, der ein gutes Herz in die Welt hineinschwärmt, ohne ein Goethe zu sein, der sein Gold rein, schön, unbegreiflich im breiten Zauberflusse strömen lassen könnte, keine falsche Ader und kein Stäubchen drinnen, so den Glanz stört.*

Der Plöckensteinsee. Zeichnung von Stifter

Verleger Gustav Heckenast mit Frau

So schrieb er an Heckenast, den Verleger der «Iris», und noch fünf Monate nachher war er vom Wert seiner Leistung überzeugt: *Ich hoffe, nein, ich w e i ß es, daß diese Dichtung ein großes Aufsehen machen müsse ... Denn das weiß ich mit Gewißheit, daß diese Dichtung innig und warm ist und warme Herzen ergreifen muß, und das weiß ich auch, daß sie außer Tieck keiner schreiben kann.*

Aber schon gegen Ende dieses Jahres 1841 hatte er kritische Distanz gewonnen. Da war er *selber recht wohl durchdrungen von der Erkenntnis der Fehler, die im Hochwalde sind;* und gar zwanzig Jahre später, als er an *Witiko* arbeitete und der Historie mit Ehrfurcht gegenüberstand, war sein Urteil noch viel abschätziger: *Im Hochwalde abe ich die Geschichte als leichtsinniger junger Mensch über das Knie gebrochen und sie dann in die Schubfächer meiner Fantasie hineingepfropft. Ich schäme mich jetzt beinahe jenes kindischen Gebarens.*

Zur Zeit ihrer Entstehung war die gegenwartsferne Idylle unmodern. Die Vorkämpfer einer neuen Bewegung hatten der Romantik abgeschworen. Nicht mehr die Poesie der Waldeinsamkeit lockte die Dichter des Jungen Deutschlands; die Stadt, der problematische Mensch, das soziale Leben waren ihre bevorzugten Stoffe. Stifter mißbilligte eine Literatur, die rein auf gegenwartsbezogene Tendenzen gestellt war. Bei aller politischen Liberalität, zu der ihn nicht nur sein Glaube an Vernunft und Bildung verpflichtete, ließ er sich von den politischen Strömungen Westeuropas nicht mitreißen. Sein Humanitätsideal war vorerst noch unverbindlich, die kosmopolitische Gesinnung der *Feldblumen* eine Attitüde, das Bekenntnis zu einer auf übernationale Werte eingeschworenen Menschheitskultur mehr Ideologie als Erfahrung. Er unterschätzte die kulturellen Leistungen Frankreichs und Englands, ja kannte sie kaum oder nur in ihren unbedeutendsten Erscheinungen. Als freisinniger Österreicher war er war über jede nationale Engstirnigkeit erhaben, doch blieb er sein Leben lang in provinziellen Vorurteilen über die neuere Kunst des Auslands befangen. Was im gesellschaftlichen und politischen Leben des sich stoßweise verändernden Europa vorging, berührte ihn wohl, soweit die Metternichsche Zensur solche Kenntnisse überhaupt möglich machte, und die kritischen Ausfälle gegen bestehende Übel bezeugen seine Parteinahme; aber noch konnten die aktuellen Bestrebungen, die den politischen Umsturz vorbereiteten, nicht bis in den Kern seines von Erziehung und Milieu abgeschirmten Innern eindringen.

Da ergab sich unerwartet eine Gelegenheit, die ihn zur Zeit- und Gesellschaftskritik in tagwichtiger Form herausforderte. Der Verleger Heckenast in Budapest regte ihn an, sich an einem Sammelwerk zu beteiligen, das «Wien und die Wiener, in Bildern aus dem Leben» heißen sollte. Stifter verpflichtete sich auch zu einer Reihe von Beiträgen, und bald übernahm er von seinem Freund Franz Stelzhamer die Redaktion des Werkes. Es war eine schwierige Arbeit. Und gleichzeitig machte er sich daran, die riesige Konzeption eines Epos von Heimat und Familie auszuführen, eine Art Chronik, deren Kernstück schon in der nächsten «Iris» erscheinen sollte – das alles neben seiner Tätigkeit als Privatlehrer und Maler.

Die Beiträge zu dem Sammelband kamen ihrer ganzen Art nach der ihm ungemäßen Tagesschriftstellerei nahe; aber aus demselben Grund erlaubten sie ihm, Gedanken über Zustände und Dinge zu äußern, wie sie seinem rein dichterischen Schaffen fernlagen. Wenn er in einer einleitenden Schilderung der Stadt ein lebensvolles Tableau, gesehen vom Turm von Sankt Stefan, skizzierte, versäumte er nicht, Einzelheiten hervorzuheben, die solche Gedanken provozier-

Studien von ADALBERT STIFTER. Zweiter Band.

Gustav Heckenast in Pest.

ten. Von dem Blick auf die Münzstätte zum Beispiel ließ er sich verleiten, seine Ansichten über das Geld zu entwickeln, den Dämon der *statt das Bild der Dinge selbst Ding wurde, je einzig Ding, das all die andern verschlang,* fluchbeladen, unersättlich zum Erwerben und Verzehren reizend, indes dem Menschen sein einziges Glück verlorengeht, *hold und selig zu spielen im Sonnenschein der Güte Gottes wie der Vogel in den Lüften, selig und arm – nein, nicht arm, denn zum Bedürfnis ist eine Überfülle da... Aber es muß wohl so sein, so gewiß, wie es einst anders werden wird.* Zu so zeitgemäßen Betrachtungen verführen ihn

natürlich auch die Kanonengießerei, das Invalidenhaus und das Kriminalgebäude. Er ahnt die Beziehungen zwischen Geld, Krieg und Verbrechen und träumt von einem Zeitalter der Vernunft, da man keine Kanonen mehr nötig haben und vielleicht Freude herrschen werde, wo jetzt Gefangene in ihren Zellen leiden.

In die Sphäre seiner innersten Anliegen führt ihn der schauerliche *Gang durch die Katakomben,* ins Gebiet des Todes unter dem Dom. Vor den Bergen verwester Leichen überfällt ihn wieder die furchtbare Gewalt, deren Plan jede Denkmöglichkeit übersteigt, da sie *das Höchste und Heiligste dieser Erde, die menschliche Gestalt,* gleichgültig vernichtet, *als wäre es eben nichts! Oder gefällt sich jene Macht darin, im öden Kreislauf immer dasselbe zu erzeugen und zu zerstören? Es wäre gräßlich absurd!*

So tief der Denkende die ungeheure Spannung zwischen Zeit und Ewigkeit, zwischen irdischer Schönheit und ihrer Bestimmung, zu verwesen, erlebt, so innig versenkt er sich in die feierliche Stimmung der *Karwoche.* Reine, freundliche Kindheitserlebnisse auf dem Lande werden wach, aber auch in der Großstadt erhält die Feier ihren Sinn zuerkannt; just das harte Nebeneinander von Industriebetrieb, Müßiggang und Kirchenfest habe etwas Tragisches an sich und sei ein eindringliches Bild des Lebens... Dann erzählt er vom *Leben und Haushalt dreier Wiener Studenten,* Erinnerungen an die mit den Jugendfreunden Mugerauer und Schiffler gemeinsam verlebte Zeit, und in einer Reihe von Plaudereien bekennt der Wahlwiener sich froh zu dieser Stadt und ihren Menschen.

Dem Feuilletonstil dieser Prosa, der seinem eigenen Sprachfall fremd war, haftet oft etwas Erzwungenes an; rein persönlich fließt der Rhythmus seiner Sprache dort, wo er seine Welt dichterisch gestaltet, und nirgends bezwingender und reiner als in der geplanten Chronik, *Die Mappe meines Urgroßvaters*. In diesem Werk, das ihn buchstäblich bis ans Ende seiner Tage fesseln sollte, werden die Geschichten aus dem Leben des Landarztes Augustinus, eines Mannes von einfacher Herkunft und edler Gesinnung, kühn verknüpft mit der Geschichte eines gräflichen Geschlechtes leidenschaftlicher Männer, die erst im letzten ihres Stammes zur Ruhe, zum Dienst an den Mitmenschen und zu neuer Verwurzelung in der einstigen Heimat gelangen. Daß die ersten Erzählungen dieses Novellenkreises, der Vorbericht *Die Antiken* und *Der sanftmütige Obrist*, bereits im Juni dieses Jahres und *Die Geschichte von den zween Bettlern* im darauf folgenden Quartal in Withauers «Wiener Zeitschrift» erschienen, wäre kaum möglich gewesen, wenn Stifter sie nicht lange vorher zumindest schon entworfen hätte.

Dennoch war die Leistung eminent, und sie sollte noch wachsen. Der rasche Erfolg mag seine Schaffenskraft beschwingt und seine Fähigkeit zur Konzentration gefördert haben. Wirtschaftlich war die Lage zwar noch immer prekär, man kam aus den Schulden nicht heraus (noch im Mai 1841 wurde die Wohnungseinrichtung wegen Nichtbezahlung der Miete gepfändet), aber allmählich ging es ein wenig besser, ein Dienstmädchen wurde aufgenommen und die Lebenshaltung überhaupt gehoben; jetzt konnte Stifter es sich immerhin leisten, seine Frau im Sommer zu ihrem Bruder reisen zu lassen, der als Unteroffizier mit Frau und Kindern in armseligen Verhältnissen an der ungarisch-serbischen Grenze hauste.

In ihrer Abwesenheit führte er sein Tagewerk fleißig weiter; schrieb am Morgen seine Wiener Aufsätze, malte am Nachmittag, ging dann ins Literatencafé «Neuner» in der Plankengasse, und abends arbeitete er an der *Mappe*. Von Amalie kam lange keine Nachricht, und er ängstigte sich von Tag zu Tag mehr. *Ich weiß nicht mehr, was ich tun soll*, schrieb er ihr ganz verstört, *es muß ein Unglück begegnet sein; denn ich kann es unmöglich glauben, daß Du aus freiem Willen mich so lange ohne Nachricht lassen könntest... Meine Fantasie malt mir alle möglichen Fälle vor, bist Du krank, ist mit dem Schiffe etwas geschehen, wenn Du etwa schon gestorben wärest...*

Sie hatte zwar sogleich nach ihrer Ankunft geschrieben, aber der Brief war nach einer Woche noch nicht angekommen. *O Mali, Du kannst Dir gar nicht denken, wie ich mich abängstige... Du kennst meine Ungeduld und kennst ja auch meine Liebe zu Dir, aus der eben die Ungeduld entspringt; denn erinnere Dich nur an jene Nacht, wo Du bei der Tür ohnmächtig wurdest, was habe ich da für einen un-*

ausssprechlichen Schmerz ausgestanden – und jetzt verfolgt mich be-
ständig dieses Bild, wie Du leblos die Arme hinab hängen ließest
und kein Zeichen geben wolltest – immer kömmt mir der Gedanke,
daß Du krank bist oder gar schon gestorben ...

Endlich kam ihr Brief. Es ging ihr gut, nur um das Hündchen Muffi sorgte sie sich, das krank zu Hause geblieben war. «Lebe indessen
recht wohl, und vergnückt und treste dich wenn dir die Zeit zu lang
wird, das ich nicht lange ausbleiben werde, soltest du irgentwoh Geld
bekommen haben, so schicke mir das Reisegeld ...» Ihm fiel eine Last
vom Herzen.

Ich danke Dir tausendmal für Dein gutes liebes Herz, und so außer-
ordentlich freut mich Dein Brief, daß ich es Dir gar nicht sagen kann,
o was ist alles Verliebtsein für schales Zeug gegen w a h r e e h e -
l i c h e L i e b e, das Wort verstehe ich erst jetzt recht in seinem
vollen Umfange, daß Mann und Weib ein Leib sei, wenn Du mir ster-
ben solltest, so hätte ich gar keine Freude mehr auf Erden; denn ich
liebe Dich mehr als mein eigenes Leben ... Muffi sei tot, und er habe
viele Tränen um den Hund vergossen, aber sie möge doch bedenken,
daß sie ihn noch habe und daß niemand sie so liebe wie er.

Eine Woche später kündigte er seine Ankunft bei dem Schwager
an, plauderte von allerlei häuslichen Mißhelligkeiten und kleidete
seinen natürlichsten Wunsch in eine Sprache von peinlicher Unnatur:
Nun, meine schöne liebe Frau, bitte ich Dich nur um eins: gebäre nur
recht bald einen Knaben, der so schön ist wie Du und so lustig wie
ich, dann ist alles gut bis auf ein Mädchen, um das ich Dich auch
bitte.

Mali ist weit weniger empfindsam und munter. «Deine beiden
Briefe ... haben mich erfreut aber auch Betribt, nach dem du so ein
konfuhses zeig Durcheinander schreibst daß man nicht weiß, was
man aus allem dem machen soll ... Nemlich wenn ich dir schreibe
das ich Reisegeld brauche du es gleich oder Bald schüken wirst, und
jezt ziest du so l a n g e herum, das ich hier indessen verzweifeln
muß, deine Klage in jeden Brife ist die sensucht nach mir, und doch
in keinem ersenten Brife ist ein Geld welches alle gegenseitigen Wun-
den heilen mechte ... Das Du Dich Wohl befindest und gute Ge-
schefte machst, ist mir ser angenem, allein ich sage Dir doch daß ich
noch Krank werde vonn lauter sehnen nach Haus und meinen Heus-
lichen Bescheftigungen.»

Wie anders waren die Briefe, die er in der *Geschichte von den*
zween Bettlern das Mädchen an ihren armen Poeten schreiben ließ.
Ich habe deine Nachtgedanken gelesen: ach ich liebe dich ja und möch-
te nichts als in Ewigkeit fort von dir geliebt werden – du hast ein
sonderbares Herz – und so habe ich es von Kindheit auf gewollt und
geträumt: ein Herz, größer als die ganze Welt, müsse mein sein mit
einer Liebe, die ohne Grenzen ist, – ich habe es mir gesucht, es er-
kannt, und nun lasse mich tauchen in den Abgrund, Seel um Seele,
Herz um Herz, daß rings keine Welt sei, nicht einmal die Sterne ...
Du willst Werke herausgeben – tu es nicht, nimm ihnen nicht den

holden Duft, den Dichtungen, die uns vereinten. Du willst ein Amt haben, willst dann um mich werben – tu es oder tu es nicht, das ist ein Außending und ändert an dem Herzen nichts. Bist du stark und demütig in deinem Mute, so bin ich stark als handelnd Weib und demütig in deiner Liebe.

Es sind die Briefe, die Fanny einst nicht geschrieben hatte.

Ein seltsames Doppelleben: am Morgen flossen aus der Feder des Ehemanns schwunglose Liebesschwüre, wie sie nicht ein übervolles Herz, sondern eine untergründige Not diktiert, und absonderlich überspannte Ängste, daß Amalie krank oder tot sei, wiederholten sich; und abends beschrieb dieselbe Feder den seligen Traum der Jugend. Wenn da der Doktor Augustinus in Pirling-Friedberg seine Margarita wiedersieht, der er sich durch eine unbegründete Eifersuchtswallung entfremdet hat, dann *wallt der Strom der alten Liebe noch einmal so schön und frei im gewohnten Bette dahin.* Die einst sein war, ist es noch immer. *Wenn ich nun, und sei es nach Jahren und Jahren, zu einer andern treten soll und sagen: ich liebe dich, – wird dann dieses Antlitz vor mir schweben mit den schönen, traurigen Augen? Ach, es ist und bleibt doch immer und ewig so: eine zweite Frauenliebe ist wie ein Betrug, gegen die erste verloren und gegen die zweite nicht gewonnen ...*

«Wie ein Betrug» – wie kann ein den Idealen hoher Sittlichkeit Verpflichteter das Leben eines Betrügers, eines doppelten und dreifachen Betrügers leben? Indem er sich in eine Liebe aus Pflicht rettet, in eine Ehe, wo beide ein Leib und zwei weltweit entfernte Seelen sind. Was ihm über den unheilbaren Zwiespalt hinweghelfen sollte, war im Alltag der Ehe ein ins Ungemeine übersteigerter Begriff der Pflicht, in seiner wahren, geistigen Existenz das Glück des Dichtens. Die kalte, geistlose Frau, die für Geschäfte mehr Sinn hatte als für Nachtgedanken, die ihn pflegte und überreichlich nährte, w i l l er lieben, aber seine Hingabe verströmt er in das Gefühl für die Eine, die Tote, die in wechselnder Gestalt und immer dieselbe in jedem seiner Werke wieder lebendig wird.

Im September holte er seine Frau aus Ungarn ab. Eindrücke von dieser Reise hielt er in einigen Landschaftsbildern fest, die seine zunehmende malerische Selbständigkeit und einen ungewohnten Zug zu dramatischer Wirkung zeigen. Aus derselben Zeit stammt die große *Felspartie*, eine heroische Landschaft; öde Schlucht, durch deren kahle Klüfte ein Gebirgswasser schäumt, Bild chaotischen Urzustandes vor allem kreatürlichen Leben.

Voll tieferen Sinns und noch anschaulicher als in Farbe und Form spricht die Dramatik des Naturgeschehens in Raum und Zeit aus der Dichtung Stifters. Schon im *Condor* erschauert der fühlende Mensch vor den Furchtbarkeiten des Nichts im unendlichen Wesenlosen, *Das Heidedorf* kennt die unerbittliche Macht der Zeit, im *Hochwald* ist es ein blindes Fatum, das aller Vernunft spottet, und in den *Katakomben* west und verwest ein trostloses Moderreich. Erst *Der sanft-*

Vignette zu «Die Narrenburg».
Gezeichnet von P. J. N. Geiger, gestochen von J. Axmann

mütige Obrist findet Rettung vor der Verzweiflung und weist seinem jungen Freund, dem Doktor Augustinus, den Weg der Selbsterkenntnis, der Bescheidung, der Geduld, Güte und Liebe.

Dieser Obrist ist einer aus dem unbändigen, halb verrückten, halb genialen Geschlecht der Scharnast, die sich auf dem Rothenstein in der Fichtau in leidenschaftlichen Taten und Untaten und in phantastischen Bauten ausgetobt haben. In der verwilderten, überwucherten Ruinenwelt, diesem Sinnbild irdischer Vergänglichkeit, entdeckt der Held der Erzählung *Die Narrenburg*, Urenkel des Doktor Augustinus und der Grafentochter, ein naturforschender, träumerischer und liebenswerter «Narr», seine Vorfahren. Ihm kann der Fluch, der einst über sie verhängt war, nichts anhaben; er gehört nicht mehr zu der *schauderhaft durcheinander redenden Gesellschaft* der gespenstischen Scharnast. Mit der schlichten Wirtstochter aus der grünen Fichtau gründet er ein junges, gesundes Geschlecht, befreit von der

Fessel geschichtlicher Abhängigkeit. Genialisch-skurrile Triebhaftigkeit – das romantische Erbe – und Befriedung in einer realen und humanen Ordnung – das klassische Ziel – verweisen auf sein eigenes Problem und auf die angestrebte Lösung. Die Frage, ob künstlerische Zucht und moralische Prinzipien den Mächten der Natur gewachsen sind, bleibt allerdings offen.

Einbildungs- und Gestaltungskraft haben Stifter als großen Erzähler legitimiert. Ein Naturereignis, die totale *Sonnenfinsternis am 8. Juli 1842*, gab Anlaß, ihn als unvergleichlichen Künstler dichterischer Beschreibung zu beglaubigen. Das berühmte Prosastück, unauslotbar in seiner Tiefe und Schönheit, vollbringt das Unerhörte, einen Naturvorgang mit der exakten Präzision des Wissenschaftlers, und zugleich das Unsagbare, das sich dem Mittel der Sprache schlechthin entzieht, in seiner Wirkung anschaulich zu machen. Zwei kurze Minuten lang hat der Beobachter hier mit den Sinnen wahrgenommen, was der Dichter des *Condor* geahnt hatte: die Verfinsterung, die Entfremdung der Natur. Die Zeit steht still, das stumme Donnerwort der Ewigkeit wird hörbar, der Kosmos wird zum Chaos und der Mensch zum Nichts. In der Beschreibung des Phänomens wird der Physiker zum Metaphysiker, und das Schauspiel enthüllt symbolischen Sinn. Das schwindende Himmelslicht ist das Gleichnis der verlorengehenden Sinnhaftigkeit, der geistigen Verdunkelung. Erst wenn in der engen Zelle unserer irdischen Welt die Lampe freundlich wieder brennt, «dann wird's in unserm Busen helle... Vernunft fängt wieder an zu sprechen, und Hoffnung wieder an zu blühn». Und da das Wunder am Himmel endlich erst hervorquillt, dann hervorschießt, findet sein Zeuge sich wieder in der sich belebenden Welt, *verwirrten und betäubten Herzens.*

SCHULD UND SÜHNE

Fast alle Erzählungen, die Stifter in diesem ersten, so außerordentlich fruchtbaren Jahrzehnt seines literarischen Schaffens geschrieben und dann umgearbeitet hat, kreisen um die Probleme von Schicksal, Schuld und Sühne. Immer wieder fühlt er sich *in ein düsteres Grübeln hineingelockt über Vorsehung, Schicksal und letzten Grund aller Dinge;* wohl setzt er sich, vernunft- und fortschrittsgläubig, vor zu beweisen, daß es kein Fatum, keinen Zufall, keine Unvernunft des Seins gebe, aber – so groß ist die Macht, die er zu leugnen versucht – er scheint am Ende diesen Beweis selbst ad absurdum zu führen. ... *eine heitere Blumenkette hängt durch die Unendlichkeit des Alls und sendet ihren Schimmer in die Herzen – die Kette der Ursachen und Wirkungen – und in das Haupt des Menschen ward die schönste dieser Blumen geworfen, die Vernunft, das Auge der Seele, die Kette daran anzuknüpfen und an ihr Blume um Blume hinabzuzählen, bis zuletzt zu jener Hand, in der das Ende ruht. Und haben wir dereinstens recht gezählt, und können wir die Zählung überschauen: dann wird für uns kein Zufall mehr erscheinen, sondern Folgen, kein Unglück sondern nur Verschulden; denn die Lücken, die jetzt sind, erzeugen das Unerwartete, und der Mißbrauch das Unglückselige.*

Mit solchen beschwörenden Formeln leitet er die Geschichte des Abdias ein, des afrikanischen Juden, der nach glanzvollem Aufstieg zu Reichtum und Macht alles verliert. Nichts bleibt ihm als sein neugeborenes Kind, die blinde Ditha. Ihr widmet er sein Leben. In Europa beginnt er von neuem zu erwerben und zu geizen, aber als Ditha sehend wird, wächst er in das wahre sittliche Leben eines Landmanns und Erziehers hinein, der Gutes tut, ohne Dank zu erwarten, und Gott fürchtet. Ein Blitz hatte Ditha das Augenlicht geschenkt, ein Blitz erschlägt das engelgleiche Wesen – und wieder lächelt der Himmel gefühllos hoch über allem Menschenleid. *Es ging kein Lüftchen, und zeitweise sang noch die Lerche.*

Zweifelnd, ja verzweifelt hat der Dichter die ewige Frage gestellt: *Warum nun dieses?* Die Antwort verbirgt er. Gibt er sie überhaupt? Scheint es nicht, als widerspreche das Schicksal des Abdias dem vorher so zuversichtlich vorgetragenen Gesetz von Ursache und Wirkung, als gehe die Rechnung des Händlers mit dem Himmel nicht auf, und in der heiteren Blumenkette klaffe eine entsetzliche Lücke? Denn was immer Abdias verschuldet hat, hat er redlich abgebüßt, ja er hat sich schließlich zu einem Menschen entwickelt, wie er den idealen Forderungen des Dichters voll entspricht – und dennoch muß die unschuldige Ditha zugrunde gehen. *Warum nun dieses?* Von allen Bemühungen der Interpreten, eine Antwort zu geben, kann keine ganz befriedigen, es sei denn jene, welche den Dichter, statt ihn der Unlogik oder der Vergeßlichkeit zu zeihen, beim Wort nimmt und den Beweis seiner These, daß alles Unglück nur die Folge eines Verschuldens sei, aus so leisen wie deutlichen Anspielungen erbringen will. Dann nämlich kann das Vergehen des Juden einzig darin liegen, daß er seine eigentliche Bestimmung, so weise zu werden, *wie es die alten Propheten und Führer seines Geschlechtes gewesen waren,* nicht erkannt, sondern dem Irdischen gedient habe. Für diese geistige Blindheit mußte er büßen, und die leibliche Blindheit der Tochter wird zum Gleichnis seiner selbst. Zwar wurde er sehend, als sie sehend wurde; aber was alle anderen Geschöpfe der Stifterschen Dichtung entsühnt, sittliche Läuterung, Vaterliebe, Veredlung der Natur, es ist nicht genug, die Schuld zu tilgen, die der Auserwählte auf sich genommen hat, da er sich dem großen, unerkannten Auftrag entzog. Ungeheuer ist der an ihn gestellte Auftrag, und schrecklich wie in den Worten des Psalmisten das Gericht Gottes.

Dieses großartige, bis in jede Einzelheit erstaunlich tief durchdachte Kunstwerk bezwang dank seiner dichterischen Gewalt die Leser des «Österreichischen Novellen-Almanachs», wenn sie sich auch seines Sinnes nicht voll bewußt wurden, und machte den Namen des

Der Kornhäuselturm des Hauses Seitenstettengasse 2.
Von hier aus beobachtete Stifter die Sonnenfinsternis am 8. Juli 1842

Verfassers auch in Deutschland bekannt. Von vielen Seiten trat man an ihn um Beiträge heran. Zurückgreifend auf frühe Konzepte und Pläne, schuf er nun in wenigen Jahren Erzählung um Erzählung, Zeugnisse eines stetigen künstlerischen Wachstums, auch wenn sie nicht immer die dichterische Schönheit und geistige Kraft früherer und späterer Arbeiten erreichten. Um Schuld und Sühne, um den Kampf zwischen Leidenschaft und Maß geht es auch im *Alten Siegel*, die nächste Novelle, die die Naturmacht der sinnlichen Liebe konfrontiert mit der Orthodoxie eines übersteigerten Ehrbegriffs. Die schöne Cöleste, eine um ihr Glück betrogene junge Frau, wird die Geliebte des reinen, edlen Jünglings Almot, ohne ihm zu verraten, daß sie bereits verheiratet ist. Eines Tages verschwindet sie; er ist verzweifelt und zieht in den Freiheitskrieg gegen Napoleon. Nach elf Jahren des Suchens findet Cöleste ihn wieder, und nun erst erfährt er, daß er unwissentlich ihre Ehe gebrochen hat. Er verläßt die Geliebte und ihrer beider Kind, nicht weil sie ihre Frauenehre verletzt, sondern weil sie die Verletzung seiner Ehre verschuldet hat. *Meine Sünde ist menschlicher als deine Tugend*, ruft die Unglückliche, und der Dichter gibt ihr recht. Unschuldig triebhaft wie die Natur hat sie sich an dem geltenden Moralkodex vergangen, während es seine Sünde ist, blühendes Leben einer abstrakten Norm zu opfern. Alt und einsam geworden, erkennt er die Unmenschlichkeit des vom Vater übernommenen Ehrbegriffs und bereut. *Die Leute sagten, es quälten ihn Gewissensbisse.* Daß Stifter, der sonst den Anschein eines Moraldogmatikers nicht immer vermieden hat, hier im Widerspruch zur landläufigen Sittenlehre der Zeit mit fast bestürzender Kraßheit Partei nimmt für das Recht auf Erfüllung triebhaften Verlangens, deutet auf lebensgeschichtliche Zusammenhänge hin. Doch kündigt sich bereits eine klärende Wandlung an: durch die schwüle Glut der erotischen Szenen schimmern die Ahnung einer höheren Liebe und die Sehnsucht nach wahrhaft beglückender, reiner Hingabe hindurch.

Daneben entstand die nur scheinbar romantische Anekdote, *Wirkungen eines weißen Mantels*, später in *Bergmilch* umbenannt und zu einer echten Novelle ausgearbeitet. Konnte der junge Almot noch als kriegsbegeisterter Vaterlandskämpfer mißverstanden werden, so läßt Stifter hier keinen Zweifel offen, wie er Krieg und Frieden beurteilt. *Die immer einfache und klare Frau,* die es nicht fassen kann, *daß vernünftige Wesen ihren Streit nicht in Vernunft und nach Gerechtigkeit austragen können, sondern daß sie sich dabei gegenseitig töten,* steht dem ebenso gutmütigen wie lächerlichen alten Wirrkopf gegenüber, der sich in blutrünstiger Kriegsbegeisterung ergeht – eine ironische Anspielung auf die gefährlichste Zweideutigkeit der romantischen Bewegung. Der Sieg des Normalen und Natürlichen über das Absonderliche und Verstiegene mündet märchenhaft in die Aufnahme des einstigen Feindes in die Familie.

Und noch eine andere, für Stifter untypische Erzählung schrieb er in diesem Jahr 1843. Den Fragen, ob der Mensch sein Leben planmäßig und bewußt gestalten könne, und ob dem Begriff der Ehre in aller Wirklichkeit der höchste Wert zukomme – Probleme, mit denen er sich sonst in vollem Ernst auseinanderzusetzen bemüht war –, wollte er jetzt mit den Mitteln des Humors beikommen. *Die drei Schmiede ihres Schicksals* sind bei aller scheinbar schematischen Konstruktion und Anspruchslosigkeit doch eine bis in jede Einzelheit vollkommene Parabel vom Triumph des unberechenbaren Lebens über die widernatürliche Verranntheit in abstrakte Theorien. Zwei junge Helden haben sich einer gegenwartsfremden Lebens- und Welttheorie verschrieben und halten starr an ihr fest, auch da sie über die Jahre so knabenhafter Übertreibungen hinaus sind, bis den trockenen Gesellen, die den Zufall aus ihrem Dasein ausschalten wollten, eben die Macht dieses Zufalls dazu verhilft, natürliche Menschen zu werden. Was Stifter halb ironisch hier abhandelt, ist ein Teil seiner Ansicht vom menschlichen Dasein in dieser Welt. Wer sich, irgendwelchen Prinzipien zuliebe, seien sie noch so hochmoralisch, dem Naturhaften entfremdet, wird entweder sein Glück verwirken und in Trauer und Reue enden wie der die «Ehre» über das Leben stellende Almot im *Alten Siegel*, oder aber das Leben meint es besser mit ihm und spielt dem Prinzipienreiter, allen närrischen Grundsätzen spottend, einen Streich, der ihn zur Gesundheit zurückführt.

So glücklichem Zufall verdankt auch der verschrobene Tiburius im *Waldsteig*, einer anderen humoristischen Erzählung aus derselben Zeit, sein Glück. Die Natur kommt ihm in doppeltem Sinn zu Hilfe: als heilende Landschaft und in Gestalt des unverbildeten, ländlichen Mädchens Maria. Jeder Charakterzug des von seinen Erziehern zur Hypochondrie verurteilten Sonderlings ist mit erstaunlicher Sicherheit durchleuchtet; kaum jemals vorher sind Ursachen und Folgen der Verbildung und des Versagens mit solchem Scharfblick gesehen worden, und wie der Umweg verfolgt wird, der den kauzigen Tiburius zum Erlebnis der Natur und ihrer Wunder, zur Begegnung mit ihrem holden und unschuldigen Geschöpf, zur Bekehrung und zur Heilung führt, darin zeigt sich Stifters psychologische Meisterschaft nicht weniger als in der zartesten und verschwiegensten Schilderung des Erwachens zur Liebe.

War es eine verständnislose Erziehung, die den närrischen Tiburius-Theodor zum wunderlichen Heiligen verbildet hatte, so war es eine lieblose Kindheit, die *Brigitta* anders werden ließ als die anderen. Das häßliche kleine Mädchen, das die Liebe der Mutter entbehren mußte, entwickelte sich zu einem verschlossenen, störrischen Geschöpf, *wie eine dunkle fremde Pflanze* unter den anderen, und nur ein hochgearteter Geist wie Stefan Murai ahnte die innere Schönheit des wilden, phantasievollen Mädchens. Mit höherem Recht als der von Cölestes sinnverwirrender Schönheit berauschte Almot im *Alten Siegel* durfte sie eine Liebe ohne Maß und Ende fordern. Sie läßt dem Freier keine andere Wahl, als sie unendlich zu lieben oder unendlich zu hassen. Es wird die Liebe, aber sie hält nicht stand, als Stefan sich von den Reizen der berückend schönen Gabriele flüchtig hinreißen läßt. Und da die tiefverletzte Brigitta auf der Scheidung besteht, so sehr er sie auch bittet und beschwört, nimmt er die Unbedingte bei der Hand und sagt *mit gepreßter inniger Stimme: «Weib, ich hasse dich, ich hasse dich!»*

Von der ambivalenten Natur dieser Liebesbeziehung hat der Dichter mehr gewußt, als sich die Wissenschaft seiner Zeit träumen ließ. Den Konflikt löst er im Sinn seiner zum Glauben erstarkten Denkhaltung: der ruhelos die Welt durchschweifende Murai, dieser vielfach gebrochene, außerordentliche Mann, muß zurückfinden zum Einfachen, zum Gewöhnlichen, zum Ursprünglichen, zum heimischen Boden, zu Familie und Nachkommenschaft. Das Interessante muß dem Alltäglichen, die dunkle Schwermut einem friedlichen Glück weichen. Und diese Liebe, in der Brigitta und Stefan sich wiederge-

Studien

von

Adalbert Stifter.

I Band

1844

Verlag von Gustav Heckenast

in

Pest

Druck v Kaufmann

1

funden haben, wird klar und mild sein und ohne Ende. Die Abwendung von romantischer Lebens- und Kunstgesinnung ist evident. Kultur- und nationalpolitische Gedanken werden kraftvoll entwickelt und bejaht, ein gesunder Glaube an das Neue und Nützliche erfüllt die tätigen Menschen, die Leidenschaft ist überwunden vom *sanften Gesetz der Schönheit*.

Von seinem Erfolg als Autor ermutigt, schlug Stifter dem Verleger Heckenast vor, eine Buchausgabe seiner Erzählungen erscheinen zu lassen. Heißen sollte sie *Studien*, wie die Maler ihre bescheidenen Arbeiten zu nennen pflegen, die oft die Mängel des Unvollkommenen mit den Reizen gewagten Probierens verbinden. Mit der Veröffentlichung in Buchform, für eine andere Dauer bestimmt als die in ephemeren Almanachen, verschrieb Stifter sich erst eigentlich der Literatur. Und da er den Stand des Schriftstellers als einen der ehrwürdigsten, als *Lehrer, Führer, Freund seiner Mitbürger, Dolmetsch und Priester des Höchsten* erachtete, mußte er die Verantwortlichkeit dessen, der sich mit seinem Wort an die Mit- und Nachwelt wendet, in ihrer vollen Schwere empfinden. Die geläufigen Mittel, mit denen der Schreibende Geltung und Wohlstand erwirbt, lehnte er mit Nachdruck ab, und den Wallungen ungeläuterter Affekte, die zur Produktion drängen, mißtraute er. *Die ganze Innerlichkeit des Menschen ist es zuletzt, welches seinem Werke das Siegel und den Geist aufdrückt*, schrieb er, *und es ist daher die letzte und tiefste Bedingung des Schriftstellers, daß er seinen Charakter zu der größtmöglichen Reinheit und Vollkommenheit heranbilde.* Dauernd bemüht, seine «Innerlichkeit» diesem Prinzip gemäß zu entwickeln, und mit einem subtilen Kunstverstand, der sehr bewußt an der Gestaltung der dichterischen Intentionen arbeitete, ging er daran, die den ersten Band umfassenden vier ersten Erzählungen umzuändern. Den neuen, gültigen Fassungen gegenüber erscheinen die ursprünglichen Versionen fast nur wie Skizzen. Romantische Gefühlsseligkeit und Bilderfülle wurden, namentlich im *Condor* und in den *Feldblumen*, gedämpft, Übertriebenheiten vereinfacht, und mehr und mehr trat an die Stelle unmittelbar dargestellter Stimmungen das Verfahren, Seelisches zwischen den Worten anzudeuten oder ganz zu verschweigen: ein Kunstmittel, das seine Dichtung wie von innerem Beben erzittern läßt. *Der Hochwald* erfuhr die geringsten Änderungen, dagegen wurde *Das Heidedorf* fast ganz neu geschrieben. Die unbeholfene Naivität der Urfassung mit ihrem märchenhaften Ende vertrug sich nicht mehr mit der menschlichen und künstlerischen Reife, zu welcher der Verfasser innerhalb weniger Jahre gelangt war. Jetzt brauchte das verkannte Genie Felix nicht mehr den Retter in der Not, kein Fabelkönig den Deus ex machina zu spielen. Was vorher flache Allegorie war, erhielt symbolische Bedeutung. Und da der Held die Heimat, die irdische wie

Titelblatt zum ersten Band der «Studien»

Betty Paoli.
Schabkunstblatt v. Christian Mayer
nach einem Gemälde von Carl Rahl

die geistige, wahrhaft gefunden hat, darf er nun auch das Jugenderlebnis seines Schöpfers in poetischer Schuldverschiebung einflechten: vom Vater der Geliebten zurückgewiesen um seines selbstgewählten Berufes willen, läßt er den Verschmähten vor dem höchsten Richter sagen: *Herr, ich konnte nicht anders als dein Pfund pflegen.*

Der zweite Band enthielt *Die Narrenburg* und *Die Mappe meines Urgroßvaters.* Den ursprünglichen Plan, nach welchem die beiden Novellen als Teile eines weitgespannten Zyklus gedacht waren, ließ Stifter fallen, und die Erzählungen verloren beinahe alle sie verbindenden Züge. Indem er die Geschichte der grünen Fichtau und die der ritterlichen Narren auf dem Rothenstein sorgfältig ausführte, gewann der Kontrast zwischen der Wahnwelt einer schuldbeladenen Vergangenheit und der lieblichen Idylle der Gegenwart an packender Wirkung. Fatalistische Züge wurden gemildert, der Lebensgeschichte des Dichters entnommene Motive zugunsten epischer Objektivität ausgeschaltet. Noch entschiedener war die Umarbeitung, die sich *Die Mappe* gefallen lassen mußte. In dem ländlichen Raum, auf den sie sich jetzt weislich beschränkte, war für *Die Geschichte der zween Bettler* kein Platz mehr. Mit neu hinzugekommenen Kapiteln, Bekenntnissen zur Hoheit des Naturhaften, Alltäglichen und Beständigen, wollte Stifter die Erzählungen zu einem Roman ausgestalten, ein Vorhaben, an dem sich der zum echten Epiker gereifte Sprachkünstler erweisen sollte; aber noch fühlte er sich der großen Aufgabe nicht gewachsen.

Die wirtschaftlichen Verhältnisse des bereits gesuchten Autors besserten sich. Allerdings kam er noch immer nicht aus den Schulden heraus; aber der Haushalt gewann an Ansehen und repräsentierte sich unter der strengen Führung Amalies als Muster der Ordnung und Reinlichkeit. Sie ging auf in ihrer Häuslichkeit, war zwar nicht im mindesten interessiert an der literarischen Tätigkeit ihres Mannes, pflegte ihn jedoch vortrefflich, und er wußte das zu schätzen. Da sie beide gern gut und reichlich aßen, gingen sie schon nach wenigen Ehejahren beträchtlich in die Breite. Einmal wollte ein junger Schriftsteller den bewunderten Schöpfer der idealen Jünglings- und Frauengestalten besuchen. In dem Haus, wo Stifter wohnte, sah der Besucher die Treppe von einem langsam vor ihm hinaufsteigenden korpulenten Paar versperrt. Als der behäbige Spießbürger sich als Adalbert Stifter vorstellte, war der junge Verehrer wie versteinert. «Ich weiß nicht, wie mir geschah. Aber noch heute ist es mir erinnerlich, daß mir das Herz fast momentan stockte und ich etwas von einer plötzlichen Leere in mir fühlte. Es war, als hätte man mir einen Kübel kalten Wassers über den Kopf gegossen.»

«DER MANN KANN SEHR GLÜCKLICH SEIN

Seines nicht eben poetenhaften Äußeren unerachtet, war der anerkannte Autor Stifter gern gesehener Gast in den Kreisen, die sich die große Welt nannten. Die Künstler zu begönnern, war in Wien seit jeher üblich; insbesondere Musiker und Schauspieler spielten eine Rolle im gesellschaftlichen Leben der Metropole, und man stand mit ihnen auf vertrauterem Fuß, als das andernorts des Landes Brauch war. So kunstfern der Hof unter dem auch geistig zurückgebliebenen Kaiser Ferdinand war, so gern glänzten die reichen Häuser der Residenz mit schöngeistigen Ambitionen. Allen Absperrungsmaßnahmen des Systems zum Trotz drang der Geist des Westens in die politischen und ästhetischen Salons ein, zumal der aus vielerlei Völkern gemischten Einwohnerschaft und dem wachsenden Einfluß jüdischer Finanzmänner und Intellektueller eine kosmopolitische Gesinnung gemäßer war als der borierte Nationalismus späterer Generationen. Auch der Antisemitismus hatte hier noch keinen Boden.

Was Stifter vorwiegend zu den Klubs und den Salons der

Baronin Henriette Pereira-Arnstein

Richard, Fürst von Metternich

führenden Familien zog, war die humanistische, weltbürgerliche Geselligkeit und Toleranz, die er dort zu finden meinte. Im mäzenatischen Haus der Baronin Henriette Pereira-Arnstein, deren berühmte Mutter schon die Ehre hatte, von Goethe, Beethoven, A. W. von Schlegel und anderen edlen Geistern geschätzt zu werden, durfte er dem hochverehrten Grillparzer nähertreten, und im Salon des Philanthropen Joseph Wertheimer schloß er eine auf gegenseitiger Achtung beruhende enge Freundschaft mit der Lyrikerin Betty Paoli. Er traf die junge Jüdin wieder als Gesellschafterin der Fürstin Marianne (Nanni) Schwarzenberg, der er zuweilen seine Arbeiten vorlesen durfte. Bei der geistvollen und gütigen Feldmarschallin machte er auch die Bekanntschaft von Männern und Frauen aus den Kreisen der Diplomatie, des Militärs und der Wirtschaft. So sehr ihm der hier herrschende Ton zusagte, konnte er sich gegenüber dieser Gesellschaftsklasse einer gewissen Befangenheit nicht erwehren, die seiner Herkunft und Lebensunsicherheit zuzuschreiben war. *Wenn ich auch auf dem ganzen Wege von meiner Wohnung bis zu dem Hause des großen Herrn über die allgemeine Menschenwürde nachdenke und selbst den möglichen Fall in Betracht ziehe, daß ich ein weiserer und vielleicht ein besserer Mensch bin, oder doch wenigstens ebenso weise, ebenso gut wie er, so hilft mir das doch alles nichts. So wie ich in den Kreis der vornehmen Leute trete, wiederholt sich in mir regelmäßig die Empfindung des Schulknaben, wenn der Direktor, der Pfarrer oder etwa der Bischof vor ihm steht. Es dauert immer eine Weile, ehe ich mein Gleichgewicht und mit diesem meine Sprache wiederfinde.* Wie anders ein anderer Hauslehrer und Dichter, der Student Moritz Hartmann aus Prag, der stundenlang mit dem jungen Fürsten Schwarzenberg diskutieren konnte und ihm auf den Kopf zusagte, daß er einmal als erster auf die Guillotine müsse; was der Aristokrat übrigens ganz natürlich fand.

Im Herbst 1843 beauftragte der Staatskanzler Fürst Metternich Stifter, seinen Sohn Richard in Mathematik und Physik zu unterrichten. Den allmächtigen Verwalter der Monarchie interessierte nicht der Dichter, sondern der brauchbare Lehrer adeliger Zöglinge. Daß er sich auf die politische Zuverlässigkeit Stifters verlassen konnte, war ihm von seinen Polizeispitzeln gewiß versichert worden. Stifter hatte in diesen Jahren, so sehr er gemäßigt liberalen Ideen zugänglich war, noch keine ausgesprochene Stellung zu den gesellschaftlichen Fragen genommen, die das intellektuelle Wien zwar nur insgeheim, aber lebhaft beschäftigten. Im Metternichschen Hause verkehrten Gelehrte und Kunstfreunde, und mit einigen schloß Stifter Freundschaft, so mit Friedrich Jäger, dem Hausarzt des Staatskanzlers, und mit dem Geographen Friedrich Simony, der auch aus Böhmen stammte und durch die Besteigung des Dachsteins im Winter auf seine wissenschaftlichen Bestrebungen aufmerksam gemacht hatte. Er und der wesentlich ältere Dichter sollten einander manche Anregung verdanken.

Die tägliche Leistung Stifters läßt sich nur mit seiner enormen Arbeits- und Willenskraft erklären. Er gab Unterricht, pflegte Geselligkeit, hatte endlose Mühe mit der Beschaffung und Redigierung der Beiträge zu dem Sammelwerk «Wien und die Wiener», für das er selbst eine große Reihe von Artikeln schrieb und zum Teil auch illustrierte, er widmete sich nach wie vor der geliebten Malerei, er arbeitete seine Erzählungen für die *Studien* gründlich um und schrieb dabei neue, und überdies schmiedete er allerlei literarische Pläne; unter anderen erwog er einen dreibändigen Roman *von einfacher, quaderhafter Größe*, dessen Gegenstand Robespierre sein sollte und der nicht zur Ausführung kam. Daß die ersten zwei Bände der *Studien* wohlwollende Aufnahme fanden, bestätigte und ermutigte ihn beträchtlich. Die kritische Zunft drang zwar nicht in die eigentliche Bedeutung des Werkes ein, aber sie gestand ihm immerhin «ein Verständnis für die Stimmen der Natur und für die geheimen Offenbarungen ihres Webens und Schaffens zu, das ans Wunderbare grenzt».

Überraschend war die Anerkennung durch die radikale literarische Richtung. Der fast blinde und taube Heinrich Landesmann, der unter dem Namen Hieronymus Lorm schrieb, schilderte in einer Besprechung den Sonderfall dieses österreichischen Schriftstellers, der nicht unter der Zensur zu leiden habe. «Auch er wird bewacht, aber er sieht es nicht, auch er trägt Ketten, aber seine Bewegungen waren nie so wild, daß er sie hätte rasseln hören können. Nie drängte es ihn, die melodische Stimme seiner Poesie in das Gewirr der Zeitkämpfe tönen zu lassen, darum ward ihm auch nie der Schmerz, daß ihm auch wäre Schweigen geboten worden... Ein späteres Geschlecht wird auf die großen Taten, die eine glücklichere Epoche herbeischaffen helfen, kaum so dankbar zurückblicken als auf das stille Wirken weniger, die bescheiden dafür sorgten, daß in den staubaufwirbelnden Kämpfen der Sinn für die eigentliche künstlerische Schönheit noch wach genug blieb, um die neugeborene bessere Zeit auch ästhetisch genießen zu können.»

Stifter selbst gesteht seinem Verleger, er fühle sich ob der Anerkennung, die die *Studien* finden, oft wie im Traum. Daß sie auf Men-

Adalbert Stifter. Gemälde von Bartholomäus Székely

schen entgegengesetzter Anschauungen denselben Eindruck machen, will er mit der sittlich schönen Absicht erklären, die im Gegensatz zu der widrigen, unmoralischen Richtung der Tagesliteratur stehe. *Das Junge Deutschland habe ich am meisten gefürchtet, indem ich mit einer Schattierung desselben, die Tagesfragen und Tagesempfindungen in die schöne Literatur zu mischen, ganz und gar nicht einverstanden bin, sondern im Gegenteil meine, daß das Schöne gar keinen andern Zweck habe, als schön zu sein, und daß man Politik nicht mit Versen und Deklamationen macht ...*

Und der von ihm verehrten Frau des Dr. Jäger schrieb er: *Muß ich gleich alles ablehnen, was mein Talent angeht, welches unbedeutend genug sein mag, und welches zuletzt, wenn es da wäre, nur ein unverdientes Geschenk Gottes ist, das man in Demut annehmen, aber sich dessen nicht überheben darf; aber wenn ich auf etwas mit Anerkennung hinsehen darf, so ist es trotz der vielen Fehler meiner Jugend mein unvertilgbar gutes Herz, das für alles Schöne und Hohe empfänglich ist, das ich mir zum Teile selber gebildet habe, und das es am Ende auch ist, was in meinen Schriften auf andere gute Menschen wirkt; denn Kunst und Absicht ist vielleicht gewiß sehr wenig darin.* Vielleicht gewiß – widerspricht er sich selbst aus Bescheidenheit? Hat er nicht zu einer Rezension, die von «naiver, bewußtloser Kunst» sprach, bündig bemerkt, *daß diese Dinge mit Bewußtsein hervorgebracht sind, vollkommen durchdacht und abgeschlossen, aber innerlich* – womit er wohl sagen wollte, daß alles Bewußte und Durchdachte im Innern der Dichtung liege, so gut verborgen, daß sie von außen naiv und einfältig erscheine.

Der junge Lorm wagte es, dem vorläufig hochverehrten Dichter den Eindruck mitzuteilen, den *Brigitta* auf ihn gemacht hatte. «... So herrlich und erschütternd Sie auch die Bewegung der seelenlosen Natur widerspiegeln und unsere innigste Verwandtschaft mit den Schrecken wie mit den Schönheiten der Natur nachzuweisen wissen, bleibt uns doch immer der Mensch das nächste, und Lenz, Nacht, Sonne, Wintersturm im Menschenherzen, die ganze psychologische Welt, die Sie in Ihrer *Brigitta* umsegeln, wirkt tiefer und nachhaltender ...» Und was er hinzufügt, sollte ein Jahrhundert nachher von noch größerer Aktualität sein: «Die Zeit erzeugt mehr Schreibende, als die Musen verantworten können; solche Kinder der Gegenwart sind nicht Söhne, die ihre Mutter verherrlichen, sie hängen sich als ewige Kinder an ihren Rock und trippeln ihr willenlos nach, welchen Weg sie auch einschlage. Wer ursprünglich ist, mit einer wahrhaften Dichtersendung begabt, reißt sich scheinbar los von der Zeit, um dann reicher, beglückender, mit selbstgewonnenen Schätzen zu ihr zurückzukehren. Das haben Sie gewiß erkannt, und so ist es Ihnen gelungen, Unsterbliches zu erringen, wenn auch nicht im weltlichen Ruhme, doch in der eigenen Brust. Sie sind mit Hilfe Ihres großen Talentes zu jenen Tiefen gelangt, wo der Mensch seine Ewigkeit entdeckt.»

Die persönliche Bekanntschaft, die dieser Brief zur Folge hatte,

Franz Grillparzer

scheint die Überschwenglichkeit des Verehrers ein bißchen
gedämpft zu haben. Seinem
Freund Hartmann schilderte
Lorm, wie Stifter lebt: die
einfache Wohnung, die junge,
hübsche, spießbürgerliche
Frau und den großen Erfolg.
«Der Mann kann sehr glücklich sein. Auch hab' ich nie einen Menschen gesehen, der so
identisch wäre mit seinen Büchern; er lebt und ist und
spricht, als wäre er nichts als
eine Novelle, die er selber geschrieben, nur aussehen tut er
nicht so, er ist breit, korpu-
lent und gleicht einem bier-
liebenden Schustermeister. Ihn
zu sprechen und ihn zu lesen,
ist fast dasselbe, fünf Minuten mit ihm sprechend streift
auch der konventionellste
Mensch alle unnötigen Formen augenblicklich ab und
fühlt sich, eh' er weiß wie,
auf den Höhen der eigenen
Seele, von Lenz und Stilleben berauscht wie in den *Studien*. Dennoch
ist es nicht angenehm, in einem Menschen nichts als eine Novelle
zu finden, denn so abgeschlossen von der Zeit, ihren Tendenzen
und den momentanen Strebungen der Menschheit wie seine Schriften ist er selbst. Politik kümmert ihn gar nicht, ich mußte ihn mit
Gewalt darauf zu sprechen bringen. Nie wird er seine idyllische
Hütte verlassen, um in Augenschein zu nehmen, was außer ihr
steht und zu ungestaltet und unpassend ist, um von selbst zu ihm
einzutreten. Mit dem Radikalismus erklärt er sich nicht einverstanden, weil er das Gewaltsame haßt. Als ich ihm erwiderte, daß der
Radikalismus nicht das Gewaltsame ist, sondern nur ein unwillkür-
licher Schrei, den der gewaltsame Druck hervorbringt, daß, wenn er
das Gewaltsame wäre, der Druck längst aufgehört hätte, schwieg
mein lieber Stifter und dachte wahrscheinlich an die *Mappe des Urgroßvaters*, die er jetzt bearbeitet.»

Wenn es in diesem Schreiben hieß, dem Dichter sei jede häusliche
Misere erspart – «jede Zeile mit Geld und Ruhm bezahlt, und Muße
und Muse, beides zu erwerben», entsprach dies den Tatsachen nicht
ganz. Wohl gestaltete sich die Lage des schriftstellernden und malen-
den Privatlehrers zunehmend günstiger, aber aus der wirtschaftlichen Bedrängnis kam er nicht heraus. Trotz der angemessenen Hono-

rare Heckenasts enthielt fast jeder Brief an den Verleger die Bitte um Vorschuß, und oft mußte Stifter Anleihen bei wohlhabenden Freunden aufnehmen. Mit dem Erfolg wuchsen seine materiellen Ansprüche. Nun, da ihm nach langen Jahren entwürdigender Not die Huld des Schicksals lächelte, wollte er sich endlich die Wünsche erfüllen, die er bislang nur in seinen Dichtungen hatte verwirklichen können. Sie waren bescheiden genug: die Häuslichkeit besser auszustatten und seinen Alltag ein wenig zu verschönern, war ihm mehr als ein praktisches und ästhetisches Bedürfnis; ein einigermaßen befestigter, wenn auch sehr schlichter bürgerlicher Wohlstand verhalf ihm zu einem inneren Rückhalt.

Aber die Befriedigung stofflicher und immaterieller Wünsche, seien sie auch in der Existenz selbst gegründet, bedeuten noch nicht Befriedung. Wirtschaftliche und gesellschaftliche Besserstellung mögen Stifters Schaffen zustatten gekommen sein; dieses selbst enthüllte von Mal zu Mal sinnfälliger, was ihn zuinnerst beunruhigte und wofür es keine Beruhigung gab, weil es im Grund und Abgrund seines Wesens lag. Mit anderen genialen Naturen teilte er das Leiden an einer tiefen Einsamkeit, schon ehe er sich dessen ganz bewußt wurde.

Je mehr nun das Verhältnis zu Welt und Leben von solcher prädestinierten Isolierung gezeichnet ist, um so heftiger drängt die Sehnsucht nach Erfüllung in der Liebe und im Geliebtwerden. «Allein und abgetrennt» ist der Unglückliche, ausgeschlossen von jedem Miteinander in seiner Zeit, und der kinderlose Einsame glaubt es in Ewigkeit zu sein, *wahrhaft ausgetilgt, verloren gegangen für jede Zeit; denn sein Dasein hat kein Bild geprägt, und seine Spuren gehen nicht mit hinunter in dem Strome der Zeit.*

Der Hagestolz behandelt diese Tragik. Großgeartet und verbittert haust der Greis in mißtrauischer Abgeschlossenheit auf seiner verkommenen Insel, die wie er von Gott verlassen ist, ein verfehltes Leben beklagend und den Tod fürchtend, weil er ihn nicht durch das Fortleben in der Nachkommenschaft überwinden kann. Seiner äußeren und inneren Düsternis steht die jugendfrische Unschuld des Neffen Viktor gegenüber, um dessen Liebe der verhärtete Alte bettelt, und den er verzweifelt anschreit: *Dich hätte ich geliebt!* Der Abgeschlossenheit seiner unwirtlichen Klause und seiner Angst entsprechen gegenbildlich die heiter-fromme Ziehmutter und ihre reinlich-kleinliche Häuslichkeit, eine Idylle mit allen Reizen und Empfindsamkeiten biedermeierlicher Feinmalerei. Die menschlichen und landschaftlichen Kontraste der Sphären – Einsamkeit, Zerfall und Weltangst hier und Glaube, Wärme und Offenheit dort – sind in jeder Handlung und Wendung mit großer Kunst symbolisch verdichtet. Und da schließlich Jugend und Zuversicht triumphieren und auch der Hagestolz sich auf seine Art als ein auf Freiheit und Festigkeit hinzielender Erzieher bewährt, scheint es, als sei von dem Dichter nun gewichen, was ihn vordem so gefahrdrohend zum Zweifel an der Sinnhaftigkeit des Daseins geführt hat.

So scheint es. Allein das Leiden an der Einsamkeit ist unheilbar, und die Kinderlosigkeit bleibt sein Kummer für immer. Übermäßig triebhaft sehnt er sich nach dem Wesen, das ihn nur um seiner selbst willen liebt, dem er, der Erzieher und Bildner, in der Tat alles geben darf, was sein dichterisches und pädagogisches Wirken theoretisch für die Welt zu tun bemüht ist. So wie Lenau den «konkreten Buben» die einzige Realität auf Erden nennt, dünkt ihm eine Ehe, der Nachkommen versagt sind, der vollen Realität zu entbehren. Wenn ihm schon die Fortdauer eigenen Fleisches und Blutes nicht gegönnt ist, soll doch die Idee der ewigen Kette, der unendlichen Bildung den geistig-sittlichen Fortbestand garantieren. Er zieht den jungen Gustav Scheibert, den Sohn eines befreundeten Lehrers in Linz, an sich, schließt ihn ins Herz, wie er den Freunden seiner Jugend innig zugetan war, und zugleich will er der väterliche Förderer des hoffnungsvollen Jünglings sein, der ihn aufrichtig verehrt; aber das Schicksal versagt ihm auch diesen Glücksersatz: der junge Student erkrankt und stirbt. Stifter ist von diesem Schlag so schwer getroffen wie die natürlichen Eltern.

ZEIT-, KUNST- UND EHEPROBLEME

In den letzten Jahren vor dem scharfen Einschnitt, den das Jahr 1848 in Stifters Entwicklung bedeutete, entfernte sein Schaffen sich mit zunehmender Bewußtheit von dem «alten romantischen Land». Man möchte glauben, daß es ihm um eine Art Richtigstellung zu tun gewesen sei, wenn er noch einmal Probleme aufgriff, die ihn schon früher beschäftigt hatten und die er nun erst in ihrer ganzen Tiefe erfaßte. Waren die Maler und Dichter seiner ersten Novellen als poetisierende Schwärmer gesehen, so fällt jetzt ins Wesen der Künstlerseele ein Licht, das sie um eine geistige Dimension bereichert. Nun ist ihm die Kunst mehr als Lebensersatz und Wunschwirklichkeit, nun, in der von einem Konzert der Wunderkinder Milanollo angeregten Erzählung *Die Schwestern* (später in *Zwei Schwestern* umbenannt) weiß er, *welch tiefes, schwankendes Ding* die Kunst ist (ein Wort, das auf den gereiften Rilke, der mit der Gefährlichkeit der Kunstdinge wohl vertraut war, unvergeßlich einwirken sollte), zumal wenn es sich um die verführerischste der Künste, um die Musik handelte. Ihr ist die mit dem Segen und Fluch der Genialität begnadete Camilla Rikar verfallen bis zur drohenden Selbstzerstörung. Ein holdes und fast unheimliches Wesen, das seltsame Gegensätze in sich vereinigt – *diese wirklich außerordentliche Schönheit, und doch etwas Verkommenes darinnen, als flehe die Miene um Abhülfe eines tiefen Übels, das sie hinwelken mache* – droht dem Dämon der Musik zum Opfer zu fallen. Ihr Sinnbild ist die einsame Öde der Hochebene, in der der Erzähler ihr zuerst begegnet, mit dem hoch über ihr schwebenden Adler. Dieser Innen- und Außenwelt gegenüber steht

Die Schwestern Maria und Teresa Milanollo.
Steindruck von J. Altringer

die natur- und erdennahe Schwester Maria, *das liebe, praktische und gesunde Mädchen*, dem des Dichters herzliche Neigung gehört. Sie hat die Kraft, dem unfruchtbaren Steinboden freundliches Gartenland abzugewinnen, und die größere, dem geliebten Mann um der Schwester willen zu entsagen. So verkörpert sie das heile, tätige Leben, und so rettet sie die vom verhängnisvollen Überschwang bedrängte Camilla; eine Rettung, die für das echte schöpferische Genie schwerlich Geltung hätte, selbst um den Preis eines konfliktfreien, naturnahen Daseins im liebenden Familienverband. Die betonte Wendung von Camilla zu Maria ist sehr richtig als ein Versuch des Künstlers gedeutet worden, «vor den Abgründen seiner inneren Berufung, vor dem verzehrend-vereinsamenden Feuer der Kunstbegabung zu fliehen» (F. Glück). Die für die Buchausgabe umgearbeitete Fassung erhielt einen stark erweiterten Schluß, der die vorher nur angedeutete Lebensbejahung mit einem Nachdruck bekräftigte, als wolle der Dichter das Vertrauen in die Weisheit der Vorsehung, hier Zufall genannt, unbedingt rechtfertigen.

Die Gegend, in welche er die Handlung verlegte, den Gardasee und die einsame Hochebene über dessen Ufer, kannte er nicht aus eigener Anschauung; er dichtete sie, und sie wurde mehr als der Rahmen um die Menschen und ihre Schicksale, sie wurde wie immer ihr Gleichnis. Aus der Sphäre des Südens und des verzehrenden Kunstklimas wandte seine nächste Erzählung, *Der beschriebene Tännling*, sich der heimatlichen Landschaft und Welt zu. Aber er kehrt nicht mehr, wie einst, als verkannter Musensohn aus dem Morgenland ins Heidedorf zurück; der Künstler, der er seither geworden ist, zeichnet das Land und die Leute, den Brunnen zum Guten Wasser, das Kirchlein und das Kreuz auf der Oberplaner Anhöhe und die dunklen unermeßlichen Wälder mit der eindringlichsten Gegenständlichkeit. Auch hier ist alles sinnbildlich, Gleichnis des Beständigen und von allgemein menschlicher Gültigkeit. Auch hier ist der Mensch bedroht; es ist nicht die gefährliche Macht der Kunst, es sind die Fallstricke weltlicher Versuchung, in denen das schöne Bauernmädchen Hanna sich verfängt, und es sind die elementaren Leidenschaften, die den braven Holzknecht zu frevlerischer Tat treiben wollen. Das eitle Geschöpf, vom Glanz des Reichtums geblendet, erliegt der Versuchung, verläßt den angestammten Lebenskreis und wird unglücklich; der ursprüngliche, gläubige Mann aus dem Walde aber wird durch ein Wunder mit der Kraft begnadet, seine Liebe und seinen mörderischen Haß zu bezwingen. Die Fabel ließe an eine fromme Legende im Traktätchenstil denken, die der Bestätigung gottgegebener Klassenunterschiede und einer reaktionären Blut- und Bodenideologie dienen möchte. Von solcher Tendenz ist die Erzählung weit entfernt. Ihre Menschen sind keine konstruierten Figuren, sondern urbildliche Gestalten aus der Tiefe des Volkes, noch kaum berührt von sozialer Problematik. In dieser Heimat- und Seelenlandschaft die gesellschaftlichen Bindungen verletzen, heißt das Unheil heraufbeschwören; und zu dessen Vereitelung bedarf es des Mirakels jener Erscheinung, die einst dem Mädchen verderblich wurde und dann den Liebenden aus der Verwirrung des Sinns und Gefühls zurückführt in ein der Tätigkeit und der Fürsorge gewidmetes Leben.

So ausführlich Stifter auch in der ersten Fassung das Land und ländliches Tun, kontrastierend mit dem glänzenden Jagdfest der großen Herren, geschildert hat, bei der Umarbeitung für die *Studien* geht er noch mehr in die Breite und Tiefe. Aber während er mit fast ausschweifender Genauigkeit alles Sichtbare, die Landschaft, die Dinge und die Tätigkeiten beschreibt, verschleiert und verschweigt er, was in den Menschen vorgeht. Selbst ein so entscheidendes Handlungsmotiv wie die Mordabsicht des Eifersüchtigen ist kaum angedeutet. Das Höllische wird verhüllt, das Unheimliche verheimlicht. Als ein Beispiel dichterischer Vertiefung, so unauffällig wie bezeich-

Amalie Stifter

nend, sei daran erinnert, daß in der ersten Lesart der betrogene Hanns sich der verwaisten Kinder seines Bruders annimmt und *die unterste Viehmagd des Schwarzmüllers heiratet, daß sie ihm dieselben erziehen helfe.* Sie schenkt ihm noch zwei Kinder, und nach ihrem Tod bleibt er allein mit den Kleinen. Die gültige Fassung dagegen scheidet diese Heirat aus, die er wie zum Trotz, da er die Schönste verloren hat, mit der Niedrigsten eingeht. Zwar nimmt er die Waisen ebenfalls zu sich, er bleibt aber unverheiratet. Es ist nicht abwegig, diese Änderung so zu verstehen, als habe der Dichter eingesehen, daß eine Liebe, die wie die des Holzfällers den Menschen ganz erfaßt und durchdrungen hat, zu keiner anderen Ehe, sei sie aus welchen Gründen immer geschlossen, führen darf; sie wäre ein Treubruch, ja eine Verleugnung jener essentiellen und unwiederholbaren Liebe.

*Vignette
von J. M. Kaiser
zu «Bergkristall»*

Im Sommer fuhr Stifter, zum erstenmal mit seiner Frau, in die Heimat und von dort ins nahe Salzkammergut. In Hallstatt trafen sie mit dem Geographen Friedrich Simony zusammen, von dem ein ausführlicher Bericht über dieses Treffen vorhanden ist. Auf einem Spaziergang begegnete ihnen «ein pausbäckiges, freundlich blickendes Kinderpaar mit riesigen Filzhüten auf den kleinen Köpfen und mit regendurchtränkten Grastüchern über dem Rücken, uns Erdbeeren zum Kaufe anbietend... Sie waren am Morgen nach der Wiesalpe gegangen, um dem ‹Ähndl› (Großvater) von der Mutter ‹Kost› zu bringen, dann sammelten sie Erdbeeren im Holzschlag am Ursprungkogel, wie aber das Wetter gar so ‹garstig getan› habe, seien sie hinter einen ‹Palfen› (überhängenden Fels) gekrochen, bis es nicht mehr donnerte...» Was die Kinder erzählten, regte Stifter mächtig an, und als er die Zeichnungen sah, die Simony von den Gletschern mitgebracht hatte, verband sich ihm im Geist die beiden Motive – die unschuldige Zuversicht der Kinder und die vernichtende Gewalt der Bergwelt – zu einer Erzählung, die das seit je beunruhigende Thema wieder aufnahm: welche unergründliche Macht ist es, die die armen Menschenkinder aus der Geborgenheit des Tales in die Irre führt, hinauf ins Chaos, in drohende Todesgefahr, ins Nichts? Gnade des Himmels und die Liebe der menschlichen Gemeinschaft rettet die Kinder. Ihre Geschichte ver-

ichtete sich zu der großartigen Erzählung vom *Heiligen Abend,* die
später *Bergkristall* genannt wurde.

Daß ihre Handlung nachweisbar auf jene zwei Begegnungen zu-
rückgeht, ist ein Sonderfall in Stifters Schaffen. Es war ihm nicht gegeben, noch war es ihm darum zu tun, eine ereignisreiche Begebenheit zu erfinden. Gelegentlich bediente er sich der Fabel, ob er sie wie
anfangs romantischen Vorgängern entnahm oder den Stoff im eigenen Leben und Denken fand, dazu, sich mit dem Leben und Denken
der Umwelt auseinanderzusetzen. Als er die Geschichte von den Kindern dichtete, die erfüllt ist vom Glauben an die Gnade des Himmels
und die Macht der Liebe, entstand auch eine kleine Erzählung, die
einem optimistischen Vertrauen ins Gesicht zu schlagen scheint. Sie
heißt *Zuversicht* und ist ebenso schonungslose Zeitkritik, wie sie eine
Kritik» der menschlichen Natur mit ihren polaren tigerartigen und
himmlischen Anlagen ist. In einer Gesellschaft gebildet tuender Leute wird des Langen und Breiten über die Männer der Französischen
Revolution geredet, deren entsetzliche Grausamkeit ihre Zeit zu so
abscheulichen Taten verführt habe; bis ein alter Mann das Geschwätz
unterbricht und den anderen, die *ruhig und unschuldbewußt auf dem
Sofa sitzen,* eine Begebenheit aus jenen stürmischen Tagen mitteilt.
Ein wohlerzogener Sohn, den die innigste Liebe mit dem Vater verbindet, wird wegen einer standesungemäßen Liebschaft aus dem
Hause geschickt, tritt in die Armee der Revolutionäre ein, trifft in der
Schlacht auf den Vater, der auf der Gegenseite kämpft, tötet ihn und
erschießt sich selbst, nicht ahnend, daß der Alte ihm Verzeihung und
Versöhnung entgegenbringen wollte. In dürren Worten wird eine
Geschichte erzählt, deren Widersprüche und Zufälligkeiten nur dazu
dienen, den Kern, die Skepsis gegenüber allem landläufigen Morali-
sieren, zu verdeutlichen. Die Beziehung zwischen Vater und Sohn
scheitert an beider Schwäche: dieser ist nur ein Spielball seiner Affekte, jener abhängig von gesellschaftlichen Vorurteilen, bevor er
sich zu ihrer Überwindung durchringt. Im entscheidenden Augenblick führt *die Gewalt der Tatsachen* den Untergang herbei.

Konventionell und affektbestimmt sind auch die pseudophiloso-
phischen Schwätzer, denen die Geschichte erzählt wird, und die sich
bald wieder über gleichgültiges Zeug unterhalten, um nachher zu
Hause in ihren Betten froh zu sein, *daß sie keine schweren Sünden
auf dem Gewissen hätten.* Sie sind zu ausgehöhlt, um sich von der bescheidenen Weisheit des Mannes betroffen zu fühlen, der seinem Gott
dankt, *der mich so nebenher mit meinen kleineren Stürmen und Leidenschaften fertig werden läßt, da ich nicht ergründen kann, welche
fürchterlichen in meinem Herzen schlafen geblieben sein mögen, die
mich vielleicht unterjocht und zu Entsetzlichem getrieben hätten.* Als
ob er – wie sein Orts- und Zeitgenosse Grillparzer – hundert Jahre
vorausahnte, daß die Entwicklung von der Humanität über die Na-
tionalität zur Bestialität führen werde, erkennt er in dem harmlosen
Hausvater den potentiellen Schreckensmann, wenn die Umstände
den Tiger in ihm wecken. Groß nennt er nur den Menschen, der dem

Die «Teufelsmauer» an der Moldau bei Hohenfurt.
Gemälde von Stifter, 1845. Sie wird im «Waldgänger» beschrieben

unbekannten Tier, das in seiner Brust schlummert, widersteht, so wie
ihm der Obrist in der *Mappe* widerstanden hat.

Die ironische Haltung, die Stifter seinem Wiener Umkreis und nicht
nur ihm gegenüber einnimmt – sie kommt bereits in seinen Jugend-
briefen zum Ausdruck –, verlangt eine Kompensation in seiner Dichtung. Starke Menschen will er den Halbschürigen entgegenstellen,
Charaktere, so eisenfest und sanft zugleich wie den Obristen. An dessen Geschichte ändert und feilt er unermüdlich, und wirklich glaubt
er, sie sei, *was man etwa klassisch nennen könnte. In anspruchsloser
Einfachheit und in massenhaft gedrängtem Erzählen muß ein ganzes
Leben und einer der tiefsten Charaktere liegen.* Ein neues Kapitel,
Margarita, kommt hinzu, und es wurde in der Tat eine Dichtung von
verhaltener und erschütternder Innigkeit. Kaum war das Manuskript
an den Verleger gegangen, war er unglücklich darüber, es nicht länger zurückgehalten zu haben, um weitere Verbesserungen vorzuneh-
men.

Aber die Zeit und Heckenast drängten; der Beitrag für die «Iris»
auf das Jahr 1847, *Der Waldgänger*, mußte fertiggestellt werden.
Noch einmal versenkte er sich in die Welt seiner Jugend und in die
Kümmernisse seiner Mannesjahre. Alles Ungeheure und Außeror-

dentliche, das der Jüngling von der Zukunft erwartet hatte, *war nicht eingetreten, jedes Gewöhnliche, was er von seiner Seele und seinem Leben fernhalten wollte, war gekommen* — kühle Erde deckte schon seit langem ihr gutes Herz — *was er sonst anstrebte, erreichte er nicht, oder er erreichte es anders, als er gewollt hatte, oder er wollte es nicht mehr erreichen; denn die Dinge kehrten sich um, und was sich als groß gezeigt hatte, stand als kleines am Wege, und das Unbeachtete schwoll an und entdeckte sich als Schwerpunkt der Dinge, um den sie sich bewegen.* Schwerpunkt also war das scheinbar Gewöhnliche und Kleine geworden. Sein Leben hatte Richtung und Ziel gefunden.

Illustration von P. J. N. Geiger zum «Waldgänger»

In die Gestalt Georgs, des Waldgängers, ist soviel von Stifters Person eingegangen wie in die des Hegerbuben Simi von seiner Kindheit. Wie der Stifter-Bertl baut der Kleine *lauter Hohenfurth,* und wie jener liest er aus dem Gebetbuch der Mutter die seltsamen Wörter *Burgen, Nagelein, buntes Heidlein.* Georg wiederum hat als Jüngling ähnliche Neigungen und Bestrebungen wie sein Verfasser, und als Mann leidet er wie dieser an der unerfüllten Sehnsucht des Kinderlosen. Die Erzählung ist ungewöhnlich und kunstvoll in drei Abteilungen komponiert, entgegen der chronologischen Abfolge, ein vielschichtiges Werk, dessen Motive sinnvoll und gleichnishaft ineinander verschlungen sind: Heimat und Wandern, Gründung und Verfall, Opfer und Irrtum, alles beherrscht vom Bild des Waldes und durchdrungen von der Wehmut der Einsamkeit. Georg, einsam von Haus aus, wird angezogen von der schönen Corona und der *verödeten Größe, die in ihrem Wesen lag.* Ihre Ehe könnte vollkommen und glücklich sein, wäre sie nicht kinderlos. Sie bringen das Opfer der Trennung, und es ist vergeblich. Ihrer beider Leben endet in liebeleerer Einsamkeit, muß so enden, da sie eine wahrhafte Gemeinschaft zerstört haben, befangen in dem Irrtum, eine Ehe ohne Kinder sei *eher Sünde.*

In allerlei Abwandlungen versucht Stifter die Problematik der Ehe dichterisch zu gestalten. Zurückgewandt ins Tal der grünen Fichtau und in die Ruinenwelt der *Narrenburg* stellt er die Tragik eines Paares dar, das sich liebt, ohne sich zu verstehen, sich anzieht, um sich abzustoßen, sich abstößt, um sich wieder anzuziehen. *Prokopus*, der hochfliegende, genialische Rothensteiner, der den abenteuerlichen Turm auf der Spitze seines Berges gebaut und die riesige Äolsharfe an ihn gespannt hat, und Gertraudis, die liebliche, beschränkte, ordentliche, geistlose Frau, der es nicht gegeben ist, das Wort für das Herz zu finden, sind verurteilt, einander unglücklich zu machen. Ihr schaudert in dieser wüsten Welt des Außergewöhnlichen vor dem Schlössergewirr und der ungenügsamen Geistigkeit des Mannes, und er ist nicht imstande, sich selbst zu überwinden und die Gegensätzlichkeit ihrer Naturen zu versöhnen. Je älter sie werden, um so fremder werden sie sich. Weder das kleine Glück, das Gertraudis will, noch das große, nach dem Prokopus strebt, ist gekommen. Er flüchtet ins Schweigen, sitzt auf der Spitze seines Turms, schaut nach den Sternen und härmt sich, nachdem sie gestorben ist, zu Tode. Das Gegenbild liefert der Frieden der Fichtau, ein zweifelhaft behagliches Stilleben mit schlichten Menschen, die sich vermehren, wohlhabend werden, mit sich zufrieden und mit der Welt im Einklang sind.

Die unglücklichen Paare dieser Erzählungen sind nicht ein Konterfei Stifters und seiner Amalie, sondern ein dichterisches Gleichnis seines Konflikts; sie dienen der Auseinandersetzung mit der schweren Aufgabe, vor die er sich durch seine Ehe gestellt sah. Sein Leben lang arbeitete er an dieser Aufgabe: die Brücke zu bauen – zu konstruieren –, die von ihm, der sie lieben w i l l, zu ihr führen sollte, die ihn nicht verstehen k a n n. Oft genug mag er sie anders gewünscht haben, als sie war, und von außen mußte seine Ehe als eine permanente schmerzliche Enttäuschung erschienen sein; aber Stifter wollte die Individualität selbst des ihm nächsten Menschen gewahrt wissen und riet um eben diese Zeit (Februar 1847) seinem Bruder, er möge, wenn er zu heiraten gedenke, darauf sehen, daß *ein Mädchen stille, einfach, sich selbst treu, d. h. nicht in Dich eingehend, sondern ihre Art und Wesenheit stets fort behauptend, wenn sie Dich sogar auch tadeln sollte ... sei. Hat sie übrigens die Fehler des Weibes, so schone sie; denn wir haben Alle Fehler, und die Eigenheit des Mannes, mit der er will, daß die Wesenheit des Weibes in ihm aufgehe, ist wahrlich nicht der kleinste darunter.*

In diesem Winter stießen ihm Ärgernisse aller Art zu. In Wien herrschten politische Unruhen, bittere Kälte und Teuerung. Wieder und wieder mußte er sich an Heckenast und sogar an den jungen Stiefbruder, der in Wien studierte, um Darlehen wenden. Er plante eine Reihe von öffentlichen Vorlesungen über Ästhetik, von denen er sich viel versprach, kam auch um die behördliche Bewilligung ein, aber nach vielerlei zeitraubenden und anstrengenden Bemühungen, Prüfungen und Schikanen wurde sie ihm schließlich versagt. Was ihn in diesem Winter seines Mißvergnügens tröstete, war der Umgang mit bedeutenden Zeitgenossen, denen er im Hause des Barons Perei-

Bedrohte Riesen des Meeres

90 Walarten leben in den Meeren dieser Erde. Die größten dieser Meeressäugetiere werden über 30 Meter lang und erreichen ein Körpergewicht von 120.000 Kilogramm — 120 Tonnen. Die Furcht vor dem Menschen lernten die Wale früh kennen, denn zumindest an den nördlichen Küsten jagt man sie seit Jahrtausenden in den sogenannten Buchtenjagd, die heute noch auf den Färöern praktiziert wird. An den Rand der Ausrottung wurden die Wale aber erst in unserem Jahrhundert gebracht: In den sechziger Jahren waren in einer Saison in der Antarktis allein 18.000 Menschen mit modernstem Fanggerät auf Waljagd. Sie töteten 46.000 Meeresriesen! Ein Team des NDR (Autor/Regie: Carsten Diercks, Kamera: Ulrich Kreiger) hat sich auf die Spuren der bedrohten Riesen der Meere begeben. Heute, wo internationale Vereinbarungen das industrielle Morden, der Wale beenden soll, will das Team Materialien sichern: in Schiffsmuseen, an Bord alter Walfänger, in Gesprächen mit Walexperten aller Richtungen, in Mythologie und Historie. Sendetermin: voraussichtlich im April 1983.   (cep)

Er kennt nur Superlative. In fast allen Sparten, in denen sich der Spitzensportler, Kabarettist, Arzt und Schauspieler Gunther Philipp versucht hat, stellte er Rekorde auf. Im Juni dieses Jahres wird der äußerst vielseitige und erfolgreiche Filmkomiker 65, doch fürs TV feiert er bereits jetzt Geburtstag: "Gunther Philipp 65 oder der Klamottenprozeß" heißt das abendfüllende TV-Porträt, das derzeit unter der Regie von Peter Lodynski entsteht und im Sommer in FS 1 gesendet wird. Die Idee dazu stammt vom Jubilar selbst, der natürlich auch mitspielt. Gastgeber der Geburtstagsparty ist Filmregisseur Franz Antel, der Gunther Philipp in seine Villa eingeladen hat. Es fehlt nicht an Geschenken und Glückwunschtelegrammen. Mitten in die fröhliche Gesellschaft platzt ein Eilbote mit einer Gerichtsvorladung: Gunther Philipp muß sich in einem Strafverfahren wegen jahrzehntelangen Klamottierens vor Gericht verantworten. Die Lebensgeschichte des Angeklagten wird aufgerollt, prominente Zeugen und Philipp-Kenner sagen aus. Dabei kommt zum Beispiel zur Sprache, daß der am 8. Juni 1918 in Siebenbürgen geborene Sohn eines Tierarztes nicht weniger als 145 "klamottös" Filme gedreht hat. Als Beweismaterial werden zahlreiche

Jenny Lind

ra und in anderen schöngeistigen Salons begegnete. Er durfte sich der
wohlmeinenden Gesinnung des verehrten Grillparzer und Joseph
von Eichendorffs erfreuen, Giacomo Meyerbeer bewunderte ihn, Robert
und Clara Schumann luden ihn mit huldigenden Worten in ihr Konzert, und bei seinen Freunden Jäger ließ er sich von dem gefeiertsten
Gast Wiens, der «schwedischen Nachtigall» Jenny Lind, bezaubern.
In dieser großen Sängerin trat ihm das leibhaftige Ebenbild seiner
erdichteten Mädchengestalten entgegen, und der Kontakt schloß sich
im Augenblick.

«Da Sie so sehr die Töne lieben, Bester Herr Stifter, mögte ich am
liebsten Ihnen jetzt etwas vorsingen, da wir aber in eine solche Ent-
fernung von Einander sind daß Sie mir nicht hören können, m ü s -
s e n Sie ein paar dumme Worte von mir lesen, die Ihnen sagen wollen wie unendlich Dankbar ich für Ihren schönen Geschenk bin und
welche innige Freude ich dadurch empfunden ... Wenn ich Ihnen
recht danken könnte für Ihre Güte gegen mich! und für die Herrli-

che Abende bei meine geliebte Frau Jager – aber dies alles wissen Sie gewiß, und werden diejenige Worte zulegen die mir durchaus fehlen. Merkwürdiges Schicksal, daß die Menschen sich kennen und erkennen lernen müssen, sich verstehen und schätzen – und unmittelbar darauf für immer und ewig – scheiden! Bester Herr von Stifter! in mein ganzes Leben werd' ich Sie nicht vergessen – denken Sie auch ein mal freundlich an mich! und mag Ihnen das Leben ... froh und sonnenbeleuchtet bleiben ...»

Er hatte ihr aus der *Mappe meines Urgroßvaters* vorgelesen, und sie war zu Tränen bewegt. An Heckenast berichtete er: *Mir war der Beifall dieses in hohem Grade gefühlvollen Mädchens, dieser Künstlerin, welche das Schöne und das sittliche Maß selber so entzückend darstellt, mehr wert als tausend Beifallszeichen der Rezensenten.*

Der Beifall war keineswegs einmütig. Den *Waldgänger* nahmen die Kritiker kühl auf. Sie erhoben sittliche und ästhetische Einwände, außerstande, die bewußte Kunst des Aufbaus und die unvergleichliche Schönheit der Naturschilderung zu würdigen. *Prokopus* fand noch weniger Verständnis. «Dieser *Prokopus*», urteilte Sigmund Engländer, «ist ein gänzlich formloses, mit einer in sich nicht berechtigten Behaglichkeit abgefaßtes, resultatloses, nirgends zur Darstellung gebrachtes Produkt, das von gar keiner Seite ergriffen werden kann, zweideutig und ungewiß vor uns liegt und uns zur Überzeugung gebracht hat, daß Stifter keine Continuität mehr besitze, sondern fertig geworden ist.» Ein anderer Kritiker hingegen ermunterte ihn, «sein Auge auf die Geschichte der Menschheit zu wenden, wie sie den Erdkreis füllt und nach Jahrhunderten zählt. Wer wie Stifter das Geschehen so klar auffaßt, in seine Gründe so tief eindringt, an die Tat so hohen Maßstab legt, in dessen Hand liegt auch der Zauberstab, die großen verschlossenen Schätze des historischen Gebietes zu erschließen. Möge er auch bald ihn gebrauchen.»

Solcher Zuspruch bestärkte den Dichter darin, einen Plan, der ihm seit längerer Zeit vorschwebte, mit Ernst zu betreiben: in drei großen Romanen aus dem böhmischen Mittelalter wollte er die Geschichte einer mächtigen Familie seiner Heimat, der Witigonen oder Rosenberger, darstellen; nun sollte, anders als im *Hochwald*, Historie mehr sein als romantische Kulisse. Die Vorarbeiten verlangten das gründlichste Quellenstudium, geschichtliche Treue schien ihm jetzt eine der Bedingungen epischer Gestaltung; aber noch mußte er, ändernd und feilend, an der *Mappe meines Urgroßvaters* arbeiten. Sie ließ ihn nicht los. So tief diese Erzählung auf Jenny Lind gewirkt hatte, er selbst war davon nicht ganz so angetan und trug dem Freund und Verleger seine Zweifel vor: *Das ist eine heillose Geschichte. Das Buch gefällt mir nicht ... Ich wollte drei Karaktere geben, in denen sich die Einfachheit, Größe und Güte der menschlichen Seele spiegelt, durch lauter gewöhnliche Begebenheiten und Verhältnisse geboten – wäre es gelungen, dann hätte das Buch mit der Größe, mit der Einfachheit und mit dem Reize der Antike gewirkt. Das Abscheulichste*

Amalie Stifter

aber ist, daß ich es in mir empfinde, daß ich das Ding so machen könnte, wie ich es wollte, daß es mir in Haupt und Herzen liegt, deutlich, greifbar, darstellbar – und wenn ich so die freundlichsten, geweihtesten Stunden darauf verwenden würde, so würde es sich zusammenfinden, einfach, klar, durchsichtig und ein Labsal wie die Luft. Der Leser würde in dem Buche fort gehen zwischen allbekannten, geliebten Dingen und sachte gebannt und eingezirkelt werden, so wie man im Frühlinge in warmer Luft, in allseitigem Keimen, in glänzender Sonne geht und glückselig wird, ohne sagen zu können, wodurch man es geworden . . .

    Aber er mußte es, so wie es war, als Studie in den Studien *stehenlassen, auf die freundlichen, geweihten Stunden wartend, bis er einmal das ganze Werk rein gefeilt, geordnet, vollendet und geklärt als zweibändiges Buch werde aus der Hand geben können.*

Die Unmenge der literarischen Vorarbeiten, Arbeiten und Umarbeitungen, gelegentlichen Veröffentlichungen, Nebenbeschäftigungen

Friedrich Hebbel.
Radierung von Leo Kayser
nach J. Kriehuber

und Unterrichtsverpflichtungen überstieg selbst eine so gewaltige Kraft wie die Stifters. Am liebsten hätte er sich ausschließlich der Schriftstellerei gewidmet, und er schlug Heckenast vor, ihm monatlich hundert Gulden zu zahlen, damit er wenigstens von der Hauslehrertätigkeit entlastet würde. Frei fühlte er sich nur in den Sommermonaten in Linz, und dorthin ging er auch wieder im Juni 1847, zuerst ohne Amalie. Sie mußte in Wien bleiben, um auf ihre Nichte Juliane Mohaupt zu warten, die als Ziehtochter zu den Stifters kommen sollte. Ihre Abreise verzögerte sich von Tag zu Tag, und der Wartende geriet nahezu in Verzweiflung, wurde arbeitsunfähig und schlaflos und dachte sich gleich wieder eine schwere Erkrankung seiner Mali aus, die, wie sie endlich schrieb, an einer «Nahsenschleimheite-Entzindung» litt und ihr möglichstes tat, ihn zu trösten. «Genieße die Freiheit so lange du kanst den wen ich einmahl da bin stehest Du wieder unter der Aufsicht...» Aber statt die ihm freundlich gegönnte Freiheit zu genießen, litt er maßlos. *Komme doch sogleich, ich bitte Dich, schiebe wegen keiner Nebenrücksicht Deine Reise auf, denn nichts ist so wichtig, als die Ruhe und Freude Deines Gatten, so wie Du mir auch das größte und teuerste Kleinod dieser Erde bist. Komme, ich bitte Dich, komme... Versäume keinen Augenblick und komme.* Nach einigen Tagen kam sie schließlich und brachte die sechsjährige Nichte mit, die der Pflegemutter «bereitz schon viel Kummer gemacht» hatte und nun den so schmerzlich vermißten Nachwuchs im Hause ersetzen sollte.

Die Einfachheit, Größe und Güte der menschlichen Seele in lauter gewöhnlichen Begebenheiten und Verhältnissen zu schildern, wie er sich in der *Mappe* vorgesetzt hatte, wurde mehr und mehr das Ziel seines Dichtens. Nicht in den sogenannten großen Geschehnissen – sauber wechselnd mit Narretei und Blutvergießen – glaubte er die wahre geschichtliche Wirklichkeit zu finden, sondern im Alltäglichen, scheinbar Uninteressanten, im Weg zur Liebe und zur Gemeinschaft.

ust in wechselvoller, gärender Zeit hielt er es für nötig, ans Bestän-
ige zu erinnern. Aber eben diese aufgewühlte Zeit konnte in seiner
orge um gefährdete Lebensgüter nur eine Flucht vor den Fragen des
ages sehen. Kritiker, die ihn erst vor wenigen Jahren anerkannt
nd bewundert hatten, regten sich jetzt über seine unbeirrbare Ruhe
uf. Den neuen Band der *Studien* lehnten sie ab, weder *Abdias* in der
erhalteneren, verdunkelten Buchfassung, noch *Brigitta* ließen sie
elten; *Die Mappe* wurde als Dekorationsmalerei abgetan. (Nur Ei-
hendorff nahm ihn in Schutz vor der politischen Rhetorik und dem
eudeutschen Heidentum und unterstellte ihm eine katholische Ge-
innung – ein wenig befremdend für den so Klassifizierten.) Von der
Verständnislosigkeit der Kritiker fühlte Stifter sich nicht getroffen;
was ihn tiefer beunruhigte, war der Kult, den sie mit dem neuen li-
erarischen Gestirn Friedrich Hebbel trieben. Daß man in Hebbel ei-
en Dichter sah, mutete ihn als Zeichen apokalyptischer Verwirrung
n. An Aurelius Buddeus, den Redakteur der angesehenen Augs-
urger «Allgemeinen Zeitung», der ihn zur Mitarbeit aufgefordert
atte, schrieb er: *Als ich Hebbels Sachen zuerst las, legte ich sie als
nbedeutendes schwaches Gemache von Seite einer Unkraft, die sich
ur bläht und sittlich widerwärtig tut, um groß zu scheinen, bei Sei-
e; aber in welches Erstaunen geriet ich, als ich hörte, daß man ihn
inen D i c h t e r nannte, ja als man G r ö ß e in ihm fand. Es kam
nir ein Wehe an um meine Landsleute . . .*

Hebbels Figuren waren für ihn bramarbasierende Theaterhans-
würste, erbärmliche Schwächlinge, hohl, ohne jede sittliche Würde.
Er war seinem Wesen nach außerstande, zu erkennen, daß sich hinter
em modernen Problematiker ein bürgerlicher Moralist verbarg, und
ieser, für den die Poesie nur dort eine Aufgabe hatte, «wo das Le-
en sich bricht, wo die inneren Verhältnisse sich verwirren», war un-
ähig, das vulkanische Beben unter dem friedlichen Gelände der Stif-
erschen Landschaft zu spüren – oder er witterte etwa unter dem
dealistischen Gewölbe den Abgrund und konnte eben darum nur
Haß und Verachtung aufbringen für den schuldbedrückten Verkün-
er der Schuldlosigkeit.

Kein stärkerer Gegensatz zur Kunst Hebbels ist denkbar als die Erzählung *Der arme Wohltäter*, später *Kalkstein* genannt, die Stifter
m diese Zeit schrieb. Wenn Armut jemals ein Glanz von innen gewesen ist, dann leuchtet er um das demutvolle Dasein des Pfarrers
m Kar. Dieses arm-selige Leben ist unverwirrt von Glück und Not,
alle Problematik ist umgeschmolzen in reine Gestaltung. Nur ein
Zug seines Wesens, der rührend verhohlene Hang an feiner weißer
Wäsche, zarteste Erinnerung an eine ferne, fast vergessene Jugend-
iebe, verbindet ihn mit den Verlockungen der Welt, der er entsagt
hat, um allein Gott und den hilfsbedürftigen Kindern des Steinkars
zu dienen. Künstlerische Weisheit macht diese stille, unscheinbare
und hintergründige Erzählung zu einem Werk, das eine in hohem
Sinn christliche, nicht – trotz Eichendorff – katholische Dichtung ist.

Den neuen *Studien*-Band hatte der Verleger mit Stifters Bildnis von M. M. Daffinger geschmückt. Es ist nicht so sehr das Porträt der grüblerischen, mit ihren Erlebnissen und Fragen sich gestaltend auseinandersetzenden Persönlichkeit, vielmehr das Gesicht der Epoche: des biedermeierischen, liebenswürdigen Idyllikers, den man in ihm zu sehen geneigt war. Stifter fühlte selbst die Gefahren der Beschaulichkeit, des Glücks im Winkel. Er wollte heraus aus dem engen Raum, in dem er sich winters in Wien und sommers in Linz bewegte, reisen wollte er, Italien, das Meer, andere Himmel und Menschen erleben und Erzählungen schaffen – *oder ein Drama? Völker, Länder, Massen sollte ich sehen!* Und da ihm dies versagt war, vergrub er sich ins Material zu dem Roman aus der böhmischen Geschichte, die vom Völkergeschehen dramatisch erfüllt war.

1848

Die Ereignisse, die mit dem Jahr 1848 über Europa hereinbrachen, mußten das Interesse an geschichtlichen Bewegungen noch erhöhen. Aber es war nicht nur der Dichter, der Anteil an den Ereignissen nahm, der politische Mensch, der er seinen Kritikern zum Trotz war, wurde mitgerissen. Als die Revolution von Frankreich auf Mitteleuropa übergriff und auch in Wien das Volk auf die Straße rief, erkämpften Bürger, Studenten und Proletarier im ersten Ansturm ihre Rechte. Metternich mußte fliehen, und Wien feierte den Sieg der Freiheit in einem Taumel des Glücks. Wenn Stifter auch in den Jahren des Vormärz sich politisch zurückgehalten hatte, war er doch stets für den politischen und sozialen Fortschritt eingetreten, und der Sturz des verhaßten reaktionären Systems begeisterte ihn wie alle anderen. Mit Betty Paoli und Heckenast schwärmte er von dem endlich errungenen Triumph. «Nie vergesse ich diesen glückstrahlenden Ausdruck eines tief begeisterten, alperlösten männlichen Gemüts», schrieb der Freund und Verleger. Nach Kräften nahm der Dichter an der politischen Arbeit teil. Von seinem Wohnbezirk ließ er sich als Wahlmann zu den Vorbereitungen für die Frankfurter Nationalversammlung aufstellen; seine vordringliche Aufgabe erblickte er jedoch auf publizistischem Gebiet. In einem Aufsatz *Über Stand und Würde des Schriftstellers* betonte er die ungemeine Verantwortung dessen, der vor vielen zu reden sich berufen fühlt: er sei verpflichtet, den höchsten Anspruch an sich selbst zu stellen, und diese Forderung gelte für die kleinste Zeitungsnotiz wie für die große Dichtung. Seit jeher sei alles Unheil aus dem Irrtum verbreitenden Wort entsprungen; das wirklich lebenzeugende Wort komme nur aus einem reinen und vollkommenen Charakter. *So, auf gewissenhafter Grundlage ruhend, ist der Stand des Schriftstellers einer der ehrwürdigsten des menschlichen Geschlechts ... Geben wir uns am Eingang der neuen Zeit das Wort, alles Große, Ehrwürdige und Verantwortliche unseres Standes treu ins Auge zu fassen und in Wirksamkeit zu setzen.*

Adalbert Stifter.
Stahlstich von Carl Mahlknecht nach einem Gemälde von M. M. Daffinger

Diese Gedanken entsprachen dem Wesen seiner Persönlichkeit und einem Ideal, das er Vernunftwürde nannte; sie änderten ihren Inhalt nicht, als der Rausch der Märztage verflog, aber von den Ausschreitungen, die jeder revolutionäre Umsturz mit sich bringt, abgestoßen, setzte der Gegner aller Leidenschaften und Gewalttätigkeit dem tönenden Wortschwall und der Phrasendrescherei der Konjunkturliteraten eine eindringliche Mahnung zur Besonnenheit entgegen: *ich bin ein Mann des Maßes und der Freiheit — beides ist jetzt leider gefährdet, und viele meinen, die Freiheit erst recht zu gründen, wenn sie nur sehr weit von dem früheren Systeme abgehen, aber da kom-*

Angriff der Kavallerie vor dem Bürgerlichen Zeughaus in Wien am 13. März 1848

men sie an das andere Ende der Freiheit. Nicht in der Alleingewalt, sondern in der Verteilung liegt sie.

Die Enttäuschung, die sich in diesen Sätzen bereits andeutete, trieb ihn jetzt nach dem Frieden von Linz. Er war des Lärms müde. Wien war ihm allmählich verleidet. Die Reihe von Vorträgen, die er an der Universität hatte halten wollen, war trotz der wenn auch nur lauen Empfehlungen der Professoren von der Studienhofkommission abgelehnt worden; für seine politische Haltung hatte man auch in seiner Umgebung offenbar wenig Verständnis – die einen mögen ihn als radikalen Fortschrittler, die anderen als Reaktionär verdächtigt haben – es blieb ihm nicht erspart, von der Zeitung «Konstitution» auf die Proskriptionsliste gesetzt zu werden –, und die Reden und Taten der herrschenden Schichten und der sogenannten Gebildeten widerten ihn nicht weniger an als die Exzesse der «Hefe». Was ihn besonders schmerzlich traf, war die allbekannte Erscheinung, daß Charaktere, auf die bauen zu dürfen er geglaubt hatte, sich plötzlich als Mitläufer entpuppten. So sehr er auch selbst verlangte, am Wiederaufbau des Vaterlands mitzuwirken, wollte er doch noch warten, *bis die Zeit für jene Fächer gekommen ist, in denen ich mich einigermaßen stark fühle. Hieher gehört namentlich das Unterrichtswesen...*

Der ersehnte Friede wollte sich jedoch auch in Oberösterreich nicht einstellen. Der Schock der Revolution warf ihn mehr und mehr auf sich selbst zurück, und das Leben in der Provinz benahm ihm zuneh-

nend das Verständnis für die geschichtlichen Bewegungen, die keine
Rücksicht auf sein reines Idealbild von Staat und sittlicher Vervollkommnung nahmen. Zwar hatte er als junger Mann mit gleichge-
sinnten Freunden in Weltverbesserungsutopien geschwelgt, doch die
sozialen und politischen Ausbrüche der letzten Jahrzehnte, an denen
es auch in der Monarchie nicht fehlte, hatten ihn nicht aufgerüttelt.
Und als im Laufe des Revolutionsjahres und nachher die österreichische Militärdiktatur unter Windischgraetz und Haynau, der «Hyäne
von Brescia», das Volk und dessen Wortführer zusammenschoß,
nannte er d a s einen Befreiungsakt, in dem *sich endlich die Menschen in Verzweiflung erhoben und mit Kanonen und Waffen ein
Ende machten.* Die unterdrückten «unteren» Klassen schienen ihm
nur von tierischen Begierden getrieben, ihre Führer nur Demagogen,
Verführer und Egoisten. (Fühlte er sich selbst nicht einst zu den «Unteren» gehörend, hatte er darunter nicht zu leiden? Und mag eine
psychologische Betrachtungsweise in seiner Verachtung der aufstän-
dischen Proletarier – eine Hunnenhorde nannte er sie – nicht vielleicht die alte Angst wiedererkennen, das Erschrecken vor den Mächten des Unten, über die er unermüdlich sein Werk emporwölbte?)
Die Freiheit, die er meinte, war die *reine sittliche Göttin,* ein Ideal,
das in der Politik nur durch den Staat und nur allmählich verwirk-
licht werden könne; realpolitisch wäre diese Anschauung nur dann
zu nennen, hätte sie einem Staat gegolten, der nicht wie Österreich
von einer gewalttätigen Soldateska und einem geistesschwachen Mon-
archen regiert wurde.

Dennoch trifft es nicht zu, daß Stifter, wie gelegentlich zu lesen ist,
sich den großen Fragen der Zeit gegenüber verständnislos verhalten
habe. Sein Freund und Schüler Emerich Ranzoni berichtet: «Stifter
war in der Fülle seiner Manneskraft in seinem Denken einer der
fortgeschrittensten Liberalen und, wie er einmal rund heraus sagte,
ein Mann, der gar nicht anstand, Alles, was Robespierre getan, be-
greiflich zu finden, ja es zu entschuldigen. Er liebte die Freiheit, aber
freilich! er war eine zu milde Seele, als daß er, da der Sturm des Jahres Achtundvierzig hereinbrach, da er die blutigen Szenen mitmach-
te, die Vordringlichkeit, die Borniertheit, den Egoismus, die Gewis-
sen- und Gedankenlosigkeit des hohen und niederen Pöbels vor Augen hatte: nicht erschreckt und angewidert sich abgewendet und in
die reineren Sphären der Poesie geflüchtet hätte... In diesem Zu-
rückschrecken vor der Erscheinung der Unvollkommenheit unseres
Wesens lag überhaupt der Hauptmangel seines Talents...»
     Eindeutig rein war indessen die poetische Sphäre nicht, in die er
sich zunächst zurückzog. In den nun folgenden, wohl schon früher
entworfenen zwei Erzählungen, deren Motive ihm die nächstliegenden – Heimat und Ehe – waren, ist die erlebte Gegenwart parabo-
lisch angedeutet. *Die Pechbrenner* spielt in der Vergangenheit Ober-
plans und seiner Wälder. Die Pest, welche die Gegend heimsucht,
kann als ein Gleichnis der politischen Heimsuchung der Gegenwart

angesehen werden, und die Schilderung des Grau-
ens, der Angst und der Entmenschung haben
ebenfalls ihre Entsprechung in der Aktualität.
Aber über alles Schreckliche triumphieren am
Ende Menschenliebe und eine gütige Vorsehung.
Als dann wenige Jahre nachher diese Erzählung,
jetzt *Granit* betitelt, für die *Bunten Steine* umge-
schrieben wurde, entfiel alles Böse und Wilde,
und über der dem Märchen angenäherten Geschichte schwebte, wie der Dichter es erstrebte,
der Hauch der Innigkeit und Reinheit. Die andere Novelle, *Der Pförtner im Herrenhause,* hingegen ist nach Schauplatz und Thema großstäd-
tisch, ja speziell wienerisch. Ein labiler Charakter
verliert die geliebte Frau an einen Schauspieler
und mit ihr jeden geistigen Halt; es bleibt ihm
nichts als eine seelisch und körperlich zurückge-
bliebene Tochter. In dieser dunklen Geschichte ist
alles vieldeutig. Das Unglück des Mannes, dessen
Verstand durch die Hingabe an eine einzige Leidenschaft getrübt wird, kann als ein Gleichnis der
allgemeinen Zerrüttung einer Bevölkerung betrachtet werden (die Verführung durch das Theater in der Gestalt des Komödianten deutet auf das
lokale Kulturklima hin), aber es besagt weit mehr als das. Und so wi
der Dichter keinen anderen Weg zur Gesundung der Gesellschaf
sieht als den einer vernünftigen Volkserziehung, wird das Mädche
auf erzieherischem Wege für ein normales Leben gewonnen.

Aber nur dichtend und leidend an den öffentlichen Angelegenhei
ten teilzunehmen, konnte Stifter nicht genügen. Tätig wollte er sei
Teil am staatlichen Aufbau beitragen. Zudem war die Zeit dem Er
werb aus schriftstellerischer Arbeit ungünstig. Er sah sich nach einer
festen Beruf um, und daß für ihn nur das Erziehungswesen in Frag
kam, war ihm längst klar. Seit den Schuljahren in Kremsmünste
hatte er unterrichtet, in allen seinen Schriften lag ihm die pädagogi
sche Tendenz am Herzen, und mehr als je bekräftigten ihn die Ereig
nisse dieser stürmischen Epoche, in der ihm Vernunft und Mensch
lichkeit aus der Welt geflohen schienen, in der Überzeugung, die zu
verbreiten er nicht müde wurde: *Das Ideal der Freiheit is
auf lange Zeit vernichtet, wer sittlich frei ist, kann e
staatlich sein, ja ist es immer; den andern können alle Mächte de
Erde nicht dazu machen. Es gibt nur eine Macht, die es kann: Bil
dung. Darum erzeugte sich in mir eine ordentliche krankhafte Sehn
sucht, die da sagt: «Lasset die Kleinen zu mir kommen», denn durc
die, wenn der Staat ihre Erziehung und Menschwerdung in erleuch*

98

*tete Hände legt, kann allein die Vernunft, die Freiheit, gegründet
werden, sonst ewig nie!*

Alle Voraussetzungen für ein Amt im Schulwesen schienen gegeben. Der Statthalter von Oberösterreich, Alois Fischer, und einflußreiche Freunde in Wien setzten sich für ihn ein, aber das Ministerium ließ sich Zeit. Inzwischen war er gegen geringes Gehalt auf vielerlei Weise für den Statthalter tätig; er arbeitete den Plan einer Realschule für Linz in allen Einzelheiten aus, redigierte eine Zeitlang erst die offizielle «Linzer Zeitung», dann den «Wiener Boten», schrieb populäre Artikel über Tagesfragen, über Philosophie, Recht und besonders über die Schule. Mit eindrucksvollen, «klassisch» gewordenen Formulierungen entwickelt er immer wieder den Gedanken der Vernunftwürde. *Kein Weltgeist, kein Dämon regiert die Welt: was je
Gutes oder Böses über die Menschen gekommen ist, haben die Menschen gemacht. Gott hat ihnen den freien Willen gegeben und hat
ihr Schicksal in ihre Hand gelegt. Dies ist unser Rang, dies ist unsere
Größe. Daher müssen wir Vernunft und freien Willen, die nur als
Keime gegeben werden, ausbilden; es gibt keinen andern Weg zum
Glück der Menschheit, weil Vernunft und freier Wille dem Menschen
allein als seine höchsten Eigenschaften gegeben sind und weil sie immerfort bis zu einer Grenze, die wir jetzt noch gar nicht zu ahnen
vermögen, ausgebildet werden können.*

Erst im November des Jahres 1849 trug ihm das Unterrichtsministerium eine Stellung als Schulrat für die Gymnasien Niederösterreichs an. Die Entscheidung fiel ihm schwer. Eben erst hatte er seine Wohnungseinrichtung aus Wien nach Linz kommen lassen, in Linz zu bleiben hätte er vorgezogen, weil er hier mehr Zeit zu literarischer Arbeit zu finden hoffte, und lieber als den Gymnasien hätte er sich den Volksschulen gewidmet. Er fuhr nach Wien, und man versprach ihm dort die Schulratstelle für Oberösterreich. Aber auch dann noch blieb es bei dem Versprechen. In Erwartung des Anstellungsdekret hatte er die Arbeit für den Statthalter aufgegeben, und seine finanzielle Lage war allmählich unhaltbar geworden. Bei seinem Bruder Anton, der in Linz einen Lederhandel betrieb, und dem *lieben, besten Pepi*, seinem Jugendfreund Türck, einem wohlhabenden Wiener Juwelier, hatte er hohe Darlehen aufgenommen, die ihn drückten und die abzuzahlen ihm unmöglich war.

Allen Widerwärtigkeiten zum Trotz arbeitete er beharrlich an der Umformung der früheren Erzählungen für einen weiteren Band der *Studien*. Dem Wandel seiner Kunst- und Lebensanschauung entsprechend, mußten die ursprünglichen Fassungen sich eine Erweiterung ins Epische und die Reinigung von romantischen Resten thematischer wie formaler Art gefallen lassen. Im *Hagestolz* wird nun alles Gegensätzliche genauer und kräftiger herausgearbeitet: der alte Mann in seiner gottverlassenen und liebeleeren Inseleinsamkeit ist jetzt wirklich der *grandios düster prächtige Charakter ... in seiner ursprünglichen Gewalt und Tiefe* geworden, wie er dem Dichter einst vorgeschwebt hatte, und kontrastiert schärfer als vorher mit der gemütvollen Idylle an Viktors heimatlichem Herd. Die Begegnung zwischen dem unproblematischen Lebensmut der Jugend und der Daseins- und Todesangst des Oheims gewinnt an innerer Spannung und das Unglück der Kinderlosigkeit erscheint gemildert, indem der Nachdruck gelegt wird auf die Erziehung zu einem Weltverhältnis das sich in der Selbstvervollkommnung nicht um ihrer selbst willen sondern zu fruchtbarer Tätigkeit bis zur Hingabe des Lebens für andere erfüllt. Im *Waldsteig* erfuhr die Hypochondrie des liebenswürdigen Tiburius eine fast klinische Beschreibung, wie sie wohl nur aus überlegener Selbsterfahrung kommen konnte, und das Erwachen der Liebe entfaltete sich zur zartesten, verhaltensten und heitersten Dichtung.

Für den letzten Band der *Studien* gab Stifter den *Zwei Schwestern* einen Rahmen, der die beiden Teile der Erzählung deutlicher verbindet; er vertiefte die Symbolfülle der Landschaftsschilderung, spann die Gespräche breit aus, und mit Eindringlichkeit ließ er seine Ideen vom Wesen der Künste und von der Aufgabe des Künstlers darlegen. War sich in der Urfassung die Figur des Erzählers noch nicht darüber klar, was die Liebe zu einem Mädchen eigentlich sei – jetzt, in der gültigen Form, wußte er es. Jetzt mußte die von der Macht der Musik gefährdete, die «verkommene» Camilla, diese Verkörperung des Ge-

nialen, gerettet werden, mußte sich selbst um den Preis des
Verzichts auf ihre Kunst ein-
gliedern in Ehe und Familie,
ja sich zu praktisch-tätigem,
ländlichem Wirtschaften entwickeln, einem klassischen
Ideal zuliebe, das zu verwirklichen dem Dichter selbst nicht
beschieden war. Naturnahes
Leben, Familienverband, Bil-
dungsreisen, diese Motive der
Erzählung blieben seine un-
erfüllte Sehnsucht.

Die *Studien* schlossen mit
dem *Beschriebenen Tännling*
ab. Auch diese neue Bearbei-
tung fügte manches an An-
schaulichkeit wie an Verin-
nerlichung hinzu. War es
schon längst ein Merkmal der
Stifterschen Kunst, daß sie ihren Kerngehalt je und je verbarg, wird diese Verhüllung
nunmehr zu einem dominie-
renden Prinzip. Gefühlhaftes
darf sich nur mehr im Tun
und Lassen der Gestalten äußern. Das Alltägliche, das Be-
ständige allein hat Geltung,
während das Interessante, hier

Gustav Heckenast und Frau

der Einbruch der «großen Welt» ins Leben der Waldleute, nur Unheil
im Gefolge hat.

Anders als früher konnte sich die Kritik für diese Werke jetzt nicht
mehr erwärmen. Hieronymus Lorm, der Stifter einst so bewundert
hatte, tadelte nun eine Subjektivität, die «der Zeit so gänzlich den
Rücken zuwendet, als wären alle in ihr entfesselten Geister, alle
neuen Richtungen, in welche die Menschheit sich heute teilt, und
in denen sich unter verzweifelten Kämpfen zu behaupten sucht,
nicht würdig, zu ihrer eigenen Entwicklung beizutragen. Was anfangs nur eine schöne, eigentümliche Form schien, wird jetzt, weil sie
mit keinem Inhalt erfüllt ist, zur Manier.» Kurz vorher hatte Hebbel
sein Epigramm gegen Stifter und seinesgleichen veröffentlicht:

Wißt ihr, warum euch die Käfer, die Butterblumen so glücken?
Weil ihr die Menschen nicht kennt, weil ihr die Sterne nicht seht!
Schautet ihr tief in die Herzen, wie könntet ihr schwärmen für Käfer?
Säht ihr das Sonnensystem, sagt doch, was wär' euch ein Strauß?

Aber das mußte so sein; damit ihr das Kleine vortrefflich
Liefertet, hat die Natur klug euch das Große entrückt.

Die Reduzierung Stifters zu einem Blumen- und Käferpoeten fand
Anklang bei vielen, ja sie blieb auch auf den Dichter selbst nicht ohne Eindruck. Er dachte nicht daran, daß sein Werk das beste Zeugnis
für seinen tiefen Einblick ins Menschenherz ablegen konnte, sondern
gab in einem Brief an Heckenast den Gegnern darin recht, *daß nicht
immer so idyllische Sachen kommen sollen, und man muß sie nicht
herausfordern, namentlich, daß nicht auch das Publikum sage: es ist
doch wirklich so.* Und er entwickelte dem Verleger seine Pläne: zwei
Bändchen Erzählungen für die Jugend, dann ein allgemein verständ-
liches Werk über das gesamte Gebiet des Rechts und des Staates, ferner eine Broschüre über aktuelle Fragen, *und auf alles dieses der Roman, dem ich mich wieder zugewendet habe, der des Tragischen, das
die Gegner fordern, schon genug enthalten und eine Antwort auf die
Anschuldigung sein wird.*
So schrieb er im März 1850, und bedrängt, wie seine Lage war,
schlug er dem Verleger vor, das Urheberrecht an den *Studien* gegen
eine einmalige Zahlung zu erwerben. Heckenast bot ihm den Betrag
von 3000 Gulden, was dem Honorar für eine Auflage entsprochen
hätte. In ausführlichen Briefen bemühte Stifter sich, den Geschäfts-
mann von dem höheren Wert seiner Schriften zu überzeugen, und
nach längeren Verhandlungen bewilligte Heckenast ihm 6000 Gulden; sie wurden allerdings zum größten Teil gegen Vorschüsse ver-
rechnet. Dem Dichter blieb nichts übrig als zuzustimmen, so nachtei-
lig das Abkommen auch war. Ein paar Tage später kam seine Ernen-
nung zum Inspektor der oberösterreichischen Volksschulen mit einem Jahresgehalt von 1500 Gulden. Die Langsamkeit des Amts-
schimmels hatte ihn um die Eigentumsrechte an seinem erfolgreich-
sten Werk gebracht.

AMTSLEIDEN UND KUNSTFREUDEN

Der k. k. Schulrat Stifter pflegte am frühen Morgen ins Amt zu gehen, um die stillen Stunden vor Beginn des Dienstbetriebs dem dichterischen Schaffen zu widmen. Dann erledigte er die *Schulenschrei-
berei.* Anfangs machte sie ihm Freude. Wie hätte ihn auch eine Tätigkeit im Erziehungswesen nicht beglücken können, hatte er doch *ein
fast fieberhaftes Verlangen, die Menschen besser und verständiger
machen zu helfen!* Erziehung nannte er die erste und heiligste Pflicht
des Staates. *Denn darum haben wir ja den Staat, daß wir in ihm
Menschen seien, und darum muß er uns zu Menschen machen, daß er*

Schulrat Stifter

Staatsbürger habe und ein Staat sei, keine Strafanstalt, in der man immer Kanonen braucht, daß die wilden Tiere nicht losbrechen. Echte Volksbildung schien ihm das Allheilmittel, eine durchgängige Umformung der Schulorganisation hielt er für das erste Erfordernis, und nicht nur im Umkreis seiner täglichen Arbeit wollte er darauf hinwirken; in Berichten an die vorgesetzten Stellen entwickelte er praktische und grundsätzliche Reformideen, gewonnen aus jahrzehntelanger Lehrerfahrung und bestärkt durch den Einblick in die jämmerlichen Zustände, die seine Inspektionsreisen in der Provinz enthüllten. Bald lernte er aber die Kehrseite des Beamtendaseins kennen. Schon nach einem Jahr gestand er, er fühle sich wie in der Verbannung; auch die literarische Arbeit leide unter der langweiligen Umgebung. Er sehnte sich nach Wien, nach dem Umgang mit geistvollen Menschen, nach der goldenen Zeit seiner früheren Unabhängigkeit. *Wäre nicht manche Amtsfreude, ich müßte endlich in diesem kunst- und wissenschaftslosen Böotien verzweifeln.*

Die Freuden der amtlichen Zwangsarbeit waren teuer erkauft. Zeitraubende Vorarbeiten für die Gründung einer Realschule in Linz nahmen ihn lange in Anspruch; seine den Unterricht in den Volksschulen betreffenden Vorschläge, die der Zeit weit vorauseilten, scheiterten an der Rückständigkeit der Behörden. Eifrig bemühte er sich um die Herrichtung alter und den Bau neuer Schulhäuser und um die materielle Besserstellung der Lehrer und deren planmäßige Ausbildung. Dabei durfte er sich der Unterstützung durch den ihm gesinnungsverwandten Statthalter Dr. Fischer erfreuen, und auch nachdem dieser fortschrittliche Beamte abgehalftert worden war, fand er bei dessen Nachfolger Eduard von Bach Verständnis für seine pädagogischen und literarischen Bestrebungen.

Einen treuen Anhänger gewann er in dem schöngeistigen Apotheker Heinrich Reitzenbeck, und der an die Realschule berufene Lehrer Johannes Aprent wurde sein engster Freund und Mitarbeiter. Da auch der Jugendfreund Sigmund von Handel nach Linz versetzt wurde, bildete sich langsam ein kameradschaftlicher Kreis; dazu gehörten die Brüder Kaindl, in deren Lederhandlung der Bruder Anton Stifter angestellt war.

*Antonie Adamberger
Stich von A. Weger*

Zuweilen erschien auch ein Bekannter aus Wien, so der Historiker Josef Arneth, der ihn für die Ausgrabungsarbeiten des römischen Enns-Lauriacum interessierte. Arneths Frau war die einst bewunderte Schauspielerin Antonie Adamberger, die Braut Theodor Körners, der Stifter den Stoff der Erzählung *Der Pförtner im Herrenhause* verdankte. Er hatte die Novelle soeben ausgearbeitet, um sie dem Almanach «Libussa» in Prag zu überlassen.

Näher als die antiken Reste lag ihm die Rettung gefährdeter Kunstwerke des Mittelalters, und seiner Tätigkeit auf diesem Gebiet ist es zuzuschreiben, daß er später zum Konservator der Denkmalpflege für Oberösterreich ernannt wurde. Besonders verdient machte er sich auch um die Gründung und Leitung des Oberösterreichischen Kunstvereins. Aber alle diese neben der beruflichen und literarischen Arbeit einhergehenden Tätigkeiten konnten ihm ebensowenig wie die Malerei, das Sammeln und Herrichten schöner alter Möbel, Kakteenzucht und andere Liebhabereien über das Gefühl der Vereinsamung hinweghelfen. Hinzu kam allerlei familiäres Ungemach. Er zerwarf sich mit seinem Stiefbruder in Wien. Um Weihnachten 1851 verschwand die Ziehtochter Juliane plötzlich. Wie sich erst sehr viel später ergeben hat, war das kaum elf Jahre alte Mädchen weggelaufen, weil Frau Stifter sie geschlagen hatte, war erschöpft irgendwo von einem Gastwirt aufgenommen worden und wollte sich dort als Dienstmädchen verdingen, um nicht wieder zu Amalie zurück zu müssen. Der Stadtklatsch, den die Affäre zur Folge hatte, bekümmerte den Dichter tief; aber er war froh, das Kind, das er sehr begabt, doch abenteuerlich und wild nannte, wiederzuhaben und hoffte, *etwas aus dem Geschöpf zu machen.* Wie kläglich diese Hoffnung des Pädagogen, Pflegevaters und Ehemanns scheiterte, sollte sich zeigen.

... *Nach langer Unterbrechung und nach beinahiger Verödung meines Gemütes in Folge der bitteren Erfahrung, daß ich fast Menschenverächter geworden bin, habe ich wieder zu arbeiten begonnen,* schrieb er nach Wien. Er fürchtete, an sich und den großen Plänen, mit denen er sich einst getragen, irre zu werden; aber trotzdem und trotz amtlicher Überlastung mühte er sich mit den seltsamerweise für die Jugend bestimmten Erzählungen – später *Bunte Steine* genannt – aufs äußerste ab, um *die Sache einfach und recht gediegen zu machen ... Was dem Leser das Einfachste und Natürlichste scheint, ist das Werk der größten Kunst und Sorgfalt, wer es anders meint, versteht von Kunst und ihren Hervorbringungen nichts.* Zwar liebte er es, in Briefen und anderen Äußerungen unter der Maske treuherziger Naivität zu tun, als bestehe sein Schaffen lediglich darin, das ihm eigene «goldene Herz» schlicht ausströmen zu lassen – *ich habe wirklich kein Verdienst an meinen Arbeiten, ich habe nichts gemacht, ich habe nur das Vorhandene ausgeplaudert –,* aber diese Attitüde, die Goethe in einem anderen Fall als «Einfaltsprätensionen» abgetan hatte, gab er auf, wenn er dem Verleger und Freund klarmachen wollte, wieviel Kunst und Weisheit in seinem Schaffen verborgen liege; gern

berief er sich auf die alten Griechen, die für «dichten» kein anderes Wort als «machen» hatten – Gestalten machen, darauf komme es an.

Die zwei Bändchen der *Bunten Steine* enthielten außer *Bergkristall, Granit, Kalkstein*, dem in *Turmalin* umgenannten *Pförtner im Herrenhause* und den *Wirkungen eines weißen Mantels*, jetzt *Bergmilch* betitelt, eine neue Erzählung, *Katzensilber*, die Geschichte vom braunen Mädchen, das scheu und stumm eines Tages im Wald am Fuß des Dreisesselberges auftaucht. Der Behutsamkeit und Schonung gelingt es, das Kind der Wildnis für das Leben in einer liebevollen Familiengemeinschaft zu gewinnen. Zweimal wird das naturverbundene Geschöpf zum rettenden Engel in Elementarkatastrophen – ihm selbst bleibt, trotz scheinbarer Geborgenheit im Kreis der beschützten Beschützer, die essentielle Sicherheit versagt. Jahraus, jahrein geht das namenlose Mädchen durch die Geschichte, um schließlich in jenes Nirgendwo, aus dem sie einst geheimnisvoll erschienen war, für immer zu verschwinden.

Es mag sein, daß das zigeunerische Wesen der Pflegetochter Juliane ihn zu dieser Gestalt angeregt hat; in einer tieferen Schicht aber deutete es auf sein eigenes Problem: die Spannung zwischen den Forderungen bürgerlicher Gesittung und den Drang nach schrankenloser Ungebundenheit zu überwinden. Die Dichtung weist keinen Weg: Natur und Kultur bleiben unvereinbar. Das Leben sollte im Schicksal des wilden Mädchens Juliane die Ausweglosigkeit tragisch bestätigen. Den *Bunten Steinen* hat Stifter die berühmte Vorrede vorausgeschickt, die, vielfach zitiert, analysiert und interpretiert, seine künstlerische und weltanschauliche Position umschreibt und zugleich eine eigene philosophische These entwickelt. Ausgehend von Hebbels Angriff, widerlegt er die landläufigen Ansichten über Großes und Kleines. Wie er in der Natur das Welterhaltende und Große nicht im Einzelnen und Besonderen erkennt, läßt er auch im menschlichen Leben und in den geschichtlichen Bewegungen nur dort wirkliche Größe gelten, wo das *sanfte Gesetz*, das Gesetz des Rechts und der Sitte walten, wo jedem ungefährdetes Bestehen neben dem anderen gewährt ist, *daß er als Kleinod gehütet werde, wie jeder Mensch ein Kleinod für alle anderen Menschen ist*. Nicht Tugend und eine bestimmte zeitgebundene Moral will er predigen; die Gewalt des Rechts- und Sittengesetzes lehrt er, wie es in der Geschichte und in der Kunst triumphiere, aber *hauptsächlich sind es doch immer die gewöhnlichen, alltäglichen, in Unzahl wiederkehrenden Handlungen der Menschen, in denen dieses Gesetz am sichersten als Schwerpunkt liegt, weil diese Handlungen die dauernden, die gründenden sind, gleichsam die Millionen Wurzelfasern des Baumes des Lebens. So wie in der Natur die allgemeinen Gesetze still und unaufhörlich wirken, und das Augenfällige nur eine einzelne Äußerung dieser Gesetze ist, so wirkt das Sittengesetz still und seelenbelebend durch den unendlichen Verkehr der Menschen mit Menschen, und die Wunder des Augenblickes bei vorgefallenen Taten sind nur kleine Merkmale dieser allgemeinen Kraft. So ist dieses Gesetz, so wie das der Natur das welterhaltende ist, das menschenerhaltende.*

Er will dieses Gesetz nun nicht etwa als etwas unverrückbar Feststehendes verstanden wissen, und wenn er es «sanft» nennt, meint er damit keine prästabilierte milde Harmonie. Wie die Natur, wenn auch nicht gleich ihr, begreift es Widersprüche und Gegensätze ein, aber dem Menschen ist es aufgegeben, die ihn stets bedrohende Gefahr seines paradoxen Zustands durch Maß und Ordnung zu überwinden. Wo das Maß verlorengeht und der Sinn für das Allgemeine, die Unterscheidung von Gut und Böse verschwindet, dort geht der Einzelne, ja das Volk unter.

Ihren künstlerischen Ausdruck finden diese Reflexionen in den ihnen folgenden Erzählungen, die wahrhaftig mehr sind als *Spielereien für junge Herzen*, wie er sie genannt hat. Sie wandeln das rettende Walten des sanften Gesetzes in seiner ganzen Problematik ab als Ordnungsmacht in Natur und Gesellschaft, als Zeugnis echter Größe in einem einfachen, sich selbst bezwingenden Dasein der Nächstenliebe, als Bekenntnis zum Frieden und zur Menschlichkeit.

Um das Buch besonders anziehend auszugestalten, ließ Heckenast die Vignetten von Ludwig Richter, dem berühmten, liebenswürdigen Illustrator, zeichnen. Als Stifter sie sah, war er entsetzt. *Welcher Schreck! Da ist alles verfehlt!* Strich für Strich ging er die Blätter durch, nannte sie oberflächlich, talentlos, nichtssagend, stümperhaft und ordinär, und in der Tat hatten sie mit dem Geist der Dichtungen nichts gemein. Den Literaturkritikern, die sich in Deutschland, auch in England wohlwollend über die Erzählungen aussprachen, fiel die künstlerische Schwäche der Bildchen so wenig auf, wie sie in die Tiefe des Buches eindrangen.

Schon vor Beendigung des Manuskripts hatte Stifter die Rechte an den *Bunten Steinen* dem Verleger gegen ein einmaliges Honorar von 3000 Gulden abgetreten. Er war wie immer in Geldnöten. Obwohl er sein sicheres Beamtengehalt bezog und Heckenast mit Vor- und Zuschüssen nicht eben geizte, mußte er doch hin und wieder Darlehen bei Freunden aufnehmen. Materielle Ansprüche, denen das Ehepaar nachkommen zu müssen glaubte, wuchsen mit den Jahren. Die Haushaltung wurde mehr als standesgemäß gehoben, die Schulrätin legte, darin von ihrem Gatten unterstützt, großen Wert auf modische Garderobe, eine ständige Loge im Theater, Fiakerfahrten, schöne alte Möbel und andere Liebhabereien, nicht zu reden von den laufenden Ausgaben für Wein, Zigarren und derlei leibliche Genüsse, belasteten den Etat bedenklich. Stifter, dem in seinem Leben jedes klare Verhältnis zu den ökonomischen Realitäten abging, haßte, trotz der Neigung zur Pedanterie, knauserige Sparsamkeit; immer wieder versuchte er, seine Lage mit einem Schlag zu verbessern, und wenngleich er sich *unwissend in weltlichen Dingen* nannte, ließ er sich auf riskante Aktienspekulationen ein, die ebenso scheiterten wie seine Hoffnungen, das große Los in der Lotterie zu gewinnen.

Zu den kleinlichen Nöten des Alltags kamen andere: der Glaube, seine amtliche Tätigkeit werde zum Nutzen für die Menschheit ausschlagen, erwies sich als Illusion. Mißgünstige Vorgesetzte und der Klerus, klagte er, würfen ihm überall Knüppel zwischen die Füße. Phasen der Niedergeschlagenheit stellten sich ein, organische Beschwerden gesellten sich hinzu. Da er sich übermäßig gut ernährte und wenig Bewegung machte, nahm der ohnehin zur Beleibtheit Neigende an Umfang und Gewicht noch zu. Immer sehnlicher wünschte er sich ein festes Einkommen, das ihm ein unabhängiges literarisches Schaffen ermöglichte – *aber was muß ich jetzt tun? Dort trinkt ein Schulmeister Branntwein, hier zerfällt ein Schulgehilfe mit der Pfarrerköchin, dort wollen die Bauern die Sammlung nicht abgeben... usw. usw. – und ich muß diese Dinge bearbeiten.*

Mit jedem Jahr schwollen die brieflichen Schmerzensergüsse an. In einer beredten Schilderung seines Jammers hieß es: *Ich glaube, daß sich die Dinge an mir versündigen... Manchmal ist mir, ich könnte Meisterhaftes machen, was für alle Zeiten dauern und neben dem Größten bestehen kann, es ist ein tiefer, heiliger Drang in mir,*

dazu zu gehen – aber da ist
äußerlich nicht die Ruhe, die
k l e i n e n Dinge schreien
drein, ihnen muß von Amts
wegen und auf Befehl der
Menschen, die sie für wichtig
halten, obgewartet werden,
und das Große ist dahin. In
diesem Brief an Heckenast
vom 13. Mai 1854 stehen die
so denkwürdigen wie bitteren
Worte:

Ich bin zwar kein Goethe,
aber einer aus seiner Ver-
wandtschaft, und der Same
des Reinen, Hochgesinnten,
Einfachen geht auch aus mei-
nen Schriften in die Herzen,
davon habe ich Beweise, und
wer weiß, ob sie nicht mithel-
fen, einmal einen großen un-
endlichen Geist, der höher ist
als Goethe und Schiller und
alle, in seiner Jugend von
dem Eklen, Widerwärtigen,
Zerrissenen abzuziehen, der
Ruhe und Einfalt zuzuwenden
und ihm um so früher Raum
geben, zu seinen Schöpfungen
zu schreiten, die das Ergötzen
und Staunen der Welt sein
werden. Sie tun nach Ihren
Kräften viel für mich, die
Nachwelt wird es wissen, ich

Luise von Eichendorff

bin Ihnen darum auch dankbar, und Ihnen kann ich daher auch sagen,
wie mir im Herzen ist. Einmal werden es auch andere wissen, wer
weiß, ob dieser Brief nicht gedruckt wird; aber dann werde ich im
Grabe liegen, die Leute werden nicht begreifen, warum es so gewesen
ist und werden ihren Mitlebenden doch wieder gerade so tun ... Den
Leuten hier könnte ich nichts der Art sagen, denn sie hielten mich,
wenn ich über ein Amt klage, um das sie mich beneiden, wahrhaftig
für verrückt.

Und doch hatte er unter «den Leuten hier», unter die er sich ver-
bannt vorkam, gute Freunde, die ihm, ihren Fähigkeiten entsprechend, viel Verständnis entgegenbrachten. Zu Reitzenbeck und Aprent
und dem Ehepaar von Handel waren Baron von Binzer und Frau und
der Holzbildhauer Johann Rint hinzugekommen, und eine vereh-
rungsvolle anonyme Briefschreiberin enthüllte sich als Luise von

Der Kefermarkt-Altar

Eichendorff, die Schwester des großen Dichters. Die Korrespondenz führte zu einer lebenslangen vertrauten Freundschaft, in deren Verlauf die psychisch belastete Baronin eine fast hellseherische Einsicht in die Seele des Dichters bekundete.

Anerkennung, die ihm aus dem nahen Umkreis und aus der Ferne gezollt wurde, tat ihm wohl, und oft und gern begnügte er sich mit dem Lohn, den die Leistung in sich trug. Für die Erhaltung des vom Verfall bedrohten spätgotischen Schnitzaltars in der Kirche von Kefermarkt setzte er sich in Berichten an die Behörden, in Vorträgen und Veröffentlichungen jahrelang ein, und die Rettung dieses Meisterwerks wie auch anderer alter Kunstschätze ist ihm zu danken. Aber auch Mißerfolge blieben nicht aus. Gemeinsam mit Aprent hatte er ein «Lesebuch zur Förderung humaner Bildung» zusammengestellt, das Beispiele aus der klassischen deutschen und antiken Literatur enthielt und für Oberrealschulen gedacht war. Heckenast verlegte es, indessen versagte das Ministerium die Genehmigung zum Schulgebrauch. Bei dieser Ablehnung mögen konfessionelle und politische Gründe mitgesprochen haben, denn sowohl Stifter wie dem radikal freisinnigen Aprent lag die «Förderung humaner Bildung» näher als die im Ministerium vorherrschende Richtung; entscheidend dürfte jedoch gewesen sein, daß die Herausgeber ihre Auswahl weniger nach stofflichen und historischen als nach formalen Gesichtspunkten getroffen hatten. Stifter fühlte sich gekränkt, und sein Mißvergnügen wuchs, als er wegen seiner Stellungnahme in einem langwierigen Streit mit dem Realschuldirektor eine Rüge von einem ihm übelwollenden Ministerialbeamten einstecken mußte. Die ihm widerfahrene Ungerechtigkeit erregte ihn so, daß er erkrankte. Resigniert wollte er von nun an seine Amtstätigkeit schematisch abtun, *da es ohnehin nichts hilft, wenn ich auch mein Herzblut in die Schulmeisterei stecke.*

Aus Verdruß und Enttäuschungen flüchtete er immer wieder in die dichterische Arbeit. Eine längst begonnene Erzählung, ursprünglich für die *Bunten Steine* bestimmt und erst *Der alte Hofmeister*, dann *Der Vogelfreund* genannt, ließ ihn nicht los; zu einem großen Prosa-Epos, *Der Nachsommer*, wollte er sie, gleichzeitig mit dem riesigen historischen Roman der Witigonen, ausarbeiten. *Mir tut not, zu produzieren*, hatte er in einer kritischen Phase seiner Jugend erkannt, und dieses Bedürfnis, die innere Not zu wenden, wurde mit den Jahren nicht geringer. Zur dichterischen Gestaltung dessen, was ihn erfüllte, drängte es ihn um so mehr, als ihm verwehrt war, seine künstlerischen und pädagogischen Ideen in Lehrbüchern und im Amt zu verwirklichen. So vergrub er sich in geschichtliche Studien und zugleich in das Buch von dem alternden Mann, der als junger Mensch seine schöpferischen Fähigkeiten hatte unterdrücken müssen, ein bedeutender Staatsmann wurde und nun im Lebensherbst offenbarte, *welch ein Sommer hätte sein können, wenn einer gewesen wäre.*

Glücklich in dieser Arbeit, widmete Stifter sich mit doppeltem Eifer seinen anderen Pflichten, seinen Liebhabereien und Freunden.

Reitzenbeck feierte ihn in Versen und Prosa, die in der Prager «Libussa» erschienen und zur Folge hatten, daß sich zwei Schwestern aus Klagenfurt, Luise und Josefine Stifter, meldeten in der Annahme, mit dem Dichter verwandt zu sein. Auf ihren Brief hin schloß er sie gleich in sein Herz, und die Bande knüpften sich bald enger.

Auch der Malerei wandte er sich wieder zu, jetzt freilich mit Anschauungen und Tendenzen, die von denen seiner früheren Kunstübung im selben Maße abwichen, wie sie mit seinem dichterischen Spätstil verwandt waren. Er arbeitete lange an einer Reihe großer Landschaftsbilder, deren symbolischen Sinn die Namen andeuten, die er ihnen gab: *Die Vergangenheit, die Heiterkeit, die Sehnsucht, die Einsamkeit, die Schwermut* und ähnliche Seelenzustände wollen sie darstellen, aber nicht in allegorischer oder illustrierender Weise. Anders als seine früheren Werke verzichten sie auf malerische Reize und Effekte, als erstrebten sie jene reine, strenge Sachlichkeit, welche die Sprache seiner späteren Dichtungen auszeichnet. Aber was dem Sprachkünstler gelang, blieb dem Maler versagt. Überzeugt, der Künstler brauche *nur die Wirklichkeit so zu machen, wie sie ist,* und er werde wunderbare Werke hervorbringen, bemühte er sich um die getreueste Wiedergabe der gegenständlichen Einzelheiten; ein Prinzip, das der malerischen Gestaltung des Ideellen nicht half, ja sie unmöglich machte. Daß von den wenigen Fragmenten und Entwürfen, die von jenen Werken erhalten sind, dennoch eine bezwingende geistige Wirkung ausgeht, ist treffend nicht so sehr als ein malerisches wie als ein moralisches Phänomen gedeutet worden

Vom Beginn 1854 an führte er vierzehn Jahre lang ein *Tagebuch über Malereiarbeiten,* in welches er jede Stunde und jede Minute eintrug, die er an seine Landschaftsbilder wandte. In dieser übergenauen Buchführung äußerte sich eine Pedanterie, die von den Psychologen in Zusammenhang mit seinen nervösen Störungen, wie sie von Jahr zu Jahr bedenklicher auftraten, gebracht wird. Angstzustände, Reizbarkeit, grundloses Erschrecken und andere Symptome mögen von dem Übermaß der Arbeit, von beruflichen und privaten Konflikten, von seiner ungesunden sitzenden Lebensweise, üppigem Essen und Trinken und anderen körperlichen Ursachen veranlaßt worden sein; die eigentliche Ursache ist – wie bei vielen psychopathischen Genies – im seelischen Bezirk zu suchen. Mit klinischer Exaktheit beschrieb Stifter in Briefen an Heckenast alle Erscheinungen des ihm unerklärlichen Leidens. Als er im Herbst 1855 mit Amalie und Juliane ein paar Wochen in den Lackenhäusern am südlichen Fuß des Dreisesselberges verbrachte, wo der Passauer F. X. Rosenberger ein Haus, «Jockel Hiesel» genannt, besaß, besserte sich sein Befinden, er besuchte auch das nahe Oberplan, aber da in Linz ein paar Fälle von Cholera auftraten, zog er sich ängstlich nochmals in die Idylle des Bayrischen Waldes zurück, nun ohne seine Frau, der die Einsamkeit auf die Nerven ging.

Einigermaßen wiederhergestellt, schrieb er den Winter hindurch den ersten *Nachsommer*-Band ins reine. Das Buch, gestand der sonst so selbstkritische Dichter, gefiel ihm! Wenn er jetzt seine Werke mit der zeitgenössischen Literatur verglich, schienen sie ihm an Sittlichkeit, Ruhe und Einfachheit allen überlegen. Er beklagt den Götzendienst, der mit *Schiller, so groß er ist*, getrieben wird, findet, daß *Heine mit der Haltlosigkeit seines Gewissens und dem Prunk seines Talentes unendlich geschadet* habe, und kritisiert scharf Freytags «Soll und Haben» – *im Grunde Leihbibliotheksfutter*. Aber je sicherer er des eigenen Wertes wurde, um so weniger galt er der deutschen Mitwelt. Dafür wurde er langsam im Ausland bekannt. *Das Heidedorf* erschien in ungarischer, *Der Hagestolz* in französischer Sprache, die *Bunten Steine* auf holländisch, und eine Reihe seiner Erzählungen erschien auf englisch, ohne daß er dies erfuhr.

Dem Zeitgeist Konzessionen zu machen, lehnte er ab. «Nicht der höchste materielle Vorteil hätte ihn vermocht, dem Modegeschmack des Publikums zu huldigen und etwas zu erzeugen und in die Welt zu schicken, was seinen klaren Ansichten von der Würde der Kunst nicht entsprach...» So berichtete Heckenast, der im Sommer des nächsten Jahres mit seinem Autor die ihm bislang nur aus den Erzählungen bekannte Gegend des böhmisch-bayrischen Waldes besuchte. Die geliebte Landschaft und die Nähe des verständnisvollen Freundes beglückten den Dichter und förderten sein Werk; allein die

Ideale Landschaft. Gemälde von Stifter

Monath Tag	Stunden		Gegenstand	Stunden	Minuten
16	7.14	11.36	in der Erwägung gemalt (nasse Bein)	4	22
18	8.36	12.30	in der Erwägung gemalt (nasse Bein)	3	59
19	8.6	10.23	in der Erwägung gemalt (nasse Bein)	2	23
23	8.16	11.30	in der Erwägung gemalt (nasse Bein)	3	14
26	8.33	12.2	in der Erwägung gemalt (nasse Bein)	3	29
28	9.11	11.55	in der Erwägung gemalt (nasse Bein)	2	44
29	8.6	12.53	in der Erwägung gemalt (nasse Bein)	4	47
Mai					
20	9	1.21	in der Erwägung gemalt (nasse Bein)	4	21
21	8.15	9	in der Erwägung gemalt (nasse Bein)	—	45
August					
19	8	12	in der Schwarnnuss gemalt (Halben)	4	—
26	8	12	in der Schwarnnuss gemalt (Halben)	4	—
September					
8	9	11	in der Schwarnnuss gemalt (Halben)	3	—
9	7	9	in der Schnhsucht gemalt (Halben)	2	—
October					
5	8.19	10.6	in der Erwägung gemalt (Halben) . . .	1	47
12	8.30	10	an der Feinnheit gezeichnet (Rein Zeichnung Organen) . .	1	30
"	12.14	12.30	in der Farbe hell gezeichnet	—	16
13	3.17	4.10	an der Feinnheit gezeichnet	—	53
14	8.15	10	an der Feinnheit gezeichnet	1	45
16	8.34	9.34	an der Feinnheit gezeichnet	1	—
"	12.30	1	an der Feinnheit gezeichnet	—	30
"	3.45	4.45	an der Feinnheit gezeichnet . . .	1	—
Summe			An der Erwägung gemalt	31	46
			An der Farbe hell gemalt	2	—
			An der Schwarnnuss gemalt	11	—
			An der Feinnheit gezeichnet	6	54

Freude war kurz. Der Minister für Kultus und Unterricht entzog ihm die Inspektion der Realschule, die Stifter so viel zu verdanken hatte. Er fühlte sich verletzt und bloßgestellt, ja er spielte mit dem Gedanken, den Dienst zu quittieren. Aber zu dem Entschluß, mit dem verhaßten Amt kurzweg Schluß zu machen, konnte er sich so wenig durchringen, wie er als Student nicht imstande gewesen war, es seinem *Julius* gleichzutun. Seit jeher fehlte ihm die Kraft zu radikalen Entscheidungen, auch war in den Jahren seines Beamtendaseins das Bedürfnis nach einem gewissen Wohlstand anscheinend so groß geworden, daß er den Sprung ins Ungewisse nicht mehr wagte.

Es kam viel zusammen in dieser Zeit. Das Söhnchen seines Bruders in Linz, ein Kind, an dem der Dichter sehr hing, starb, es starb Luise, eine der Klagenfurter Schwestern, die er gern an Kindesstatt angenommen hätte, und seine alte, fast blinde Mutter wurde von einem Schlaganfall gerührt. Da überwand er sich, der Freundin Luise von Eichendorff zu bekennen: *Ich könnte nun bald im Ernste sagen, was Sie mir andichteten, und wovon Sie sagten, ich verschweige es Ihnen: «Louise, ich bin unglücklich...»*

Um Linz und seiner *trockenen Abgeschiedenheit*, dem *Böotien, Hottentottien* und wie er sich sonst noch ausdrückte, zu entfliehen, unternahm er, begleitet von Frau und Ziehtochter, im Sommer 1857 eine Reise. Sie führte ihn zuerst nach Kärnten zu den Stifters in Klagenfurt und weiter nach Triest. Das Treiben der Hafenstadt und ein Blick ins italienische Volksleben, den ihm ein Abstecher nach Udine gewährte, regten ihn mächtig an; das große, erschütternde Erlebnis aber war das Meer. *Ich wußte nicht, wie mir geschah. Ich hatte eine so tiefe Empfindung, wie ich sie nie in meinem Leben gegenüber von Naturdingen gehabt hatte. Jetzt, da ich es gesehen, glaube ich, ich könnte gar nicht mehr leben, wenn ich es nicht gesehen hätte.* Daß er so alt werden mußte, um dieses Erlebnis zu haben, bewegte ihn zu Tränen. Nun glaubte er mit Sicherheit zu wissen, daß er Venedig, Florenz, Rom und Neapel sehen und ein Jahr in Rom leben werde. *Goethe ist erst durch Italien ein großer Dichter geworden, wäre ich vor zwanzig bis fünfundzwanzig Jahren zum ersten Male, dann öfter nach Italien gekommen, so wäre auch aus mir etwas geworden. Das Herz möchte einem brechen bei Betrachtung gewisser Unmöglichkeiten... Selbst den Nachsommer, so deutsch er ist, hätte ich anders gemacht, wenn ich ihn nach dieser Reise geschrieben hätte.* Nach Linz nahmen sie Josefine Stifter aus Klagenfurt als zweite Ziehtochter mit.

Die Erfrischung hielt nicht lange vor. Es war wieder die alte Quälerei, das Amt, der Ärger über gehässige Vorgesetzte und die ewigen Geldsorgen. In angestrengter Arbeit schloß er nun den *Nachsommer*, das Werk von vier Jahren, ab, um sich mit gleichem Eifer in die geplanten drei Geschichtsromane zu stürzen, von denen allerdings nur

Seite aus Stifters Tagebuch der Malereiarbeiten im Jahre 1862

Adalbert Stifter.
Scherenschnitt

der erste, *Witiko*, fertig werden sollte. Auch ein Nausikaa-Drama und zwei Bände vermischte Schriften plante er, eine Last, die der Alternde neben seiner beruflichen Tätigkeit in drei Jahren zu bewältigen hoffte, und die er auf sich nahm, *um dem aussaugenden Geflechte dieses widerwärtigen Amtes entrinnen zu können.*

Abwechslung boten ihm nur der kleine Kreis der ihm Nahestehenden und seine Kakteen. Zu den Freunden gehörten Baron Handel und dessen Frau, eine Französin, die von ihm erzählt: «Er kam zu mir manchmal, besonders als er am *Nachsommer* schrieb, um eine Episode, die ihm für seine Dichtung notwendig erschien, mündlich zu Leben zu bringen; denn so reich ihm Empfindung und Beschreibung floß, so mühsam war ihm die Erfindung einer Handlung. Ich glaube, zu Beginn des Gespräches war ihm meine Lebhaftigkeit manchmal anregend und darum suchte er mich auf. Aber lange dauerte der Frieden nie; meine leichten, seichten Gedanken fuhren mit Eilzugsgeschwindigkeit davon, und Stifter saß am Wege und grub Blumen, die zum Strauße werden sollten, samt der Wurzel aus. Gewiß habe ich ihn oft ungeduldig gemacht, er mich auch!»

Und die Baronin erinnert sich einer bezeichnenden Episode:

«Stille Nacht im stillen Linz, jedermann in Schlaf versunken. Zwei Uhr mag's gewesen sein. Da wird an unserer Tür Sturm geläutet.

Mein Mann öffnet das Fenster. Stifters Stimme tönt herauf: ‹Sag deiner Frau, daß der größte Kaktus (nach seinem botanischen Namen habe ich nie gefragt) aufblüht! Kommt!› – Ich war schneller fertig als mein Mann, Stifter wartete auf mich, und wir rannten durch die dunklen Gassen. Seit Tagen hatte die geschlossene Knospe des Kaktus uns beschäftigt wie ein Geheimnis. Nun stand die Pflanze auf dem Tische, von Lichtern umringt, wie auf einem Altare. Gottlob, auf uns zwei hatte sie gewartet! Mein Mann kam ein bißchen zu spät, denn nun spalteten sich die Blätter, erst ein ganz klein wenig, dann von Minute zu Minute mehr, dann quollen rotgoldene Staubfäden aus dem Kelche, die Knospe war Blume geworden. Die Blume war wunderbar schön, und wir staunten sie an; aber der ersten Regung des Werdens, dem Sichöffnen der Knospenlippen, hatten wir atemlos gelauscht, als könnten wir sie hören, die Stimme der Natur.

Stifter hatte eine große Sammlung von Kaktussen. Manchmal dachte ich, seine Vorliebe für die kristallisierten Pflanzenformen in stachligem Gewande ergänze ihm etwas allzu Weiches in seiner Seele.»

DER NACHSOMMER

... Ich habe für dieses Werk eine gereifte Männlichkeit gespart, seine Ruhe soll Manneskraft sein, schrieb er an Luise von Eichendorff. Die männliche Kraft, die er dem *Nachsommer* zuspricht, ist indessen nicht die Vitalität des Lebenssommers – sie war ihm nicht beschieden –; es ist herbstliche Reife. Wissen um Vergänglichkeit und Ahnung des Abschieds erfüllen diesen Nachsommer, aber die abendliche Schwermut ist ohne Bitternis, und das Abendrot der Entsagung verheißt ein Morgenrot jungen Glücks.

Allerlei gelehrte Untersuchungen haben Sinn, Lehre und Form dieses Buches analysiert und kritisiert, und geistvolle und andere Deutungen haben die Quintessenz des Kunstwerks zu destillieren versucht. Man hat es als Bildungs- und Erziehungsroman abgestempelt, hat es mehr als das, hat es «das Buch» von der reinen Verwirklichung des Menschenbildes in der Kunst» genannt. Von der Kunst ist darin freilich viel die Rede, ihre Probleme und ihre Ausübung werden weitschweifig erörtert, doch wird ihre Funktion mehrfach genau bestimmt: nicht ein Ziel ist sie, sondern Schmuck des Lebens, ancilla humanitatis im Dienst der Erziehung zu vollem Menschentum. Auch als das Hohelied der Familie ist der Roman gedeutet worden, und in der Tat hat der Dichter sich über den Wert dieser Grundlage der bürgerlichen Gesellschaft oft und einläßlich genug verbreitet; aber haben sich nicht der alte wie der junge Held aus dem patriarchalischen Familienverband losgelöst, um des Zusammenhangs mit der Welt und ihrer Aufgaben jenseits des häuslichen Bezirks bewußt zu werden? Einmal hat der Dichter selbst sein Werk

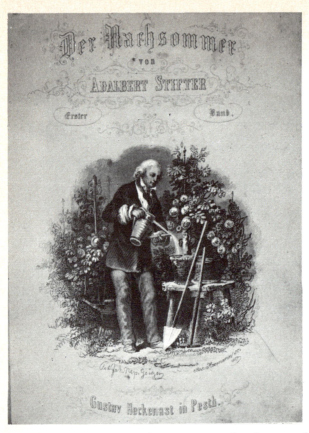

eine glühende Liebesgeschichte genannt, und in der tragischen Beziehung der jungen Mathilde zu dem jungen Risach ist zweifellos *die reinste und heißeste Liebe in Glutfarben* geschildert, ja noch durch die Freundschaft ihrer alternden Herzen schimmert der Schmelz einer zarten Erotik. Und doch ist es nicht glutvolle Leidenschaft, die den Roman kennzeichnet, es ist eine andere Liebe: *unbedingte Werthaltung mit unbedingter Hinneigung* – Wesensliebe hat man sie genannt.

Ein anderes Mal hat er das Buch als sozialen Roman definiert: er habe es *der Schlechtigkeit willen gemacht, die im allgemeinen mit einigen Ausnahmen in den Staatsverhältnissen der Welt ... herrscht* Bedeutungsvoll stehen am Beginn die aus dem *Hagestolz* bekannten Worte, daß der Mensch nicht zuerst der menschlichen Gesellschaft wegen da ist, sondern seiner selbst willen; und daß jeder, wenn er seiner selbst willen auf die beste Art da ist, es auch für die menschliche Gesellschaft ist. Die Koinzidenz dieses scheinbaren Gegensatzes verdeutlicht seine Aussage, das Buch bekunde oft und klar als Ziel des irdischen Daseins «die Erfüllung aller Kräfte des Menschen zu stimmender Tätigkeit als Selbstbeglückung und Beglückung anderer». Soziale Fragen werden zwar nur am Rande, allgemein und abstrakt besprochen, aber keineswegs übersehen. Im Brennpunkt steht sicherlich die Vervollkommnung des Individuums; doch indem dem einzelnen die (von Risach-Stifter erfüllte) Aufgabe gestellt ist, liebend und bildend, also sozial auf seinen nahen und weiteren Umkreis einzuwirken, ist das klassische Persönlichkeitsideal überwunden.

Keine einzige der angeführten Kategorien allein ergibt einen Nenner, auf den sich das Buch bringen ließe. Wissenschaft, Natur, Kunst, Pädagogik, Philosophie, Staat und Individuum, Adel und Bürgertum, Stadt und Land und andere Themen werden didaktisch abgehandelt, und im Schicksal der Gestalten haben Schuld und Unschuld, Irrtum und Leiden, Entsagung und Erfüllung ihren Ort. Daß soziale Konflikte, Krankheit, Verbrechen, Dummheit und Bosheit und die destruktiven Gefahren und Mächte ausgespart sind, liegt in der Grundidee des Buches, das, wie der Dichter gelegentlich erklärte, in der Hauptsache nur handeln sollte von *dem einfachen ruhigen Glükke, das sich über einige alternde Menschen für ihre noch übrigen Lebensjahre ausbreite, und an dem einige junge Menschen zu künftigem Erdenglücke im Geiste und Herzen erstarken.* So weit es auch ausholt und sich des langen und breiten zu ergehen liebt, ist es doch ein verschwiegenes, ja ein hermetisches Buch; sein Grundton klingt, alles Um und Aus unerachtet, vernehmlich aus seinem Titel: es ist der Roman Risachs und Mathildes, der Tage der Rosen, der ungestüm blühenden und der sanft verblühenden Rosen.

Über die Dichtung selbst, ihre Größe und ihre Schwächen, sagt all das so wenig aus, wie es die zeitgenössische Kritik getan hat. Die tonangebenden Rezensenten tadelten nicht das, was zu bemängeln gewesen wäre; sie konnten oder wollten nicht verstehen, um was es dem Autor ging. Friedrich Hebbel sah sich bemüßigt, in zwei kritischen Aufsätzen das «überschätzte Diminutivtalent» ästhetisch und literaturgeschichtlich zu durchleuchten; was dabei ans Licht kam, war ein vordergründiges, schiefes Bild, gesehen durch die trübe Brille des Widersachers. Auch die weniger aggressiven Urteile fanden keinen Zugang ins Innere des Werks. Stifter behauptete, davon nicht berührt zu werden. Er betonte stets seine Verachtung der Tageskritik und stellte ihr die Anerkennung entgegen, die ihm von befreundeten Geistern zukam, aber die laute oder stille Ablehnung mußte sein empfindliches Gemüt und seinen berechtigten Stolz, mochte er es auch weder sich noch anderen eingestehen, doch verletzen.

Schwerer traf ihn der Verlust der alten Mutter, wiewohl er auf ihren Tod längst vorbereitet sein mußte. Monatelang fühlte er sich wie verödet. In seinen Briefen verklärte er dichterisch ihr Bild und seinen Schmerz. Die Arbeit stockte, das verhaßte Amt bedrückte ihn, auch gesundheitlich hatte er zu leiden. Erst war es die Grippe, dann befiel ihn die ägyptische Augenkrankheit, er konnte nicht lesen und nicht schreiben. Josefine, die Hausgefährtin und zweite Ziehtochter, erkrankte an Tuberkulose und mußte nach Klagenfurt heimgebracht werden, wo sie langsam dahinstarb. Und eines Tages im nächsten Frühling war plötzlich Juliane, die andere Pflegetochter, verschwunden. «Ich gehe zu der Mutter in den großen Dienst», stand auf einem Zettel. Nach fünf Wochen ergebnisloser Recherchen kam die behördliche Mitteilung, daß die Leiche des Mädchens bei Mauthausen von der Donau ans Ufer gespült worden war. Stifter war aufs tiefste erschüttert, fassungslos. Er beschuldigte sich, als Erzieher versagt zu haben; und die in der Stadt umgehenden Gerüchte, daß seine Frau – alles, nur keine Pflegemutter – das lustige blonde Mädchen schlecht behandelt habe, konnten ihm schwerlich entgangen sein. Er versuchte sich damit zu beruhigen, daß die Ursache der furchtbaren Tat ein *körperlicher Antrieb infolge plötzlichen und heftig gestörten Geschlechtslebens gewesen sein mag*, aber das Grauen vor diesem Ende verließ ihn nicht. Stets schon hatte ihn das Selbstmordthema beunruhigt, in die *Feldblumen* und in *Die Mappe* spielte es hinein, jetzt schrieb er: *Ein selbstgewählter Tod hat immer etwas Schauerliches, das sich nicht verwischt und das desto schattenhafter gegen uns tritt, je näher und teurer uns der Unglückliche war.*

Das Ehepaar zog sich nun noch mehr zurück, sie in ihre Häuslichkeit, er in seine Arbeit und in seine Einsamkeit. Von der Welt kehrte er sich ab. Als *das Scheusal Krieg* sich wieder erhob und Österreich, von Deutschland in Stich gelassen, die Lombardei verlor, verzweifelte er an Europa. Er versenkte sich in die Arbeit an *Witiko*, malte an seinen Landschaften, pflegte die Kakteen und hängte sein Herz an das Hündchen Putzi, dessen uneigennützige Treue er den Menschen mit ihrer Falschheit und Selbstsucht vorzog. Aber der Wunsch nach Familienangehörigen ließ sich nicht unterdrücken. Amalie entsann sich einer anderen Nichte; nach umständlichen Nachforschungen fand man sie in Ungarn und nahm sie nach Linz. Katharina Mohaupt war so häßlich, wie ihre Schwester hübsch gewesen war, dafür eignete sie sich besser als diese für die Hausarbeit. Sie blieb als Dienstmädchen bei dem freudlosen Ehepaar.

So gingen ein paar Jahre hin, ausgefüllt mit den Arbeiten für das Amt und am *Witiko*, mit den Geschäften für den Oberösterreichischen Kunstverein und sonstige Ehrenstellen, mit den Liebhabereien, Träumereien von einem idyllischen Nachsommer, und mit Geld- und anderen Nöten. Selten genug konnte er sich einen Urlaub in Wien gönnen, wo er den Umgang mit den Freunden von ehemals und ausgezeichneten Männern wie Grillparzer, dem alten Gönner und jetzigen Minister von Baumgartner und dem Dichter Baron Zedlitz genoß. In der Regel kam Amalie mit ihm, reiste er einmal ohne sie, war ihm jedes Vergnügen vergällt. Sie fragte ihn dann brieflich, wie es Frau von Collin gehe – «Was macht die Kohlen?» – und ob

Putzi.
Gemälde von Stifter,
um 1860

er sich habe fotografieren lassen – «wie stet es mit der Votografüh?»
Einmal besuchte er samt seiner Frau und ihrer Putzi München und
schwelgte in Kunstgenüssen. Oft plagten ihn Katarrhe und andere
Leiden, auch Amaliens Gesundheit ließ zu wünschen übrig, sie bildete sich ein, todkrank zu sein, und nur die ärztliche Versicherung, daß
ihre Zustände großenteils «nervöser, hysterischer Natur» seien, be-
ruhigte den überängstlichen Gatten. Es war ein Dasein in Kummer,
Pflichterfüllung und Verdruß, und das große Als-Ob sollte darüber
hinweghelfen. So schrieb er, als ob er sich damit abgefunden hätte, in
scheinbarer Resignation: *Der Fluß geht ruhig, aber von keinen rei-*
zenden Lichtern geschmückt, in seinen Ufern fort. Die Kunst sendet
ihr heiteres Lächeln zu uns. Das sei genug.

Die Kunst – das war das Dichten an dem Zyklus der historischen
Romane, die nie endigende Malerei an den symbolischen Landschaften, ab und zu ein Theaterabend, besonders wenn die mit ihm be-
freundete Julie Rettich-Gley vom Wiener Burgtheater ein Gastspiel
gab, und die Vertiefung in Bilder befreundeter Künstler, die er hoch
überschätzte und in manchem selbst übertraf.
  Er war stolz, den «Abdias» von P. J. N. Geiger, Landschaften von
Heinrich Bürkel und Piepenhagen und ein Mädchenbildnis von Löff-
ler zu besitzen, das nach dem überirdischen Blaustrumpf der *Feldblu-*

Brief Stifters vom 16. November 1861 an seinen Bruder Anton, in dem er ihm mitteilt, wie er ihm eine Geldschuld abzuzahlen gedenkt

men benannt wurde, ohne daß das Kindergesichtchen irgendwie an jene Angela erinnerte.

Nicht nur mit Bildern schmückte er seine Wohnung – *meine Wohnung ist mein Königreich, der Welthändel entschlage ich mich* –, er füllte sie mit schönem altem Kunstgewerbe und kostbaren alten Möbeln, deren schönstes Stück der prachtvolle barocke Schreibsekretär war, den er im *Nachsommer* so liebevoll beschrieben hatte. Wie er seine Räume gern mehr als standesgemäß ausstattete, pflegte er überhaupt eine Lebenshaltung, deren Kosten durch die wachsenden Vorschüsse Heckenasts und durch Darlehen bestritten werden mußten. Auch die sonst so haushälterische Amalie wirtschaftete in ihrem Bereich aus dem vollen. Ihre einfache Herkunft und geistige Beschränktheit mochten ein Gefühl der Minderwertigkeit in ihr hervorgerufen haben, das sie durch einen mit den Linzer Honorationen wetteifernden Aufwand kompensieren wollte. Hinzu kam beider Schwäche für opulente Mahlzeiten. Frau Stifter meinte für ihren Mann am besten zu sorgen, indem sie ihn überreichlich ernährte, und ihm, dem Mann des Maßes, lag es fern, sich im Essen, Trinken und Rauchen einen Zwang anzutun, wiewohl er schon Jahre vorher davon überzeugt war, daß es leibliche Beschwerden waren, die zu seinen bedenklichen nervösen Störungen beitrugen.

Es liegt in der Natur dieser Störungen, daß Phasen von Verzagtheit und Zuversicht einander ablösen. Dank solchem Wechsel war Stifter imstande, am *Witiko* zeitweise *mit einer Berserkerwut* zu schaffen, zwischendurch auch an der Umformung seines Lieblings- und Schmerzenskindes, der *Mappe*, zu arbeiten, und überdies an neue Erzählungen heranzugehen. So entstand in einer Periode unbeschwerter Ausgeglichenheit die Icherzählung *Nachkommenschaften*; sie schildert den Prozeß, der von Krankheit zu Gesundung (beides freilich nicht im landläufigen Sinn verstanden) führt an dem Beispiel des Malers, der von der Illusion besessen ist, er könne die wirkliche Wirklichkeit, die Wesenheit der Dinge auf die Leinwand bannen, und der dieses Vorhaben folgerichtig am einfachsten und schwierigsten Motiv verwirklichen will: an einem reizlosen, ja fast gegenstandslosen Sujet, einem Sumpf. Ein «Narr» im Sinne des humorigen jungen Stifter, will der junge Roderer, vermessen aus Unreife, die Natur des Schleiers berauben und setzt sein ganzes Glück aufs Spiel, bis das Erwachen zur Liebe ihn eines Bessern belehrt; nämlich die Vergeblichkeit seines Wollens zu erfahren, der Lockung des Unergründlichen zu widerstehen, sich abzuwenden von den Bezirken des Gestaltlosen, in denen er sich zu verlieren droht, und im tätigen Leben unter den Menschen zu gesunden.

Dem Verirrten ist der ältere Roderer art- und geistesverwandt. Er hat in der Jugend davon geträumt, in Heldenliedern *die wirkliche Wahrheit* zu dichten, aber seine Erfüllung später in praktischem Handeln gefunden. Auch ihn verlockt das Moor, freilich zu anderer Bewältigung. «Ein Sumpf zieht am Gebirge hin, verpestet alles schon Errungene; den faulen Pfuhl noch abzuziehn», ist sein Ziel wie das des alten Faust. Er weist dem jungen Freund den Weg, aber was den in sich selbst Versponnenen tatsächlich befreit, ist der Weg, auf dem er Susanna begegnet, der Weg der Liebe. Die vollkommene äußere wie innere Schönheit des Mädchens verwandelt den weltflüchtigen Kunstbesessenen in den Liebenden, und der Liebende und Geliebte ist gerettet.

Das Außerordentliche an dieser hier nur flüchtig angedeuteten, sehr ernsten Handlung ist die humoristische Haltung, in der sie erzählt ist. Während dem Stifterschen Humor, wo er in den früheren

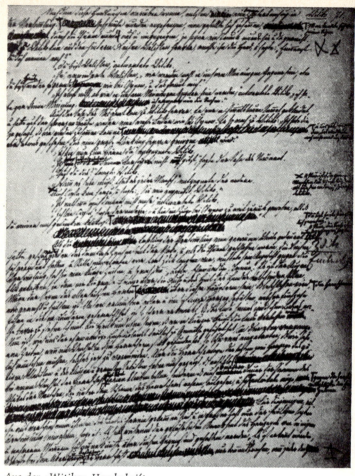

Aus der «Witiko»-Handschrift

Schriften anklingt, oft etwas Erzwungenes anhaftet, scheint er hier
die überlegene Freiheit des Geistes, die zum Humor so gehört wie das
Bewußtsein vom paradoxen Wesen des Menschen, zu offenbaren
und damit anzuzeigen, daß sich des Dichters Lebensgefühl trotz –
vielleicht auch wegen – der intermittierenden Krankheit über das
Leiden am Unzulänglichen erhoben hat. So scheint es wohl; aber
letztlich ist die Not des Malers Roderer die des Malers Stifter. Was
dieser erreichen wollte, hat er an jenem ad absurdum geführt. Schei-
tern mußten beide. Dem auf die Ästhetik von Kremsmünster einge-

124

schworenen Stifter konnte nicht gelingen, wessen sich erst das nächste Jahrhundert unterfing: der Durchbruch zu einer nicht figurativen, irrtümlich abstrakt genannten Malerei. In Stifters Ära wäre der Versuch, die traditionelle Gegenständlichkeit zu überwinden, ein Wagnis gewesen, das zu Sterilität, zu nichts geführt hätte wie im Fall des jungen Roderer, oder der Künstler hätte dafür den Preis der Verkanntheit bezahlt wie Hans von Marées. In den *Nachkommenschaften* befreit der Ich-Erzähler sich aus dieser Gefahr und dem zeitbedingten Dilemma, da an die Stelle des nie zu Erfüllenden und der Leere die Erfüllung und Fülle der Liebe tritt.

Dem Dichter selbst war diese befriedigende Lösung nicht gegönnt. Ihm blieb die Fülle der Liebe versagt wie die Verwirklichung seines Ideals der Malerei. Diese Not liegt insgeheim der Heiterkeit der Erzählung zugrunde, so überlegen sie sich am Beginn und so scherzhaft sie sich an ihrem Schluß gebärdet. Die leise, schmerzliche Ironie, mit der sie durchsetzt ist, stammt aus dem Bewußtsein der Kluft zwischen Kunst und Leben. Das gestaltende Spiel der schöpferischen

«Witiko». Titelzeichnung von P. J. N. Geiger

1863

Phantasie kann die Kluft zwar überbrücken – und das gibt dem Dichter die Kraft, das Irdische zu bestehen –, aber die Tragik, auch wenn sie sich humoristisch verkleidet, ist da und dauert.

KRANKHEIT

Gegen Ende des Jahres 1863 traten erneut Zustände der Angst und Niedergeschlagenheit auf, wie sie ihn schon seit zehn Jahren beunruhigt hatten; und dann brach die Krankheit aus. Der Arzt nannte es schleichenden Typhus, Stifter selbst glaubte es besser zu wissen. Hatte er früher seine Beschwerden auf körperliche Ursachen zurückgeführt, erklärte er jetzt: *Ein Nervenübel ist es!* Die somatischen Affektionen schienen ihm bloß Folge und Ausdruck seelischen Ungemachs, der Enttäuschung an dem Amt, an den Menschen, an der Zeit zu sein. Beide Diagnosen wollten nur Teilursachen gelten lassen.

Mit der gleichen nicht geheuren Genauigkeit, mit der er seit Jahren sein Tagebuch über die Malarbeiten führte, notierte er in dem Tagebuch *Mein Befinden* alle physischen und psychischen Symptome. Seine hypochondrische Selbstbeobachtung und allerlei andere Anzeichen betrachten vorurteilslose Forscher übereinstimmend als psychopathische Besonderheit, wie man sie an vielen genialen Menschen konstatierte. Ob es sich bei Stifter um eine neurotische oder psychotische Störung gehandelt hat, bleibe hier offen; es genügt, auf die unlösbare Verflochtenheit leiblicher und seelischer Leiden hinzuweisen. Weder Ursache noch Wirkung läßt sich an faßbaren Einzelzügen dieses Lebens feststellen. In ihm selbst ist der Grund des Leidens zu suchen. Was ihm zum Schicksal wurde, waren die unlösbaren Konflikte, die er vor der Welt und wohl auch vor sich selbst verbarg. Der Widerstreit zwischen den Forderungen der dichterischen Berufung und denen des Berufs, der ihn anfangs gefesselt hatte, um bald zur Fessel zu werden, lag zwar zutage; auch die Unstimmigkeit zwischen der Aufgabe des väterlichen Erziehers und dem traurigen Ende der angenommenen Tochter, das seiner pädagogischen Praxis spottete, war offensichtlich; was aber nie zur Sprache kommen durfte, war die Unvereinbarkeit seiner Ideale von Reinheit und Unschuld mit einer Realität, in der keines Menschen Seele frei von Schuld und Fehle bewahrt bleibt. Und zuinnerst verschlossen und versiegelt blieb das Leiden an einer in der Existenz selbst begründeten Einsamkeit, die unheilbar war und aller Bemühungen spottete, der selbstlosen Liebe eines anderen teilhaftig zu werden. So wesentliche Seinsprobleme durfte nur die Kunst stellen und darstellen.

Ihr gehörten die Pausen, in denen er sich besser fühlte. Sie hielten natürlich nicht an. Jeder Diätfehler, jede Unannehmlichkeit verursachte einen Rückfall. Häusliche Zwiste regten ihn maßlos auf, er litt an Ängsten und Schwermut, schluchzte und weinte. Sein Zustand verschlimmerte sich so, daß er um einen sechsmonatigen Kranken-

*Das Rosenberger-Gut in den Lackenhäusern am Dreisesselberg
im Bayrischen Wald. Gemälde von F. X. Rosenberger jr.*

urlaub ansuchte; er ging nach den Lackenhäusern, und die geliebte
Landschaft, kleine Spaziergänge und mäßiges Essen – er nannte es
fasten – verhalfen zu neuer Lebens- und Schaffenslust. Der erste
Band des *Witiko* wurde fertig. P. J. N. Geiger lieferte die Titelzeichnung des jungen Ritters, und sie beglückte den Dichter, der sie für
eines der größten Kunstwerke hielt, so ungemein, daß er Geiger das
brüderliche Du anbot; ein Herzenstribut, den er auch seinem «liebsten und besten Freund» Heckenast abstattete.

Zurück in Linz ging es ihm wieder schlechter, er mußte den Urlaub über den Winter und dann nochmals bis zum nächsten Frühling verlängern lassen. «Der Mann, der sonst in strammer Haltung
kräftigen Schrittes einhergegangen war, wandelte jetzt gebeugt und
gebrochen durch die Gassen, auch für den, der nie seinen Namen gehört hatte, ein Gegenstand des Mitleids. War er allein, so grübelte er
nach Sitz und Ursache der Krankheit, zergliederte sie und vertiefte
sich in ihre kleinsten Einzelheiten; kam ein Freund, so war die
Krankheit sein erstes und letztes Wort, und man machte nur ungern
den Versuch, ihn von dem traurigen Gegenstande abzubringen, weil
er doch erleichtert schien, wenn er davon sprechen konnte.»

So berichtete sein Freund Aprent. Der Kranke konsultierte mehrere Ärzte, ließ sich bei einem kurzen Aufenthalt in Wien auch dort
untersuchen und fühlte sich gleich wohler, als das Übel für ungefährlich erklärt wurde. Man empfahl ihm eine Kur in Karlsbad. Nun
hieß es, das Geld für die Badereise aufzubringen. Sein Freund und

Vorgesetzter in der Statthalterei, Freiherr von Kriegs-Au, erwirkte einen Kostenbeitrag des Staatsministeriums von 300 Gulden, Hekkenast und der Stiefbruder Jakob Mayer, mit dem er sich ausgesöhnt hatte, gaben jeder ebensoviel, und die Schillerstiftung in Weimar spendete 300 Taler. Also reiste er mit Frau und Nichte samt Putzi im Mai 1865 nach Karlsbad. Die Kur kräftigte ihn, wenn er auch stets über Hunger zu klagen hatte. Der erste Band des *Witiko* erschien, der zweite war noch nicht abgeschlossen; Heckenast wurde ungeduldig und hielt seinem Autor vor, daß dessen Konto bereits mit fast 19 000 Gulden für Vorschüsse und Verluste aus Aktienspekulationen überzogen war. Stifter antwortete gekränkt und ausweichend. Von Karlsbad fuhr er nach Prag, um die Stadt zu sehen, die in seinem Roman eine so bedeutende Rolle spielte. Er fand neues Material für das Werk, dann ging es weiter nach Nürnberg, und in den Lakkenhäusern endete die Reise. Aus Linz wurde die Köchin geholt, man richtete sich häuslich in einer größeren Wohnung ein, und Stifter ging an die Arbeit.

In dieser Zeit und Umgebung dürfte *Der Waldbrunnen* entstanden sein, eine Erzählung, die in ihrer Unscheinbarkeit alle Wünsche, Fragen, Grundsätze und Schmerzen Stifters zur Darstellung bringt. Die Verwandtschaft mit *Katzensilber* ist nur scheinbar. Dort blieb die Spannung zwischen Natur und Kultur ungelöst; das wilde Mädchen ohne Namen verschwand spurlos, wie die wilde Nichte Juliane Jahre später tragisch dahinging. Hier erscheint sie wieder, nun Juliane geheißen, und wird dank der erzieherischen Weisheit des alten

Kirchschlag bei Linz

Adalbert Stifter. Kolorierte Fotografie

Heilkun für ein Leben in der Gemeinschaft gewonnen. Alle Prinzipien Stifterscher Pädagogik sind hier anschaulich gemacht, und alle Problematik dieses Lebens bricht auf: Enttäuschung im Beruf und in der Ehe, und am ergreifendsten die Sehnsucht nach einer Liebe, die rein und uneigennützig ist und nun von einem fremden Naturkind gestillt wird. Alle Kümmernis, die den alternden Dichter bedrückt – die quälende Erinnerung an die tote Juliane, Kränkungen durch die ihm Nächste, und sein geheimstes Leid –, aber auch was ihn beglückt, ist hier versammelt: der Wald und das Land und die Quellen um ihn herum, das Wunder weiblicher Schönheit, von einer vergeistigten Alterserotik erträumt, und die stellvertretende Erfüllung durch die schaffende Phantasie.

Erst Mitte Oktober ging er zurück nach Linz und fühlte sich gleich *völlig unglücklich.* Sofort mußte er wieder weg, in die reine Luft der Höhe. In Kirchschlag oberhalb von Linz mietete er sich im Badehaus ein, ließ sich verhätscheln wie ein Kind und empfand auch die Liebe seiner Frau, die zu Hause blieb, wohltätiger als daheim. Beim Statthalter beantragte er eine weitere Urlaubsverlängerung, und dieser veranlaßte eine Eingabe an den Kaiser, in der es hieß, «daß es eine Ehrensache der österreichischen Regierung sei, einen Mann, der einen so hohen Rang unter den Dichtern und Schriftstellern Österreichs einnimmt, in seiner Krankheit nicht der Sorge um seinen Unterhalt und der Entbehrung preiszugeben... Die Versetzung Stifters in den Ruhestand ist unvermeidlich... Aus ganz verläßlicher Quelle ist mir bekannt, daß für die Wiedergenesung desselben wenig Hoffnung vorhanden sei, zumal bei der Natur seines Leidens auch sein Gemüt aufs tiefste bedrückt ist.» Die verläßliche Quelle war Kriegs-Au, der kurz vorher als Leiter der Abteilung für Kultus und Unterricht ins Staatsministerium berufen worden war und den Antrag für den Minister verfaßt hatte. In einer vertraulichen Pro domo-Bemerkung notierte er: «Stifter hat Tag und Nacht keine Ruhe. Ihn peinigt der Gedanke, daß er, normalmäßig behandelt, nicht mehr zu leben habe. Seine Krankheit aber ist unheilbar.»

Dem Antrag wurde stattgegeben. Kaiser Franz Joseph genehmigte die Versetzung in den bleibenden Ruhestand mit Belassung des vollen Jahresgehalts von 1890 Gulden und verlieh Stifter den Hofratstitel.

Nun ist Ruhe in meinem Herzen, und die Gesundheit ist die sichere Folge, schrieb der Dichter an seine Frau, und an Heckenast: *M e i n N a c h s o m m e r   h a t   b e g o n n e n.* Den ganzen Winter über blieb er auf dem Berg, malte, dichtete und schrieb an seine Mali die liebevollsten Briefe, die, soweit sie nicht von Braten, Geflügel und anderen Wünschen handelten, ebenfalls seinem dichterischen Werk zugerechnet werden müssen. Der geistlosen, engherzigen Frau, von deren einstiger Hübschheit die Jahre nicht viel übriggelassen hatten, versicherte er in einer Sprache von peinlicher Banalität seine innigste Liebe, bat, ja flehte um Nachsicht nach einem häuslichen Zerwürf-

nis – *im Augenblicke kann ich nur nicht Mann sein, Du wirst es ver-
zeihen* – und schwärmte von seinem ehelichen Glück in Redensarten,
die alles verraten, nur nicht den bedeutenden Sprachkünstler.

In seinem Werk hat er die Problematik der Ehe so vielfach abgehandelt und so gründlich durchdacht, daß man kaum annehmen
kann, er habe sich über die eigene eheliche Beziehung getäuscht. Wie
er unter ihr zu leiden hatte, ist selbst aus seinen Liebesbeteuerun-
gen herauszuhören und wurde von anderen offen ausgesprochen.
Aber dreißig Jahre vorher hatte er feierlich erklärt: *Ich werde wieder
Liebe geben, auch wenn ich nicht Liebe glaube – nicht aus Schwäche
werde ich es tun, sondern aus Pflicht*, und dieser Pflicht wollte er genügen bis ans Ende. Von Liebe aus geistiger und seelischer Überein-
stimmung konnte bei zwei so wesensverschiedenen Naturen keine
Rede sein; doch die Verpflichtung bestand, und sie drückte sich in

einer Dankbarkeit aus, die nicht unbegründet war. Zwar verstanden sich die von ihm überschwenglich gepriesenen Tugenden seiner Frau, Häuslichkeit, Treue, Rechtschaffenheit und dergleichen, in einem bürgerlichen Eheleben von selbst; aber daß sie ausschließlich für ihn da war, stets, wiewohl oft zu seinem Nachteil für ihn sorgte, belastete ihn mit einer Schuld, die er, neben weit schwererer Verschuldung, abtragen zu müssen glaubte. Und was er ihr insgeheim als höchstes Verdienst anrechnen durfte, war die Kehrseite dieses leeren Nebeneinanders: sie störte die Kreise seines Dichtens nicht, seines Ersatzlebens, das er sein eigentliches Leben nannte. Indem sie war, was sie war, lehrte sie, die reizbare und unwissende Mali, ihn die Kunst der Selbstbezwingung und des Verschweigens und leistete damit, so paradox es klingt, ihren Beitrag zu seinem Wachstum.

Er hatte mit Heckenast eine Veröffentlichung seiner Briefe in mehreren Bänden verabredet, und es liegt nahe, daß er auch bei der Niederschrift jener überlauten Schwüre an zukünftige Leser dachte. Das allein jedoch hätte ihn, den Feind jeder Unwahrheit, nicht vermocht, der Welt ein falsches Bild seiner Ehe zu malen. Dieses Bildes bedurfte er, wie schon mehrfach bemerkt worden ist, um seiner selbst willen, nicht zuletzt als Bestätigung des «Sanften Gesetzes». So hüllte er das Allzu-Alltägliche ins Gewand des Ideals. Aber Verschleierung, im Kunstwerk ein Mittel zur Offenbarung der tieferen Wahrheit, mußte als Lebensform mißglücken.

In vielsagendem Gegensatz zu den pathetischen Ergüssen an Amalie sprechen zwei kleinere Novellen, «späte Früchte des holden Sinnestriebs», von Lieben und Heiraten in einem anderen Ton. Es ist die verhaltene Sprache der Witiko-Welt, in der Gesetz und Herkommen die Gefühls- und Redeweise bestimmen. Der Dichter transponiert sie kühn in seine Zeit und heitert ihre gewichtige Schwere mit milder Ironie und Kritik auf. Der Kuß von Sentze und Der fromme Spruch handeln in einer adeligen Sphäre von Reichtum, Treu und Glauben, in der zwei junge Menschen sich nach der geheiligten Tradition ihrer Geschlechter verbinden sollen, aber erst durch eine die Liebe dialektisch verhüllende Feindseligkeit hindurchgehen, um sich selbst und schließlich einander zu finden. So einfach die auf alle äußere Dramatik verzichtenden Begebenheiten sind, so kunstvoll sind die Erzählungen kontrapunktisch aufgebaut. Die Weitschweifigkeit, die konsequent durchgehaltene antithetische Parallelität und die chiastische Verschlingung des Liebesmotivs im Frommen Spruch sind Mittel der bewußten Stilisierung; zugleich aber auch will die steife, mittelalterliche Etikette, von der die Sprache, die Bewegungen, die ganze Lebensform dieser Menschen gliederpuppenhaft gelenkt werden, die Attitüden der adeligen Großgrundbesitzer ironisieren, die sich nach dem Umsturz des Jahres 48 in sinnentleerte Formen flüchteten. Diesen kritischen Akzent hatte Aprent, der Herausgeber der Erzählung nach Stifters Tod, abgeschwächt. Daß selbst der dem Dichter am nächsten stehende Freund dessen Absichten verkannte,

Adalbert Stifter. Zeichnung von Georg Kordik, Karlsbad 1867

weist schmerzlich auf Stifters geistige Isolation hin. Wer heute noch, wo die Erzählung in ihrer ursprünglichen, echten Fassung vorliegt, sie widernatürlich und unerträglich findet, wie es die zeitgenössische Kritik tat, mißversteht den vollkommen geglückten Ausdruck eines geradezu waghalsigen Kunstwollens.

Jetzt beginnt erst das allertraulichste, heiterste und sorgenfreiste Leben für uns, schrieb er im März 1866 aus Kirchschlag an Amalie, die ihm *das Süßeste, das Teuerste, das Holdeste auf dieser Welt* sei, und wie so oft fügte er, der Kranke, gleich hinzu, wie unglücklich er wäre, sollte er sie verlieren. Den Mai verbrachte er mit Mali, Kathi und Putzi wieder in Karlsbad. Der Erfolg der Kur wurde diesmal von der Kriegsgefahr beeinträchtigt. Aber Stifter konnte an einen Krieg Deutscher gegen Deutsche nicht glauben und ging in die Stille der Lackenhäuser.

Um so härter traf es ihn, daß es in der Tat ausbrach. Er verfluchte Bismarck, hoffte auf einen Sieg Österreichs, und als bei Königgrätz die Entscheidung fiel, war er verzweifelt. Der deutsche Schulmeister, dem der Sieg in dieser Schlacht zugeschrieben wurde, hatte freilich mit Stifters Begriff vom Lehrer genausowenig zu tun wie Bismarcks Blut- und Eisen-Theorie mit dem «Sanften Gesetz». Die alten Angstzustände kehrten wieder. Wie er sich früher vor der Bräune gefürchtet hatte, fürchtete er sich jetzt vor der Cholera. Als er dennoch Amalie zu ihrem Geburtstag besuchte, erkrankte er infolge des allzu üppigen Festessens und eilte auf den Berg nach Kirchschlag. Von dort ging er für ein paar Tage nach Oberplan, wo man ihn herzlich aufnahm und feierte, aber die vielen Kinder der Geschwister gingen ihm, dessen Kinderliebe praktisch nie eine schwerere Probe zu bestehen gehabt hatte, auf die Nerven, und er zog sich in die Lackenhäuser zurück, beendete den zweiten *Witiko*-Band und versprach dem Verleger nicht nur den dritten, sondern auch die neue Fassung der *Mappe*, zwei Bände neuer Erzählungen, den zweiten Roman aus dem böhmischen Mittelalter und ein Lustspiel. Aus Angst vor der Cholera wagte er sich nicht wieder nach Linz und blieb, diesmal allein, bis in den späten Herbst hinein im Rosenbergerhaus, schrieb sehnsüchtige Briefe an Amalie, dichtete und malte. Im November wurde Linz seuchenfrei erklärt, nun wollte er zurück; aber eben als er sich zur Abreise rüstete, brach ein ungewöhnlich heftiger Schneesturm aus, der tagelang anhielt, aussetzte und nochmals losbrach, alle Wege ungangbar machte und Stifters Nervosität ins Krankhafte steigerte. Er konnte das Haus nicht verlassen, konnte nicht essen und nicht schlafen, und erst nach neun Tagen war es ihm möglich, sich mit Mühe und Not und allerlei Hilfe in die nächste Ortschaft durchzukämpfen. Endlich kam er nach Linz. Seine dichterische Beschreibung des Schneefalls *Aus dem bairischen Walde* erwähnt wohl *das Glück des nun folgenden Zusammenlebens;* aber er verbrachte nur zwei Nächte in seiner Wohnung, obwohl sie ihm *wie ein Paradies* vorkam, und begab sich eiligst nach Kirchschlag. Seiner Frau versuchte er die Flucht mit der Angst vor der Choleragefahr, mit seiner Überreiztheit und sogar mit seinem Mitleid für sie zu begründen.

Den Winter über arbeitete er *wie ein Pflugstier* am dritten Band des *Witiko*. Von der ungeheuren Anstrengung wollte er sich in Karlsbad erholen. Dort erklärte der Arzt ihn für gesund. Tatsächlich hatte er mehrere Male unter nächtlichen Anfällen von Schwindel und Angst zu leiden, die anscheinend gefährliche Formen annahmen; denn die Besitzerin des Hauses, in dem er mit seinen Begleiterinnen wohnte, erzählte einem jungen Verehrer des Dichters, «mit dem Hofrat sei in einem dieser Zustände beinahe etwas Fürchterliches passiert, man müsse acht haben, daß er sich nichts antue».

Als sich diese Anfälle im Juni in Kirchschlag wiederholten – er glaubte dann immer, *es komme etwas Ungeheures* –, drängte es ihn, für den Fall, daß ihn fern von Amalie ein Unglück treffen sollte, ihr für alle Liebe und Güte zu danken und sie um ein freundliches Gedenken zu bitten. Aber er erholte sich, wenn auch nur scheinbar, ging in die Stadt zurück, und da nun *Witiko* endlich abgeschlossen war, fühlte er sich von einer schweren Last befreit.

AM ZIEL

Als der junge Stifter, von seinem Herzenserlebnis tief bewegt, den *Hochwald* schrieb, sah er im Walten der Geschichte, die zum Untergang des Geschlechts der Witigonen und ihrer Stammburg führte, die blutige Ironie des Schicksals. Aber als der alte Dichter, an seinem Körper wie an seiner Seele leidend, die Historie der Gründung jenes Geschlechts und Hauses erzählte, da war alles anfänglich, hoffnungsfroh und kraftvoll ins Zukünftige wirkend.

Zwischen dem frühen und dem späten Werk liegt die Erkenntnis, die das «Sanfte Gesetz» ausgesprochen hat: so wie dieses Gesetz in der äußeren Natur «welterhaltend» ist, ist es als Rechts- und Sittengesetz in der Ordnung und Gestalt der Gesellschaft «menschenerhaltend». (Wie aber die Sanftheit der Naturgesetze nicht als macht- und

136

kraftlos zu verstehen ist, ist auch die Wirkung des Sittengesetzes zu Zeiten, wenn uns die Geschichte *mit den ernstesten Augen* anschaut, notwendigerweise hart und furchtbar.) Es offenbart sich in den Schicksalen der Völker, *und die Umwälzungen des Völkerlebens sind Verklärungen dieses Gesetzes. Es hat das etwas geheimnisvoll Außerordentliches. Es erscheint mir daher in historischen Romanen die Geschichte die Hauptsache und die einzelnen Menschen die Nebensache, sie werden von dem großen Strome getragen und helfen den Strom bilden. Darum steht mir das Epos viel höher als das Drama, und der sogenannte historische Roman erscheint mir als das Epos in ungebundener Rede.*

In diesem Epos ist kein Raum für den heldenhaften Ritter ohne Furcht und Tadel, der abenteuerliche Kriegs- und Liebestaten besteht. Es ist erfüllt von Kämpfen, Meineid und Treubruch und dem Aufbau einer Gemeinschaft. Wo aber die prästabilierte Ordnung im Weltplan gestört scheint, hilft der Glaube an das Sittengesetz, das über alles Böse obsiegen muß. Durchdrungen von solchem Glauben reitet der junge Witiko durch seine Welt, um in ihr *das Ganze zu tun*, welches das Rechte, und weil es das Rechte ist, auch das Gute ist. Er verrät keine seelischen Konflikte, ist bedächtig und tugendhaft, stark und fromm und im realen Sinn so unwirklich wie sein Staatsideal; um so überzeugender ist die künstlerische Wahrheit des Werkes, die aus einer anderen Dimension als der des Realen kommt. Die geschichtliche Wirklichkeit, wie Stifter sie in langem Studium der Quellenwerke erfahren hatte, erhob er in die Wirklichkeit der epischen Kunst, und diese Kunstform entwickelte er mit äußerster Konsequenz. Sie bedingt reine Sachlichkeit, plastische Gegenständlichkeit und den Verzicht auf alle stofflichen und psychologischen Reize; ein Kunstwollen, das, allem Zeitgenössischen entschieden abgewandt, eine Tendenz zur Stilisierung und Abstraktion so weit wie möglich durchzuführen strebte.

Daß *Der Nachsommer* viele Leser verblüffen werde, hatte Stifter vorausgesehen. Daß sie vor *Witiko* völlig ratlos standen, konnte ihn schwerlich verwundern. An Geschichtsromane wie Scheffels «Ekkehard» gewöhnt, mußte ihnen der Zugang zur asketischen Strenge dieser Kunst verschlossen bleiben. Den ersten Band hatte Lorm-Landesmann, trotz mancher Vorbehalte, noch «mit einer Spannung weggelegt, welche nicht die gemeine ist: ‹wie's weitergeht›, sondern die Sehnsucht nach der inneren und äußeren Erfüllung eines im höchsten künstlerischen Stil begonnenen Baues». Das ganze Werk wurde von führenden Managern des Zeitgeschmacks als unverdaulich abgetan. Sie sprachen dem Dichter glattweg Kraft und Talent zum historischen Roman ab und glaubten, seine «falschen, verwerflichen Tendenzen» bekämpfen zu müssen. Seine Menschen nannten sie Hampelmänner, sein Kunstprinzip eine kulturwidrige Marotte, seine Sprache hölzern und geeignet, «einen Menschen des 19. Jahrhunderts, für den die Zeit Geld ist, allmählich zur Verzweiflung zu bringen». Von

einer Gegenwart, deren führende Literaten die Kunst unter dem Aspekt der modernen Geldwirtschaft beurteilten, war nichts anderes zu erwarten, als daß sie ein Werk, dessen Vorbild die Größe und Einfachheit der Antike war, kulturwidrig fanden. Ihrer Gesinnung widersprach das Dichterische des Buches ebenso wie dessen politischer Charakter, war es doch über den völkischen und patriotischen Pferch hinaus – nicht einmal die Hauptgestalt war national bestimmbar – zu einem Gleichnis übernationalen Staats- und Gemeinschaftslebens geworden. Stifter mußte sich damit abfinden, so hart es ihn auch traf. *Mit dem Witiko werden mich die Leute erst in hundert Jahren verstehen,* sagte er zu seinem Bruder.

Da diese befremdende Kunstgesinnung auch aus den kleineren Erzählungen seiner Spätzeit sprach, stießen auch sie auf Ablehnung. Er hatte Schwierigkeiten, den *Kuß von Sentze* unterzubringen, und *Der fromme Spruch* wurde ihm auf Grund eines vernichtenden Urteils zweier Literaturprofessoren von der Aachener «Katholischen Welt» zurückgeschickt. Bestürzt versuchte er, den Herausgeber eines Besseren zu belehren, da er selbst diese Erzählung für eine seiner *edelsten und lebensvollsten Dichtungen* hielt – vergeblich! Um so tröstlicher war die Anerkennung, die nicht nur aus der nächsten Umgebung kam. Karl Alexander, der Großherzog von Sachsen-Weimar-Eisenach, schrieb ihm verständnisvoll und «in herzlicher Hochachtung» über *Witiko* und ehrte ihn und sich, indem er dem Dichter das Ritterkreuz des weißen Falkenordens verlieh.

Den Herbst verbrachte er dichtend und malend – daß die Bilder, an denen er zuletzt arbeitete, *Sehnsucht* und *Ruhe* hießen, möchte man mit dem Stifterwort «stimmend» bezeichnen. Der Arzt erklärte ihn, obwohl er es besser wußte, für gesund. Jeder, der ihn sah, wußte es besser. So berichtete Emilie von Binzer: «Er selbst sprach von seinem Übel, als sei's ein Magenkatarrh, aber im Grunde seiner Seele lag wohl der Gedanke, daß er nicht mehr genesen werde. Traf man ihn in einer Stimmung, die es ihm möglich machte, von etwas anderem als seinen Leiden zu sprechen, die er dem Besucher haarklein erzählte, oder hatte man das Talent, ihn davon abzulenken, so leuchtete eine edle Fassung, eine abgeklärte Anschauung irdischer Dinge, die Stimmung einer reinen Seele, die fühlt, daß ihr die Flügel wachsen, die sie in ein unbekanntes Land tragen sollen, aus seinen Worten hervor...»

So sahen sie ihn, mehr konnten und durften sie nicht sehen. Denn er verkroch sich immer mehr in sich. Wem auch hätte er sich anvertrauen sollen? Gewiß am wenigsten seiner Mali, die im doppelten Wortsinn an ihm hing: zärtlich und schwer und, ihm die nächste, am weitesten entfernt war. Die sich seine Freunde nannten, verehrten ihn, aber nahe ließ er sie nicht kommen. Der Mann, der seit seiner Jugend und bis zuletzt aufs Innigste um Freundschaft warb und, je älter er wurde,

Adalbert Stifter. Zeichnung von J. M. Kaiser

Aufnahme aus den letzten Lebensjahren

um so schwerer unter der Vereinsamung litt, scheint der unmittelba-
ren Freundschaft, einer Freundschaft um ihrer selbst willen, nicht fähig gewesen zu sein. Was aus manchen Berichten über ihn herauszuhören ist, spricht deutlich aus einer Mitteilung J. M. Kaisers. Kaiser, der Stifter bei seinen historischen Studien geholfen, einige der
Erzählungen illustriert und ihn porträtiert hat, war der einzige, der,
ohne es zu wollen, dem Schweiger die Zunge löste. Die Vertrautheit
war einseitig. «Ich selber ... nahm nie in irgendwelcher Weise seine
Teilnahme für mich in Anspruch, da ich mich nicht der Gefahr aus-
setzen wollte, verletzt zu werden, was nur zu leicht hätte geschehen
können – und anderen auch geschehen ist, welche den Mann nicht so
zu beurteilen wußten als ich.» Und während Stifter dem viel Jüngeren sein ganzes Vertrauen schenkte, «selbst zum Teile in Dingen, wo
mich dasselbe drückte, weil es meiner Verehrung Abbruch tat, so
zeigte er sich nie geneigt, Vertrauen entgegenzunehmen...»

Alle Tragik der Einsamkeit liegt in diesen Monologen, in denen
einer sein Herz auftut, nicht um einer echten Du-Beziehung willen,
sondern um einmal wenigstens sich von seiner Last frei zu sprechen.
Dabei erging Stifter sich «in Details, welche nicht selten in ihrer
Breite und Umständlichkeit um so peinlicher wirkten, als ich nur zu
gut fühlte, er betrachte mich hierin nur ... als sein Gewissen etwa.
Er hörte sich gerne reden, und da er vielleicht auch zuweilen das Bedürfnis fühlte, sich von dem reden zu hören, wofür man für sich selber kein gesprochenes Wort hat, so mußte i c h herhalten – tat es
ihm zuliebe, und e r tat es ohne Gefahr, weil er gewiß wußte, daß ich
in solchen Momenten verstand, ich habe nur als sein ‹zuhörendes Ich›
zu gelten.» Gewiß wußte er auch, daß der Freund das ihm Anver-
traute für alle Zeiten bei sich behalten werde.

Gegen Ende des Jahres (1867) erkrankte Amalie an einer Grippe,
und wiewohl der Arzt das Übel für ungefährlich hielt, war Stifter
doch gleich wieder von der Furcht gepackt, er könnte sie verlieren. Sie
erholte sich bald, aber nun packte die Grippe ihn. Sie äußerte sich in
einer Heiserkeit, die ihm das Sprechen unmöglich machte. Er mußte
das Bett hüten und auf Besucher verzichten. Die neuerliche Erkrankung stürzte ihn in Verzweiflung. *Ich bin auf ein Jahr zurückgewor-
fen! Es ist ein Unglück, es ist ein Unglück!* klagte er zu Aprent. Er
hatte sich, wie schon mehrfach vorher, an *Die Mappe meines Urgroßvaters* gemacht, um das Werk, das ihn seit dreißig Jahren durchs Leben begleitete, endlich in die gültige Form zu bringen.

Was unter diesem Titel 1841/42 in der «Wiener Zeitschrift» erschienen war, drei unbestimmt verbundene Kapitel, war nicht viel
mehr als der Kern der späteren, in die *Studien* aufgenommenen Fassung. Jene erste Umarbeitung fiel in die Jahre seines Ringens um den
«klassisch» genannten Stil seiner Reife. Damals fiel die jugendlich
bewegte, stürmische *Geschichte der zween Bettler* weg, andere schon
im Entwurf angelegte Motive wurden bedeutend erweitert und ver-
tieft. Aber bald genügte auch die *Studien*-Fassung den Ansprüchen

nicht mehr, die er an sich stellte. Der Stoff arbeitete in ihm weiter, und in den Pausen des Schaffens an den zwei Romanen griff er immer wieder auf ihn zurück. Da nun *Witiko* abgeschlossen war, sollte *Die Mappe* als sein dritter großer Roman mit dem ganzen Gehalt an Daseinserfahrung und jener künstlerischen Vollkommenheit erfüllt werden, deren er sich fähig fühlte. Jetzt war kein Raum mehr für den Selbstmordversuch, der früher am Anfang der Erzählung stand als grelles Gegenbild zu einem aus Verwirrung zur Klarheit geführten, groß zu nennenden Leben. Groß aber ist, wie wir aus der Vorrede der *Bunten Steine* wissen, ein *ganzes Leben voll Gerechtigkeit, Einfachheit, Bezwingung seiner selbst, Verstandesgemäßheit, Wirksamkeit in seinem Kreise, Bewunderung des Schönen, verbunden mit einem heiteren gelassenen Sterben . . .* Mit solcher Gesinnung war jenes sündige Ungestüm, das das eigene Leben vernichten wollte, unvereinbar. Die Bettlergeschichte der Urfassung fügte sich nun wieder ein. Der verschollene Freund Eustach, nie vergessen und immer *gesucht wie etwas Verlorenes,* geistert untergründig durch die Erzählung, ein Außenseiter, der sich jeder Bindung entzogen hat und der einmal als das verdrängte Element in der Seele des von seinen bürgerlichen Pflichten eingeengten Dichters richtig gedeutet worden ist. Dieselbe Deutung erkennt in der Episode von der Heilung der gemütskranken Isabella die erstaunliche Vorwegnahme der tiefenpsychologischen Therapie; nur daß das dichterische Ingenium die seelischen Vorgänge, statt sie bloßzulegen, in gegenständlicher Gestalt symbolisiert, also künstlerisch nachvollzieht.

Wieder ist es die Geschichte vom Lebensgang eines jungen Menschen. In den beiden anderen Romanen waren die Hauptgestalten Idealtypen, unangefochten von jugendlichen Leidenschaften und Konflikten, strebsam, altklug und ernst bis zur Humorlosigkeit; der eine die Bezirke der Natur, der Wissenschaft und Kunst unter altersweiser Obhut durchwandernd, der andere ins geschichtliche Leben eingreifend, beide schließlich ihr Glück findend im Leben, in der Liebe und in der Gründung des eigenen Heims. Dort überwog das Lehrhafte, da das Politische. Anders geht der Urgroßvater Augustinus durchs Leben. Aus dem burschikosen Studenten und unbesonnenen Draufgänger wird in klarer Linienführung ein durch Irrtum und Reue zur Beherrschung und Selbsterkenntnis geläuterter Mann. Das Vorbild des Älteren, der aus einem leichtsinnigen Haudegen zum sanftmütigen Obristen geworden ist, die Wirksamkeit in der heimatlichen Gemeinschaft, mehr noch der verantwortungsschwere Beruf des Arztes und vor allem die Erfahrung der Liebe sind die erzieherischen Hilfen in diesem Dasein, das durch Krisen und Schicksalsschläge zur Höhe reinen Menschentums hinführt.

So kennen wir die Geschichte des Doktors Augustinus mit der Fülle ihrer Schönheiten bereits aus der *Studien*-Fassung. Die sogenannte «letzte Fassung», die den Personenkreis bedeutsam erweitert und die künstlerisch wie gedanklich wesentlich gewonnen hat, ist mit den früheren Fassungen und den anderen Romanen durch ein Leitmotiv verbunden: die Erziehung zum sittlichen Menschen. Die Betonung jedoch, die dieses Motiv jetzt erfahren hat, hebt sie von den früheren Gestaltungen ab. Im *Nachsommer* ist der Mensch, je mehr er für sich da ist, um so mehr auch für die anderen da, er erfüllt seine Aufgabe im engeren, genau umschriebenen Kreis. Witiko erreicht das sittliche Ziel als dienendes und führendes Glied der größeren Gemeinschaft von Volk und Staat. Die Liebe, die in beider Leben eine Rolle spielt, ist die zu einem Mädchen, das ihnen kampflos zufällt. Augustinus hingegen muß durch ein mühevolles Tagewerk, durch Zerwürfnis, Leiden und Gewissenserforschung, durch Zweifel und Überwindung seiner selbst hindurchgehen, muß der Mensch erst w e r d e n, der die anderen gleichsam schon von Haus aus sind, bis er die Fülle der Liebe erlebt. Und sie ist nicht die seiner Margarita allein.

Das existentielle Zentrum der Stifterschen Gestalten ist, was der Anthropologe die «Herzmitte» des überindivi-

Die letzte Fotografie

duellen Menschenbildes nennt: reine, auf eine zeitlose Norm gegründete Liebe, Wesensliebe. Sie duldet keine Verletzung. Darum muß Augustinus, weil er Margarita ein einziges Mal mißtraut hat, sie verlieren, und darum wird die Vereinigung erst dann möglich sein, wenn er sich essentiell gewandelt hat. Der Wandel aber ist ein Wandeln auf dem schweren Weg der Entsagung, des Dienens und der selbstlosen Hingabe. Hat er den Weg und sich selbst bezwungen, darf er mit höherem Recht als Faust sagen: «Entschlafen sind die wilden Triebe / Mit jedem ungestümen Tun; / Es reget sich die Menschenliebe, / Die Liebe Gottes regt sich nun.» So verändert, gilt für den Gewandelten das Wort seines Dichters: *Und die Änderung wird dir vergolten; denn es entsteht nun das Außerordentliche daraus.* Amor Dei, Eros und die unmittelbare Beziehung von Mensch zu Mensch wirken in- und miteinander.

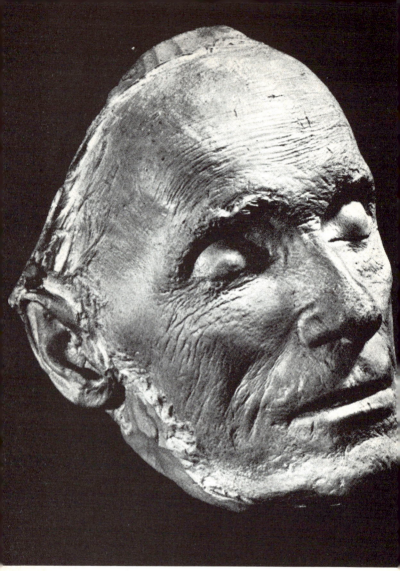

Die Totenmaske

Augustinus hat sich *in alles, was geschehen ist, ergeben*. Die Menschen lieben ihn, den Vater der Kranken, wie er sie liebt. Der ideale Raum von Ehe und Familie, ersehntes Linderungs- und Heilmittel der Einsamkeit, ist aufgetan.

Anders als einst im *Nachsommer* steht nicht mehr die sich geistig-künstlerisch entwickelnde Persönlichkeit in der Mitte; nicht mehr der im Kampf um «das Rechte» sich bewährende Tat- und Erfolgsmensch. Die Menschen der letzten Mappe haben Egoismus, Stolz und Ehrgeiz überwunden. Sie sind nicht mehr um so mehr für die Gesellschaft da, je mehr sie für sich da sind, sie sind um so mehr für sich da, je mehr sie für den anderen da sind.

Im Dezember verschlimmerte sich Stifters Zustand. Zu Weihnachten bat der Kranke Aprent, dem Besuchsverbot zum Trotz, zu ihm zu kommen. *Ich bin zwar so heiser, daß ich fast nichts reden kann, aber ein Weilchen kannst Du doch bei meinem Bette sitzen, wir reden ein weniges, und dann gehst Du wieder. Der Arzt sagt, es geht zu Ende, und dann ist alles auf einmal gut. Bei der Frau war es auch so. Tausend Grüße.* Er wollte noch immer nicht wahrhaben, daß es nicht die Grippe war, die zu Ende ging.

Die Schmerzen nahmen von Tag zu Tag zu. Als Aprent zum letztenmal bei ihm war, zeigte ihm Stifter, erschöpft, kaum zu sprechen fähig, wie weit er mit der *Mappe* gekommen war, und flüsterte: *An dieser Stelle wird man schreiben: Hier ist der Dichter gestorben...* Und am 22. Januar brachte er mit Bleistift seinen letzten Brief an Heckenast zu Papier.

Ich schreibe Dir im Bette. Die Grippe, welche ich von meiner Gattin erbte, und die anfangs so zahm und leicht auftrat, daß ich sie in meiner Rüstigkeit nicht viel beachtete, ist so groß verschleppt worden, daß ich sie jetzt im Bette ausdünsten muß. Zur Verzweiflung bringt mich die Unterbrechung meiner Arbeit, zur Verzweiflung, daß der Arzt zu uns vier Personen (vier wurden ergriffen) schon seit Oktober geht. Ich bitte Dich bei allem, was an unserer Freundschaft heilig ist, und sie ist ja sonst so innig gewesen, laß mich in dem Elend meines Hauses nicht im Stiche. Es wird sich ja alles wieder ausgleichen. Du setzest Dir und mir ein Denkmal, und gewiß wird Dein Sohn die Früchte ernten.

Ich küsse Dich tausendmal, ich bin Dein Freund, der gewiß alles für Dich tut. Küsse die Kleinen.

Frau Stifter pflegte den Kranken. In der Nacht auf den 26. Januar, als sie ihn für kurze Zeit allein ließ, griff er, vermutlich in einem Anfall sinnverwirrender Schmerzen, nach dem Rasiermesser und brachte sich einen tiefen Schnitt am Halse bei. Amalie fand ihn röchelnd im blutüberströmten Bett. Sie brach ohnmächtig zusammen.

Eilig rief man den Priester und den Arzt. Der Domherr Schropp versah den noch Atmenden mit den Sterbesakramenten. Dr. Essenwein konnte nichts tun als die Blutung stillen und die offene Wunde vernähen. Noch zwei Tage lebte der Erlöschende, ohne das Bewußtsein wiederzuerlangen. Zwei Tage später wurde Adalbert Stifter feierlich zu Grabe getragen.

Als Todesursache verzeichnete die amtliche Eintragung «Zehrfieber infolge chronischer Atrophie». Nach Ansicht des behandelnden

Arztes sei der Schnitt an sich nicht tödlich gewesen, und der Tod wäre «auch ohne diese Ungeduld von seiten des Kranken... bald erfolgt».

Die wenigen, die in das grausige Ende vor dem Ende eingeweiht waren, gelobten Schweigen. Dennoch gingen in Linz und außerhalb Gerüchte von einem Selbstmord um. Sie wurden später als Tatsache in die Literaturgeschichte aufgenommen. Seither und noch immer beschäftigt man sich mit der Frage, ob der Dichter durch eigene Hand oder an einer Todesursache, die man eine natürliche nennt, gestorben sei. Die nachträgliche Diagnose der orthodoxen Medizin steht der Deutung von psychologischer und anthropologischer Seite gegenüber. Wer nur das somatische Krankheitsbild einer Leberzirrhose gelten lassen will und das andere Leiden, das seelische Zehrfieber übersieht, das ihn verzehrte, läßt die warnenden Symptome unberücksichtigt, die auf die Dunkelheiten in diesem Seelenleben hinweisen. Das Vorurteil von Stifters «tiefinnerster Gesundheit» verwechselt das Werk mit dem Menschen. Bewußt oder unbewußt mag bei dem Eifer, der sich gegen den Verdacht eines Selbstmordversuchs aggressiv zur Wehr setzt, die Angst mitspielen, ein primitives Tabu zu verletzen. Was sich als Ehrfurcht vor einem großen Toten gibt, ist die altgewohnte Voreingenommenheit für die Legende von der harmonischen, «überirdisch reinen Seele» Stifters und der gläubige oder abergläubische Irrtum, irgendeine in der Verzweiflung verübte Tat könne der Ehre einer lebenslang geübten Haltung und der menschlichen und künstlerischen Leistung Abbruch tun. Solche ideologisch zu erklärende Bemühung, einen scheinbar natürlichen Ausgang dieses Lebens zu finden, versteigt sich zu der Theorie, der auf den Tod Kranke habe zum Messer gegriffen, um sich, mitten in der Nacht und im Bett liegend, zu rasieren, und habe sich dabei versehentlich eine so schwere Verwundung zugefügt, daß der klaffende Schnitt vernäht werden mußte.

Die wahre Ehrfurcht gilt dem unsterblichen Werk, das sich von den Nachtseiten eines sterblichen Daseins nur in um so hellerer Glorie abhebt. Sie gilt dem von Schmerzen erfüllten Leben und dem von Schmerzen befruchteten Schaffen. Einen heiligen Engel nennt Stifter den Schmerz, durch den die Menschen größer geworden sind als durch alle Freuden der Welt. Der Dichter, der begnadet war, durch die Erschaffung des Schönen den Schmerz zu heiligen, bekannte sich zu ihm in dem Ausspruch, der sein Geheimnis offenbarte: *Ich gebe den Schmerz nicht her, weil ich sonst das Göttliche hergeben müßte ...*

ZEITTAFEL

1805	23. Oktober: Albert (später Adalbert) als erstes Kind des Leinwebers und -händlers Johann Stifter und seiner Frau Magdalena, geb. Friepes, in Oberplan im südlichen Böhmen geboren.
1817	Johann Stifter tödlich verunglückt.
1818	Eintritt Adalberts ins Gymnasium des Benediktinerstifts Kremsmünster in Oberösterreich.
1820	Magdalena Stifter heiratet in zweiter Ehe den Bäckermeister Ferdinand Mayer.
1825	Adalbert erkrankt an den «echten Blattern» (Pocken).
1826	Abschluß des Gymnasialstudiums und Inskription an der juristischen Fakultät der Universität Wien.
1827	Annäherung an Fanny Greipl in Friedberg.
1828(?)	*Julius*, Fragment einer Erzählung.
1829	Sommeraufenthalt mit Fanny und ihrem Bruder in Bad Hall. Gedichte unter dem Namen Ostade im Linzer «Österreichischen Bürgerblatt für Verstand, Herz und gute Laune».
1830	Trübung der Beziehung zu Fanny. Anschluß an die Wiener Gesellschaft. Lektüre der Romantiker, Heines und Börnes, J. F. Coopers und vor allem Jean Pauls.
1832 – 1833	Erfolglose Bemühungen um amtliche Lehrstellen. Bekanntschaft und Liebesverhältnis mit Amalie Mohaupt.
1835	Stifter verspricht Amalie die Ehe. Bekenntnisbrief an Fanny (28. August).
1836	Fannys Verehelichung mit dem Kameralssekretär Fleischanderl.
1837	Stifter bewirbt sich um eine Anstellung an der Forstlehranstalt Mariabrunn. – Eheschließung mit Amalie am 15. November.
1839	Gemälde: *Blick auf Wiener Vorstadthäuser, Blick in die Beatrixgasse, Ruine Wittinghausen.* – Fanny stirbt im September.
1840	*Der Condor* erscheint in der «Wiener Zeitschrift für Kunst, Literatur, Theater und Mode»; *Feldblumen* im Almanach «Iris» auf das Jahr 1841, verlegt by Gustav Heckenast in Pest.
1841	Heckenast gewinnt Stifter für die Herausgabe des Sammelbandes «Wien und die Wiener». – *Der Hochwald* in der «Iris» auf das Jahr 1842. *Die Mappe meines Urgroßvaters*, 1. Fassung.
1842	Stifter beobachtet und beschreibt die totale Sonnenfinsternis vom 8. Juli. Beginn der Umarbeitung der Erzählungen für die *Studien. Die Narrenburg* in der «Iris» auf das Jahr 1843.
1842 – 1844	*Abdias, Das alte Siegel, Brigitta, Der Hagestolz, Der Waldsteig.*
1843 – 1846	Stifter unterrichtet den Sohn des Staatskanzlers Fürsten Metternich in Physik und Mathematik.
1844	Plan eines dreibändigen Romans über Robespierre. Band 1 und 2 der *Studien* erscheinen. Stifter schreibt *Die drei Schmiede ihres Schicksals* und die 2. Fassung der *Mappe*.
1845	Stifter reist mit seiner Frau nach Friedberg und Oberplan und nach Oberösterreich; Begegnung mit Friedrich Simony in Hallstatt. – *Der heilige Abend (Bergkristall).*
1846	Umarbeitungen. *Der Waldgänger.* – Reise nach München; Besuch bei dem Maler Heinrich Bürkel.

147

1846 – 1847	Begegnung mit Robert und Clara Schumann. Freundschaft mit Jenny Lind.
847	Sommer in Linz. Annahme der sechsjährigen Juliane Mohaupt, einer Nichte der Frau Stifter, an Kindesstatt. *Studien*, 3. und 4. Band. Der Plan, öffentliche Vorlesungen über Ästhetik in Wien zu halten, schlägt fehl. *Der arme Wohltäter* (*Kalkstein*) im Kalender «Austria» für 1848. – Teilnahme Stifters an politischen Reformbestrebungen.
1848	Märzkämpfe in Wien. Stifter wird von seinem Wohnbezirk zum Wahlmann für die Frankfurter Nationalversammlung gewählt. – *Über Stand und Würde des Schriftstellers* in der «Constitutionellen Donau-Zeitung». Am 6. Mai zieht Stifter sich nach Linz zurück.
1849	Als Redakteur der «Linzer Zeitung» und zeitweise des «Wiener Boten» tätig. Aufsätze über das gesamte Unterrichtswesen. Historische Studien für den geplanten Roman *Die Rosenberger*. Der oberösterreichische Statthalter Dr. Alois Fischer schlägt dem Unterrichtsminister vor, Stifter als Schulrat anzustellen. Im Dezember verhandelt Stifter im Ministerium über seine Anstellung als Inspektor der oberösterreichischen Volksschulen.
1850	Der 5. und 6. Band der *Studien* erscheinen. Notgedrungen verkauft Stifter dem Verleger Heckenast alle Rechte an diesem Werk. Ernennung zum k. k. Schulrat und Aufnahme der Amtstätigkeit. Gründung und Eröffnung einer Realschule in Linz.
1851	Berichte über Kunstausstellungen in Linz, Ausgrabungen römischer Altertümer in Oberösterreich. – Vor Weihnachten verschwindet die noch nicht elfjährige Ziehtochter Juliane und wird erst nach zwei Wochen aufgefunden. – Verkauf des Verlagsrechtes der *Bunten Steine* an Heckenast.
1852	*Der Pförtner im Herrenhause* (*Turmalin*) erscheint in dem Prager Taschenbuch «Libussa», das auch Heinrich Reitzenbecks Lebensbild «Adalbert Stifter, Biographische Skizze» veröffentlicht. – Stifters Vortrag *Über den geschnitzten Hochaltar in der Kirche zu Kefermarkt.*
1853	Veröffentlichung der *Bunten Steine*. – Die k. k. Zentralkommission zur Erforschung und Erhaltung der Kunst- und historischen Denkmale ernennt Stifter zum Konservator für Oberösterreich.
1854	Gemeinsam mit Johannes Aprent «Lesebuch zur Förderung humaner Bildung». Verleihung des Franz-Joseph-Ordens. Zerwürfnis mit dem Direktor der Realschule; Nervenleiden. Beginn des *Tagebuchs über Malereiarbeiten.*
1855	Das Ministerium lehnt das Lesebuch ab. Verbindung mit den Wahlnichten Luise und Josefine Stifter in Klagenfurt. Urlaub in den Lackenhäusern, Besuch in Oberplan. Das Nervenübel nimmt zu.
1856	Stifter mit Heckenast in Linz und im Böhmerwald. Stifter wird die Inspektion der Realschule entzogen. Luise Stifter stirbt.
1857	Stifter reist mit Frau und Juliane nach Klagenfurt und Triest; Josefine Stifter kommt als zweite Ziehtochter mit nach Linz. – Beendigung der Arbeit an *Nachsommer*; Plan eines Nausikaa-Dramas. Geldsorgen und Leberleiden.

1858	Stifters Mutter stirbt. Josefine erkrankt und kehrt nach Klagenfurt zurück.
1859	Stifter erkrankt an einem Augenleiden. Die achtzehnjährige Juliane verläßt das Haus, nach vier Wochen wird ihre Leiche aus der Donau geborgen.
1860	Reisen nach Wien und München. Eine andere Nichte, Katharina Mohaupt, wird als Dienstmädchen ins Haus genommen.
1862 – 1863	Stifters nervöse und organische Störungen wiederholen sich, auch Amalie kränkelt.
1864	Sein Zustand verschlimmert sich; «Schwermut, Gram und Bitterkeit»; häusliche Aufregungen; Tagebuch *Mein Befinden*. Sommer in den Lackenhäusern, *Der Waldbrunnen*. In der Zeitschrift «Heimgarten» erscheint *Nachkommenschaften*. Ein Krankenurlaub, beginnend im Juli, wird dauernd verlängert bis Ende 1865.
1865	Ärztliche Untersuchungen in Wien; zur Kur in Karlsbad, von dort über Prag und Nürnberg nach den Lackenhäusern. Der 1. Band des *Witiko* erscheint. Am 25. November Versetzung in den Ruhestand mit Verleihung des Hofratstitels. Winter in Kirchschlag oberhalb Linz.
1866	*Der Kuß von Sentze.* – Karlsbader Kuraufenthalt im Mai, dann in den Lackenhäusern und in Kirchschlag und aus Furcht vor der Cholera wieder nach den Lackenhäusern. *Witiko*, Band 2. *Der fromme Spruch.* Amalie erkrankt. Schneesturm im Bayrischen Wald.
1867	Krankheiten im gesamten Haushalt. Karlsbad-Kur im Mai. *Witiko*, Band 3, erscheint. Großherzog Karl Alexander von Sachsen-Weimar-Eisenach verleiht Stifter das Ritterkreuz seines Hausordens. Arbeit an der letzten Fassung der *Mappe*. 27. Oktober: letzter Besuch in Oberplan. Im Dezember wird Stifter bettlägerig, sein Zustand wird hoffnungslos.
1868	Am 26. Januar nach Mitternacht schneidet er sich mit dem Rasiermesser in den Hals. Er lebt bewußtlos noch bis zum 28. Januar.

Die vorliegende Darstellung muß es sich versagen, das Leben Stifters in allen Einzelheiten zu beschreiben und sein Werk so eindringlich zu deuten, wie er das verdient; auch dem Pädagogen, dem Maler, dem Ästhetiker und Politiker Stifter kann sie nicht nach Gebühr gerecht werden. Über alle besonderen Fragen, die Werk und Leben des Dichters stellen, unterrichtet die einschlägige Literatur in mehr als reichlichem Maße — ausgenommen ist leider eines der wichtigsten Themen, dessen Untersuchung über Ansätze nicht hinausgekommen ist: Stifters Sprache.

ZEUGNISSE

JOSEPH VON EICHENDORFF

Tröstlich aber und als Pfand der Zukunft bedeutungsvoll ist es... unerwartet einem jungen Dichter zu begegnen, der den Mut hat, mitten in dieser Verwirrung ein anderes Banner zu entfalten... Wir meinen Adalbert Stifter, dessen Novellen (Studien. Pest, 1844) sich eben durch das auszeichnen, was sie von der jetzigen Modeliteratur unterscheidet. Sie können und wollen sämtlich ihre romantische Abkunft nicht verleugnen, aber es ist eine der Schule entwachsene Romantik, welche das verbrauchte mittelalterliche Rüstzeug abgelegt, die katholisierende Spielerei und mystische Überschwänglichkeit vergessen, und aus den Trümmern jener Schule nur die religiöse Weltansicht, die geistige Auffassung der Liebe und das innige Verständnis der Natur sich glücklich herübergerettet hat. Nicht eine Spur von moderner Zerrissenheit, von selbstgefälliger Frivolität, oder moralisch experimentierender Selbstquälerei ist in dieser gesunden Poesie.

Eichendorff, Zur Geschichte der neuern
romantischen Poesie in Deutschland.
In: Historisch-politische Blätter. 1846

FRIEDRICH HEBBEL

Drei starke Bände [«Der Nachsommer»]! Wir glauben nichts zu riskieren, wenn wir demjenigen, der beweisen kann, daß er sie ausgelesen hat, ohne als Kunstrichter dazu verpflichtet zu sein, die Krone von Polen versprechen. Wir machen jedoch den Verfasser nur in geringem Grade für das mißratene Buch verantwortlich; er war sogleich bei seinem ersten Auftreten Manierist und mußte, verhätschelt, wie er wurde, zuletzt natürlich alles Maß verlieren. Anfangs schüchtern und durch die Erinnerung an Lessings Laokoon in der behäbigen Entfaltung seiner aufs Breite und Breiteste angelegten Beschreibungsnatur vielleicht noch ein wenig gestört, machte er bald die Erfahrung, daß dieser einst so gefährliche Laokoon in unseren Tagen niemand mehr schadet, und faßte Mut. Zuerst begnügte er sich, uns die Familien der Blumen aufzuzählen, die auf seinen Lieblingsplätzen gedeihen; dann wurden uns die Exemplare vorgerechnet, und jetzt erhalten wir das Register der Staubfäden... Was wird hier nicht alles weitläufig betrachtet und geschildert; es fehlt nur noch die Betrachtung der Wörter, womit man schildert, und die Schilderung der Hand, womit man diese Betrachtung niederschreibt, so ist der Kreis vollendet. Ein Inventar ist ebenso interessant, und wenn die Gerichtsperson, die es abfaßt, ihr Signalement hinzufügt, so sind auch alle Elemente dieser sogenannten Erzählung beisammen.

Leipziger Illustrierte Zeitung. 4. September 1858

Peter Rosegger

Stifter söhnt seine Leser aus mit der Welt, haben sie sich grollend von ihr gewendet; er legt den milden Sonnenschein auf die Menschen und über die Natur. Er belehrt nicht, er drängt uns nie seine Ideen auf, er sucht uns nie durch schöngeistige Phrasen zu bestechen, er erzählt uns nur lächelnden Auges. Aber er erzählt uns gleichsam mit dem Pinsel, er stellt uns ein Bild dar, das wir mit Augen sehen, aber es ist doch keine Malerei, es ist lebendig, verklärt, wie kein Maler malen kann – und so wie Stifter erzählt keiner. Man labt sich an seiner Milde und Ruhe und Liebe und wird im Lesen ein anderer Mensch. An Goethe erinnert die Stiftersche Form in Klarheit und Gegenständlichkeit, aber der Stiftersche Stil ist weicher, anspruchsloser und doch inniger, als die Goethesche Prosa. In der Eigentümlichkeit der Naturschilderung steht Stifter einzig da.

Volkskalender Das Neue Jahr. 1874

Friedrich Nietzsche

Wenn man von Goethes Schriften absieht und namentlich von Goethes Unterhaltungen mit Eckermann, dem besten deutschen Buche, das es gibt: was bleibt eigentlich von der deutschen Prosa-Literatur übrig, das es verdiente, wieder und wieder gelesen zu werden? Lichtenbergs Aphorismen, das erste Buch von Jung-Stillings Lebensgeschichte, Adalbert Stifters Nachsommer und Gottfried Kellers Leute von Seldwyla, – und damit wird es einstweilen am Ende sein.

Nietzsche, Menschliches, Allzumenschliches. 1879

Detlev von Liliencron

Als ich Knabe war, vor fünfzig Jahren, wurde Adalbert Stifter in Schleswig-Holstein viel gelesen. Nicht nur in meinem elterlichen Hause, sondern auch bei verwandten, befreundeten und bekannten Familien. Und ich entsinne mich, mit welcher Begeisterung ich mich damals schon in ihn versenkt habe. Seitdem habe ich ihn bis zum heutigen Tage immer wieder mit derselben Freude gelesen. Die «Narrenburg» wohl über dreißigmal. Es ist mir deutlich in Erinnerung, welchen überwältigenden Eindruck sie auf meine phantastische Seele hervorbrachte, als ich sie zum erstenmal in mir aufgenommen hatte. Meine Liebe für Adalbert Stifter wird bis zu meinem Tode dauern!

Deutsche Arbeit. September 1905

KARL KRAUS

Wenn das, was heute in deutscher Sprache zu schreiben wagt, ohne
ihres Atems einen Hauch mehr zu verspüren, irgendwie, von einem
metaphysischeren Anstoß als dem Weltkrieg geschüttelt, imstande
wäre, noch ein Quentchen Menschenwürde und Ehrgefühl aufzubringen, so müßte die Armee von Journalisten, Romansöldnern, Freibeu-
tern der Gesinnung und des Worts vor das Grab Adalbert Stifters
ziehen, das stumme Andenken dieses Heiligen für ihr lautes Dasein
um Verzeihung bitten und hierauf einen solidarischen leiblichen
Selbstmord auf dem angezündeten Stoß ihrer schmutzigen Papiere
und Federstiele unternehmen.

Die Fackel. April 1916

HERMANN BAHR

Goethe war ein geborener Maler und ein geborener Dichter zugleich,
Stifter hat sich den Dichter erst erwerben müssen, Dichten ist ihm
nicht primär, er hat sich erst aus dem Maler in den Dichter übersetzen
müssen und alles, was er schreibt, bis ans Ende, behält den Ton der
Augensprache. Das scheidet ihn von den anderen Dichtern, aber es
steigert ihn auch, er kann über ihre Grenzen und was er vielleicht
an Unmittelbarkeit des Ausdrucks dabei verliert, gewinnt er an Freiheit und Weite. Es ist, als hätte sich die Natur in das unvergleichliche Phänomen Goethe so verliebt, daß sie's noch einmal wiederholen wollte, nur freilich mit einer gelinden Abwandlung, stiller, in
kleineren Verhältnissen und mit einem Wechsel des Akzents, der dort
auf den Dichter kommt, hier auf dem Maler bleibt.

Bahr, Adalbert Stifter. 1919

HERMANN HESSE

... so idyllisch-kleinmalerisch Stifters Dichtungen auf den ersten
Blick scheinen, so fern ihre Probleme den heute aktuellen sein mögen, in etwas Grundsätzlichem und tief Wesentlichem ist dieser be-
scheidene alte Dichter modern, aufregend und vorbildlich: er sucht,
jenseits seiner und unsrer Zeitprobleme, stets mit glühender Seele
nach dem Wesen wahrer Menschlichkeit, und er beginnt sein Suchen
und endet sein Finden im Geiste der Ehrfurcht. Und eben die Ehrfurcht ist es, deren Mangel die hinsterbende Generation so arm und
dürr erscheinen läßt. Eine der feingestrichelten, wohl komponierten,
ehrfurchtsvollen Erzählungen Stifters zu lesen, ist inmitten heutiger
Stimmungen so fruchtbar, mahnend und klärend wie die Einkehr bei
Tolstojs früheren Dichtungen oder den Gleichnissen des Dschuang Tse.

Vivos voco. März/April 1923

Hugo von Hofmannsthal

Als der «Nachsommer» erschien, nannte man das darin Dargestellte
altväterisch und beschränkt. Den Gestalten, sagte man, mangle es an
Leidenschaft und Tatkraft; die Darstellung sei ohne Farbe und weitschweifig, und der innere Gehalt längst von der vorschreitenden Epoche überholt. Heute heben sich uns diese zartumrissenen Gestalten,
die spiegelreine Bildung ihres Lebens zeitlos und doch als sehr nahe
entgegen, und auf der geheimen Spirale, auf der sich europäisches
Geistesleben bewegt – entgegen jener erhabenen Beharrung des
Orients –, sind wir an den Punkt gelangt, wo uns die Lehre dieses
Buches als eine nicht erschöpfte, kaum bald zu erschöpfende in die
Seele dringt.

Nachwort in: Stifter, Nachsommer. 1925

Ernst Bertram

Fast scheint es dem Leser Stifters, als habe die reine einfache Gestalt
dieses Dichters und seines Gedichtes kaum einen Anteil an den schweren undurchsichtigen Verworrenheiten seines umdüsterten Jahrhunderts. Wie ein unwahrscheinliches Eiland von Klarheit, Stille, natur-
naher Einfalt, gütiger Strenge, seliger Ordnung, so liegt die Landschaft dieser Kunst da. Es bedarf keines Aufwandes von spürender
Seelenzergliederung und kluger Belauerung, um das kristallisch klare,
demütig einfache und strahlend selige Wesen dieser Kunst sich dar-
zustellen und deutlich zu machen. Es ist eine Kunst, darin Demut
nicht hohen Stolz ausschließt, kindheitnahe Einfalt nicht die gewis-
senhafteste bauende und abwägende Kraft, scharfe und genaue Treue
des Zeichnens nicht den fernsten und zartesten Traum, und dank-
bare Bejahung eines schönen Diesseits nicht die fromme Ahnung eines Höheren. Diese Kunst ist, innerhalb ihres Gesamtwesens, das
Reine Frühe heißen darf, zugleich bäuerlich und benediktinisch, zugleich volkstümlich und adlig, stammestreu und gesamtdeutsch. Sie
ist zugleich dürerisch und antikisch, kindlich und tief weise, kräftig
nüchtern und grenzenlos gläubig. Sie kommt aus einer Spätzeit, mit
vielen Merkmalen wohl des Abends und der späten Weltstunde –
und sie ist doch morgenfreudig und morgengewiß wie die Beginner
und Gründer, wie die Jünglinge und Kinder, die sie so gern ehrt und
feiert.

Bertram, Adalbert Stifter als Dichter der Frühe. Rede. 1928

Ina Seidel

Das Seltsame ist, daß mir die Stiftersche Welt... je älter ich werde,
desto weniger unirdisch vorkommt; daß ich ihren Gehalt nicht an
naturalistischer, aber an echter, innerer Wirklichkeit nicht nur er-

kenne, sondern geradezu sehe, fühle, schmecke! Ja, daß ich mich von
dieser Wirklichkeit zu nähren lernte, in Zeiten, wenn der mechani-
sierte Wirbel der Großstadt mich völlig von den Brunnen und Spei-
chern wahren Lebens abzuschneiden drohte. Diese unsagbar rein erfaßte und ebenso wiedergegebene Skala des Menschentums in allen
ihren Abstufungen — diese Durchdringung der Lebensformen mit
Geist, wie sie hier in einer ehrfürchtigen Heiligung des Gegenständlichen zutage tritt, so daß Haus und Garten und Acker, Werkzeug,
Musikinstrument und Stift — daß Baum und Blume und Stein, ebenso wie Gerät und Gewand und Gefäß zum Rang einfältiger und schöner Symbole erhoben werden —, die einfachen, großen und starken
Gefühlslinien, die den Menschen dieser Erzählungen das Schicksal
bestimmen: all das vermag auf uns vom Maschinentempo der Gegenwart Bedrohte und Gehetzte einen heilsamen Zauber auszuüben,
wie sonst nur die Flucht in die Einsamkeit großer Landschaft.

Das Inselschiff. 1933

BERNT VON HEISELER

Der «Witiko» ist ein heiliges Buch. Auch wer eine Scheu davor hat,
ein solches Wort auf ein weltliches Werk anzuwenden, muß sich,
wenn er überhaupt davon reden will, zu dieser Benennung entschlie-
ßen. Denn es gibt keine andere. Heilig nennen wir, was von irdischen Verwirrungen nicht berührt, nicht befleckt, nicht verändert wird
und dennoch eine so eindringliche Beziehung zur Welt hat, daß es
eine Heilkraft auf sie ausübt. Gerade das tut der «Witiko» an seinem
Leser.

Eckart. 1940

THOMAS MANN

Außerdem beschäftigte Adalbert Stifter mich wieder einmal aufs an-
gelegentlichste. Ich las seinen «Hagestolz» wieder, den «Abdias»,
den «Kalkstein», den ich «unbeschreiblich eigenartig und von stiller
Gewagtheit» fand, und solche erstaunlichen Dinge wie den Hagel-
schlag und die Feuersbrunst in der «Geschichte vom braunen Mädchen». Man hat oft den Gegensatz hervorgekehrt zwischen Stifters
blutig-selbstmörderischem Ende und der edlen Sanftmut seines Dich-
tertums. Seltener ist beobachtet worden, daß hinter der stillen, innigen Genauigkeit gerade seiner Naturbetrachtung eine Neigung zum
Exzessiven, Elementar-Katastrophalen, Pathologischen wirksam ist,
wie sie etwa in der unvergeßlichen Schilderung des gewaltigen Dau-
er-Schneefalls im Bayerischen Wald, in der berühmten Dürre im «Heidedorf» und in den vorhin genannten Stücken beängstigend zum Ausdruck kommt. Auch die Gewitter-Verwandtschaft des Mädchens im
«Abdias», ihre Anzüglichkeit für den Blitz, gehört in diesen un-

heimlichen Bereich. Wo fände man dergleichen bei Gottfried Keller? – an dessen Humoristik eine Geschichte wie «Der Waldsteig» doch auch wieder so auffallend anklingt. Stifter ist einer der merkwürdigsten, hintergründigsten, heimlich kühnsten und wunderlich packendsten Erzähler der Weltliteratur, kritisch viel zu wenig ergründet.

Mann, Die Entstehung des Doktor Faustus. 1949

RUDOLF PANNWITZ

Es ist Stifter vorgeworfen worden, daß er die Landschaft nur beschreibe und da minuziös und pedantisch eins ans andere reihe. So hat schon Hebbel geurteilt, der als psychologischer Dramatiker ohnedies auf der Gegenseite stand. Doch besteht auch ein Gegensatz gegen die Antike und gegen Lessings, Goethes und Schillers Klassik, wofür Hölderlin in einer Ode, die der Kunst den Weg vorzeichnet, den knappen Satz hat: «Lehrt und beschreibet nicht!» Es sollte jeder Zug, selbst in der Landschaft, einem Geschehn einbegriffen, wo nicht von ihm bedingt sein. Dazu ist zu sagen: Dies gilt weit weniger für die Prosa- als für die Versdichtung, die ja eine viel gerafftere Form hat. Ferner gilt es weniger da, wo die äußere Handlung nicht führend, sondern ganz in die Umwelt eingebettet ist. Auch ist Stifter, was nicht vergessen werden sollte, ein großer Erzähler, der die Kunst des Erzählens und die des Dialogs, ferner da, wo es geboten ist, die der Bewältigung und Bewegung von Massen nicht weniger als andere beherrscht, sondern nur anders ausübt. Ohne seine Grenze abzustreiten, muß man seine Form begreifen. Zu dieser gehört auch die Breite und Länge... Der Mangel ist voll aufgewogen durch die Fülle, Buntheit, Wahrheit, Innigkeit der ausgespreiteten Teppiche, die von der Natur und der Seele im Einklang so wunderbar gewoben sind. Und dafür hätte sich keine andere Form gefunden.

Adalbert Stifter-Institut des Landes Oberösterreich.
Vierteljahrsschrift. 1956

BIBLIOGRAPHIE

Von den Ausgaben der Werke Stifters werden die historisch wichtigen und die neueren Gesamtausgaben genannt. Außerdem werden die hauptsächlichsten Einzelwerke Stifters in ihrem Erstdruck, gegebenenfalls in ihrer meist veränderten Zweitfassung innerhalb der Studien, Bunten Steine, bzw. Erzählungen, und – soweit vorhanden – in ihrer e r s t e n Einzeledition aufgeführt. (Kleinere Zeitungsartikel, Rezensionen und Schriften aus Stifters amtlicher Tätigkeit müssen in diesem Rahmen zumeist unberücksichtigt bleiben.) Die zahlreichen Neuauflagen der Einzelwerke sowie Sammeleditionen und Auswahlsammlungen werden nicht verzeichnet. Die vielfach verstreut erschienenen bisher unveröffentlichten Briefe Stifters können hier ebenfalls nicht erfaßt werden. – Von der Sekundärliteratur werden Bücher, größere Einzelaufsätze und deutschsprachige Dissertationen verzeichnet; von den ungedruckten Dissertationen werden im allgemeinen nur diejenigen genannt, die im Dissertationsverzeichnis von Jungmair (vgl. Abschnitt 1) nicht enthalten sind. Ebenfalls nicht aufgenommen werden Darstellungen in Literaturgeschichten, Handbüchern u. ä. sowie Vorworte und Einführungen zu Texteditionen. – Bibliographische Hinweise bieten neben den unten genannten Bibliographien das Mitteilungsblatt der Adalbert Stifter-Gesellschaft München und die Vierteljahrsschrift des Adalbert Stifter-Institutes des Landes Oberösterreich (Sigle: AStI.Vjs.), die außerdem zahlreiche im folgenden nicht einzeln aufgeführte Miszellen und Dokumente zum Leben und Werk Stifters enthält. (Stand der Bibliographie: November 1964.)

1. Bibliographien, Forschungsberichte

Heck, Werner: Das Werk Adalbert Stifters. 1840–1940. Versuch einer Bibliographie. Gesamt-, Einzel- und Briefausgaben. Bücher, Einzelabhandlungen, Dissertationen über Stifter. Wien 1954. XII, 91 S.

Eisenmeier, Eduard: Adalbert Stifter Bibliographie. Linz 1964. XI, 314 S. (Schriftenreihe des Adalbert Stifter-Institutes des Landes Oberösterreich. 21)

Kosch, Wilhelm, und Max Stefl: [Stifter-]Literatur. In: Kosch, Adalbert Stifter als Mensch, Künstler, Dichter und Erzieher. Regensburg 1952. S. 130–156 – Einzelausg. München 1953. 29 S.

Jungmair, Otto: Dissertationen über Adalbert Stifter. In: AStI.Vjs. 1 (1952), S. 107–110

Rabenlechner, Michael Maria: Ein bibliophiler Blick auf Adalbert Stifter. In: Adalbert Stifter Almanach 1938, S. 25–47

Jungmair, Otto: Adalbert Stifters Erstdrucke in Almanachen und Zeitschriften. In: Festschrift für Walter Krieg zum 50. Geburtstag. Wien 1951. (Das Antiquariat. 7, 21/24) S. 72–77

Grossschopf, Alois: Adalbert Stifter-Institut des Landes Oberösterreich. Verzeichnis der Sammlungen. Lieferung 1 ff. Linz 1959 ff

Hofman, Alois: Die Sammlungen des Prager Adalbert Stifter-Archivs. Linz 1962. (AStI.Vjs. 11, 3/4) S. 61–169

Hüller, Franz: Wo befinden sich die Handschriften Adalbert Stifters? In: AStI.Vjs. 12 (1963), S. 134–145

Müller, Joachim: Zur Beurteilung Stifters. In: Zeitschrift für Deutschkunde 44 (1930), S. 794–801

Dünninger, Josef: Das Stifterbild der Gegenwart. In: Germanisch-romanische Monatsschrift 19 (1931), S. 161–174

Mancher, der ein Buch liest, murrt . . .

... wenn er Werbung findet, wo er Literatur suchte. Reklame in Büchern!!!? Warum nicht auch zwischen den Akten in Bayreuth oder neben den Gemälden in der Pinakothek?

«Rowohlts Idee mit der Zigarettenreklame im Buch (finde ich) gar nicht anfechtbar, vielmehr sehr modern. Hauptsache, es hat Erfolg und nützt dem Buch, was die deutsche Innerlichkeit dazu sagt, ist allmählich völlig gleichgültig, die will ihren Schlafrock und ihre Ruh und will ihre Kinder dußlig halten und verkriecht sich hinter Salbadern und Gepflegtheit und möchte das Geistige in den Formen eines Bridgeclubs halten – dagegen muß man angehen...»

Das schrieb Ende 1950 – Gottfried Benn.

An Stelle der «Zigarettenreklame» findet man nun in diesen Taschenbüchern Werbung für Pfandbriefe und Kommunalobligationen. «Hauptsache, es hat Erfolg und nützt dem Buch.» Und es nützt auch dem Leser. (Für die Jahreszinsen eines einzigen 100-Mark-Pfandbriefs kann man sich beispielsweise zwei Taschenbücher kaufen.)

Blumenthal, Hermann: Über den gegenwärtigen Stand der Stifterforschung. In: Zeitschrift für deutsche Bildung 10 (1934), S. 100–105

Requadt, Paul: Über den gegenwärtigen Stand der Stifterforschung. In: Wirkendes Wort 2 (1951/52), S. 160–166

Lunding, Erik: Ein Beispiel. Die Stifterforschung. In: Lunding, Strömungen und Strebungen der modernen Literaturwissenschaft. Aarhus 1952. (Acta Jutlandica. Humanistisk serie. 37) S. 21–35

Martini, Fritz: Deutsche Prosadichtung im 19. Jahrhundert. Ein kritischer Literaturbericht. In: Der Deutschunterricht 5 (1953), H. 1, S. 112–128 [Stifter: S. 118–122]

Vancsa, Kurt: Grundsätzliches zur gegenwärtigen Stifterforschung. In: AStI.Vjs. 2 (1953), S. 51–59

Lunding, Erik: Probleme und Ergebnisse der Stifter-Forschung, 1945–1954. In: Euphorion 49 (1955), S. 203–244

Vancsa, Kurt: Stifter im Zwielicht. Ein Forschungsbericht. In: AStI.Vjs. 7 (1958), S. 92–105; 8 (1959), S. 49–51

Vancsa, Kurt: Adalbert Stifter. Gelöstes und Ungelöstes. In: Der Deutschunterricht 14 (1962), Beilage zu Heft 3. 10 S. (Forschungsberichte. Literaturwissenschaft. 3)

Eisenmeier, Eduard: Adalbert Stifter bei den Tschechen in Übersetzungen und wissenschaftlichen Abhandlungen. In: AStI.Vjs. 6 (1957), S. 46–53

Reichart, Walter A., und Werner H. Grilk: Stifters Werk in Amerika und England. Eine Bibliographie. In: AStI.Vjs. (1960), S. 39–42 – Nachtrag von Eduard Eisenmeier, ebd. S. 129–132

Yoneda, Takashi: Stifters Werk in Japan. Eine Bibliographie. In: AStI.Vjs. 12 (1963), S. 64–66

2. Periodica und Schriftenreihen

Witiko. Zeitschrift für Kunst und Dichtung der literarischen Adalbert Stifter-Gesellschaft in Eger. Hg.: Johannes Stauda, Josef Mühlberger. Jg. 1–3. Kassel 1928–1931

Adalbert Stifter Almanach. Hg. von der Adalbert Stifter-Gesellschaft in Wien. Berlin, Wien, Leipzig, [später:] Innsbruck 1937; 1938; 1939/1940; 1941/1942; 1947; 1953

Nachrichtenblatt der Adalbert Stifter-Gesellschaft Wien. Nr. 1–48. Wien 1937–1953

Mitteilungsblatt der Adalbert Stifter-Gesellschaft München. Nr. 1–22. München 1949–1957

Stifter-Jahrbuch. Hg. von Helmut Preidel. Jg. 1 ff. Gräfelfing b. München 1949–lfd. [Erscheint unregelmäßig; enthält nur weniges zu Stifter]

Adalbert Stifter-Institut des Landes Oberösterreich. Vierteljahrsschrift. Jg. 1 ff. Graz, Wien, München, [später:] Linz 1952–lfd.

Schriften der Stifter-Gemeinde. Nr. 1–2; 5. Eger, Kassel-Wilhelmshöhe 1930–1933

Schriftenreihe des Adalbert Stifter-Institutes des Landes Oberösterreich. Hg.: Aldemar Schiffkorn. Graz, Wien, München; Nürnberg [später:] Linz 1952–lfd.

3. Werke

a) Gesamtausgaben

Sämmtliche Werke. Hg. von AUGUST SAUER, FRANZ HÜLLER, KAMILL EBEN, GUSTAV WILHELM u. a. Prag (Calve), [später:] Reichenberg (Kraus) 1901 –1940; [Bd. 13, I u. II:] Graz (Stiasny) 1958–1960 (Bibliothek deutscher Schriftsteller aus Böhmen; [später:] . . . aus Böhmen, Mähren und Schlesien. 11. 12. 15. 21–25. 31–37. 39–50)
  Bd. 1–4: Studien
    Bd. 1. 2. Aufl. Neu bearb. von OTTO POUZAR und GUSTAV WILHELM. 1940
    Bd. 1, Ergänzungsband: Erstfassungen. (Der Condor. Feldblumen. Das Haidedorf. Der Hochwald.) 1940
  Bd. 5: Bunte Steine
  Bd. 6–8: Der Nachsommer
  Bd. 9–11: Witiko
  Bd. 12: Die Mappe meines Urgroßvaters
  Bd. 13, I u. II: Erzählungen
  Bd. 14–16: Vermischte Schriften
    Bd. 14. 2. Aufl. 1933
  Bd. 17–24: Briefwechsel
    Bd. 17. 2. Aufl. 1929
    Bd. 18. 2. Aufl. 1941
    Bd. 19. 2. Aufl. 1929
  [Bd. 25: Nachlese. Noch nicht ersch.]
  Vgl. GUSTAV WILHELM, Die Prager Stifter-Ausgabe. In: Adalbert Stifter Almanach 1939/40, S. 68–84 – Wiederabdruck in: Wilhelm, Begegnung mit Stifter. München 1943. S. 213–222

Werke [in Einzelbänden]. 17 Bde. Pest (Heckenast) 1869–1870
Werke. Auswahl in sechs Teilen. Hg. mit Einl. und Anm. versehen von GUSTAV WILHELM. 3 Bde. Berlin, Leipzig, Wien, Stuttgart (Bong) 1910 (Goldene Klassiker-Bibliothek) – Erw. Ausg.: Auswahl in sieben Teilen. 5 Bde. 1926
Gesammelte Werke. Hg. von MAX STEFL. 6 Bde. Leipzig (Insel-Verlag) 1939 –1942 [recte 1954] – 6.–10. Tsd. Wiesbaden (Insel-Verlag) 1959
  Vgl. dazu: MAX STEFL, Bemerkungen zu einer neuen Stifter-Ausgabe. In: Imprimatur 9 (1939/40), S. 204–208
[Werke.] Hg.: MAGDA GERKEN, JOSEF THAUNER. Nachworte: FRITZ KRÖKEL. 5 Bde. München (Winkler-Verlag) 1949–1954
[Werke.] Hg. von MAX STEFL. 9 Bde. Augsburg (Kraft) 1950–1960 [Enthält sämtliche Erzählungen in der Urfassung] – Lizenzausg. Darmstadt (Wissenschaftliche Buchgemeinschaft) 1960–1963
Gesammelte Werke in sechs Bänden. Hg. von MICHAEL BENEDIKT und HERBERT HORNSTEIN. Eingel. von BERNT VON HEISELER. 6 Bde. Gütersloh (Bertelsmann) 1956–1957
Sämtliche Werke. Hg. von HANNSLUDWIG GEIGER. 3 Bde. Berlin, Darmstadt (Tempel-Verlag) 1959 (Tempel-Klassiker)
Gesammelte Werke in vierzehn Bänden. Hg. von KONRAD STEFFEN. Basel, Stuttgart (Birkhäuser-Verlag) 1962–lfd. (Birkhäuser-Klassiker)

b) Einzelne Werke

Abdias. [Erste Fassung.] In: Österreichischer Novellen-Almanach. Wien (Tauer u. Sohn) 1843 – Neuausg.: Abdias. Das alte Siegel. Der Waldsteig. Nach den Urfassungen hg. von MAX STEFL. München (Deutsche Meister-Verlag) 1924
Zweite Fassung. In: Studien. Bd. 4. 1847 – Einzelausg. Pest (Heckenast) 1853

Der späte Pfenning. Eine Parabel. In: Album aus Österreich ob der Enns. Linz (Fink) 1843 – In: Erzählungen. Bd. 2. 1869

Die drei Schmiede ihres Schicksals. In: Wiener Zeitschrift für Kunst, Literatur, Theater und Mode. Wien 1844 – In: Erzählungen. Bd. 1. 1869 – Einzelausg. Wien (Daberkow) 1901

Brigitta. [Erste Fassung.] In: Gedenke mein. Taschenbuch für das Jahr 1844. Jg. 13. Wien (Pfautsch) 1844 – Neuausg.: Brigitta. Die Mappe meines Urgroßvaters. Nach den Urfassungen hg. von MAX STEFL. München (Deutsche Meister-Verlag) 1923
Zweite Fassung. In: Studien. Bd. 4. 1847 – Einzelausg. Leipzig (Amelang) 1893

Das alte Siegel. [Erste Fassung.] In: Österreichischer Novellen-Almanach. Wien (Tauer u. Sohn) 1844 – Neuausg.: Abdias. Das alte Siegel. Der Waldsteig. Nach den Urfassungen hg. von MAX STEFL. München (Deutsche Meister-Verlag) 1924
Zweite Fassung. In: Studien. Bd. 4. 1847 – Einzelausg. Wien (Daberkow) 1900

Der Hagestolz. [Erste Fassung.] In: Iris. Taschenbuch für das Jahr 1845. Jg. 6. Pest (Heckenast) 1844 – Neuausg.: Der Hagestolz. Die Schwestern. Der beschriebene Tännling. Nach den Urfassungen hg. von MAX STEFL. München (Deutsche Meister-Verlag) 1926
Zweite Fassung. In: Studien. Bd. 5. 1850 – Einzelausg. Pest (Heckenast), Leipzig (Wigand) 1852

Die Barmherzigkeit. In: Wiener Zeitschrift für Kunst, Literatur, Theater und Mode. Wien 1845 – In: Erzählungen. Bd. 2. 1869

Der Waldsteig. [Erste Fassung.] In: Obderennsisches Jahrbuch für Literatur und Landeskunde. Jg. 2. Linz (Fink) 1845 – Neuausg.: Abdias. Das alte Siegel. Der Waldsteig. Nach den Urfassungen hg. von MAX STEFL. München (Deutsche Meister-Verlag) 1924
Zweite Fassung. In: Studien. Bd. 5. 1850 – Einzelausg. Leipzig (Reclam) 1899

Der heilige Abend. In: Die Gegenwart. Jg. 1. Wien 1845 – Neuausg. Hg. von MAX STEFL. München (Wiechmann) 1921
Neufassung u. d. T.: Bergkrystall. In: Bunte Steine. Bd. 2. 1853 – Einzelausg. u. d. T.: Der Weihnachtsabend. Pest (Heckenast) 1864

Die Schwestern. [Erste Fassung.] In: Iris. Taschenbuch für das Jahr 1846. Jg. 7. Pest (Heckenast) 1845 – Neuausg.: Der Hagestolz. Die Schwestern. Der beschriebene Tännling. Nach den Urfassungen hg. von MAX STEFL. München (Deutsche Meister-Verlag) 1926
Zweite Fassung u. d. T.: Zwei Schwestern. In: Studien. Bd. 6. 1850 – Einzelausg. Leipzig (Amelang) 1902

Der beschriebene Tännling. [Erste Fassung.] In: Rheinisches Taschenbuch auf das Jahr 1846. Frankfurt a. M. (Sauerländer) 1846 – Neuausg.: Der Hagestolz. Die Schwestern. Der beschriebene Tännling. Nach den Urfassungen hg. von MAX STEFL. München (Deutsche Meister-Verlag) 1926
Zweite Fassung. In: Studien. Bd. 6. 1850 – Einzelausg. (Mit: Der Waldsteig.) Leipzig (Hesse) 1903

Zuversicht. In: Moosrosen. Ein Kranz von Novellen, Erzählungen, Märchen und Gedichten. Wien (Stöckholzer u. Hirschfeld) 1846 – In: Erzählungen. Bd. 2. 1869 – Einzelausg. Krefeld (Scherpe) 1963
Der Waldgänger. In: Iris. Deutscher Almanach für 1847. Neue Folge. Jg. 1. Pest (Heckenast) 1846 – In: Erzählungen. Bd. 2. 1869 – Einzelausg. Wien (Daberkow) 1902
Der Tod einer Jungfrau. Parabel. In: Österreichisches Volksblatt für Verstand, Herz und gute Laune. Jg. 29. Linz (Eurich u. Sohn) 1847 – In: Erzählungen. Bd. 2. 1869
Prokopus. In: Iris. Deutscher Almanach für 1848. Neue Folge. Jg. 2. Pest (Heckenast) 1847 – In: Erzählungen. Bd. 1. 1869 – Einzelausg. Wien (Daberkow) 1902
Der arme Wohltäter. In: Austria. Österreichischer Universal-Kalender für 1848. Jg. 9. Wien (Klang) 1847 – Neuausg.: Wirkungen eines weißen Mantels. Der arme Wohltäter. Der Pförtner im Herrenhause. Nach den Urfassungen hg. von Max Stefl. München (Wiechmann) 1922
Neufassung u. d. T.: Kalkstein. In: Bunte Steine. Bd. 1. 1853 – Einzelausg. Wien (Daberkow) 1899
Die Pechbrenner. In: Vergißmeinnicht. Taschenbuch für 1849. Jg. 3. Leipzig (Thomas) 1849 – Neuausg. Hg. von Max Stefl. Karlsbad (Kraft) 1941
Neufassung u. d. T.: Granit. In: Bunte Steine. Bd. 1. 1853 – Einzelausg. Wien (Daberkow) 1899
Fragment einer «Ururfassung». Hg. von Franz Glück. In: Adalbert Stifter-Almanach 1953, S. 118–123
Der Pförtner im Herrenhause. In: Libussa. Jahrbuch für 1852. Jg. 11. Prag (Calve), Leipzig (Mayer) 1852 – Neuausg.: Wirkungen eines weißen Mantels. Der arme Wohltäter. Der Pförtner im Herrenhause. Nach den Urfassungen hg. von Max Stefl. München (Wiechmann) 1922
Neufassung u. d. T.: Turmalin. In: Bunte Steine. Bd. 1. 1853 – Einzelausg. Wien (Daberkow) 1899
Katzensilber. In: Bunte Steine. Bd. 2. 1853 – Einzelausg. Wien (Daberkow) 1900
Menschliches Gut. In: Österreichisches Frühlings-Album. Wien (Braumüller) 1854
Zwei Wittwen. In: Österreichischer illustrierter katholischer Volkskalender für das Jahr 1860. Jg. 2. Linz (Danner) 1860 – In: Erzählungen. Bd. 2. 1869
Nachkommenschaften. In: Der Heimgarten. Jg. 1. München (Pustet) 1864 – In: Erzählungen. Bd. 1. 1869 – Einzelausg. Wien (Daberkow) 1901
Der Kuß von Sentze. In: Die Gartenlaube für Österreich. Jg. 1. Graz 1866 – In: Erzählungen. Bd. 2. 1869 – Einzelausg. Wien (Daberkow) 1902
Der Waldbrunnen. [Erste Fassung.] In: Düsseldorfer Künstler-Album. Jg. 16. Düsseldorf (Breidenbach u. Co) 1866 – Neuausg. Erste Fassung. Hg. von Max Stefl. Karlsbad (Kraft) 1940
Zweite Fassung. In: Erzählungen. Bd. 1. 1869 – Einzelausg. Wien (Daberkow) 1901
Aus dem bairischen Walde. In: Die Katholische Welt. Jg. 3. Aachen 1868 – In: Erzählungen. Bd. 1. 1869 – Einzelausg. Wien (Daberkow) 1902
Der fromme Spruch. [Von Johannes Aprent geänderte Fassung.] In: Erzählungen. Bd. 2. 1869 – Einzelausg. Wien (Daberkow) 1902
In der ersten Fassung zum ersten Mal hg. von Kurt Gerhard Fischer. Frankfurt a. M. (Insel-Verlag) 1962 (Insel-Bücherei. 767)
Der alte Hofmeister.
Erstes Bruchstück. Mit Anhang und Nachwort von Franz Glück. In: Corona 9 (1939), S. 494–506

Zweites Bruchstück. [Mit Erl. hg. von] GUSTAV WILHELM. In: Adalbert Stifter Almanach 1941/42, S. 64–87
Wiederabdruck beider Bruchstücke in: Erzählungen in der Urfassung. Hg. von MAX STEFL. [Bd. 3.] Augsburg (Kraft) 1952
Julius. Eine Erzählung. Erstausgabe nach der Handschrift. Mit einer Einführung von FRANZ HÜLLER. Augsburg (Kraft) 1950

II. ROMANE

Der Nachsommer. Eine Erzählung. 3 Bde. Pest (Heckenast) 1857
Erste Fassung. Hg. von MAX STEFL. Karlsbad (Kraft) 1935
Witiko. Eine Erzählung. 3 Bde. Pest (Heckenast) 1865–1867
Mit den Bruchstücken früherer Fassungen. Hg. von MAX STEFL. Augsburg (Kraft) 1953
Die Mappe meines Urgroßvaters. [Dritte Fassung; unvollendet.] [Von JOHANNES APRENT gekürzte Fassung.] In: Vermischte Schriften. Bd. 1. 1870
Ungekürzte Originalfassung. Aus den nachgelassenen Handschriften erstmals hg. von FRANZ HÜLLER. Reichenberg (Kraus) 1939 (Sämmtliche Werke. Bd. 12) – Einzelausg. Hg. von FRANZ HÜLLER. Freiburg i. B. (Alber) 1949 (Schriftenreihe der Adalbert Stifter-Gesellschaft München. 1)

III. GEDICHTE

Gedichte. In: Erzählungen. Bd. 2. 1869
Unbekannte Jugendgedichte. Mitget. von HEINRICH MICKO. In: Euphorion 31 (1930), S. 143–174
Früheste Dichtungen. Zum erstenmale hg. von HEINRICH MICKO. Prag (Gesellschaft deutscher Bücherfreunde in Böhmen) 1937

IV. KLEINE SCHRIFTEN (ESSAYS, AUFSÄTZE ETC.)

Sammelausgaben

Vermischte Schriften. Hg. von JOHANNES APRENT. 2 Bde. Pest (Heckenast) 1870
Kulturpolitische Aufsätze. Hg. und mit einem Nachwort versehen von WILLI REICH. Einsiedeln, Zürich (Benziger) 1948
Pädagogische Schriften. Besorgt von THEODOR RUTT. Paderborn (Schöningh) 1960 (Schöninghs Sammlung pädagogischer Schriften)
Documenta Paedagogica Austriaca. Adalbert Stifter. Zusammengestellt und mit einer Einl. versehen von KURT GERHARD FISCHER. 2 Bde. Linz (Oberösterreichischer Landesverlag) 1961 (Schriftenreihe des Adalbert Stifter-Institutes des Landes Oberösterreich. 15)

Einzelnes

Die Sonnenfinsterniß am 8. July 1842. In: Wiener Zeitschrift für Kunst, Literatur, Theater und Mode. Wien 1842 – In: Vermischte Schriften. Bd. 2. 1870 – Einzelausg. Linz (Oberösterreichischer Landesverlag) 1962 (Schriftenreihe des Adalbert Stifter-Institutes des Landes Oberösterreich. 18)
[Zwölf Aufsätze.] In: Wien und die Wiener in Bildern aus dem Leben. [Hg. von Adalbert Stifter.] Pest (Heckenast) 1844 – Daraus: Ein Gang durch die Katakomben. In: Erzählungen. Bd. 1. 1869 – Aus dem alten Wien. [Neun Aufsätze.] In: Vermischte Schriften. Bd. 2. 1870 – Vollständige Einzelausg. u. d. T.: Aus dem alten Wien. Zwölf Studien. Hg. von OTTO ERICH DEUTSCH. Leipzig (Insel-Verlag) 1909
Über Stand und Würde des Schriftstellers. In: Constitutionelle Donau-

Zeitung. Nr. 2, 2. April 1848; Nr. 7, 7. April 1848 – In: Vermischte Schriften. Bd. 2. 1870

Der Staat. In: Constitutionelle Donau-Zeitung. Nr. 13, 13. April 1848; Nr. 18, 18. April 1848 – In: Vermischte Schriften. Bd. 2. 1870

Über den geschnitzten Hochaltar in der Kirche zu Kefermarkt. Linz (Wimmer) 1853 – In: Vermischte Schriften. Bd. 1. 1870

Winterbriefe aus Kirchschlag. In: Linzer Zeitung. Februar–April 1866 – In: Vermischte Schriften. Bd. 2. 1870 – Einzelausg. Linz (Neugebauer) 1932

Gartenlaube. – Weihnacht. – Der Silvesterabend. In: Die Gartenlaube für Österreich. Jg. 1. Graz 1866 – In: Vermischte Schriften. Bd. 2. 1870 – Einzelausg. Herrliberg-Zürich (Bühl-Verlag) 1947

Besiz und Eigenthum. Hg. von Franz Glück. In: Adalbert Stifter-Almanach 1953, S. 113–117

Zur Psichologie der Thiere. Mit einem Nachwort von Kurt Gerhard Fischer. Linz (Oberösterreichischer Landesverlag) 1963 (Schriftenreihe des Adalbert Stifter-Institutes des Landes Oberösterreich. 20)

Lesebuch zur Förderung humaner Bildung in Realschulen und in andern zu weiterer Bildung vorbereitenden Mittelschulen. Von Adalbert Stifter und J. Aprent. Pest (Heckenast) 1854 – Faksimile-Druck, dazu die Briefe Stifters zum Lesebuch. Hg. von Max Stefl. München, Berlin (Oldenbourg) 1938 (Schriften der Corona. 18) – Neu hg. von Josef Habisreutinger. München (Bayerischer Schulbuchverlag) 1947

V. Gemälde

Adalbert Stifter. Zehn Farbtafeln mit Einführung von Fritz Novotny. Bremen 1943. 8 S., 10 Taf. (Deutsche Malerei in Farben)

Novotny, Fritz: Adalbert Stifter als Maler. Wien 1941. 128 S., Taf. (Sammlung Schroll) – 3. erw. Aufl. 1948. 120 S., 97 Taf.

4. Lebenszeugnisse

Stifters Briefwechsel. Vgl. Stifter, Sämmtliche Werke. Bd. 17–24

Adalbert Stifter: Briefe. Hg. von Johannes Aprent. 3 Bde. Pest (Heckenast) 1869 (Stifters Werke)

Adalbert Stifter: Briefe. Hg. von Friedrich Seebass. Tübingen (Wunderlich) 1936. XXIII, 396 S. – 4. Aufl. u. d. T.: Die Lebensgeschichte Adalbert Stifters in seinen Briefen. 1951. XXVI, 430 S.

Adalbert Stifter: Briefe. Ausgewählt und mit einem Nachwort versehen von Hans Schumacher. Zürich (Manesse-Verlag) 1947. 557 S. (Manesse-Bibliothek der Weltliteratur)

Ein Dichterleben aus dem alten Österreich. Ausgewählte Briefe Adalbert Stifters. Hg. und eingel. von Moriz Enzinger. Innsbruck (Wagner) 1947. 327 S., 25 Abb.

Adalbert Stifter: Briefe. Hg. von Gerhard Fricke. Nürnberg (Carl) 1949. 232 S.

Adalbert Stifters Jugendbriefe (1822–1839). In ursprünglicher Fassung aus dem Nachlaß hg. von Gustav Wilhelm, ergänzt und mit einer Einl. versehen von Moriz Enzinger. Graz, Wien, München (Stiasny), Nürnberg (Carl) 1954. 124 S., 3 Taf. (Schriftenreihe des Adalbert Stifter-Institutes des Landes Oberösterreich. 6)

Privat, Karl: Adalbert Stifter. Sein Leben in Selbstzeugnissen, Briefen und Berichten. Berlin (Deutsche Buch-Gemeinschaft) 1946. 446 S., 63 Abb.

Adalbert Stifters Leben und Werk in Briefen und Dokumenten. Hg. von
KURT GERHARD FISCHER. Frankfurt a. M. (Insel-Verlag) 1962. 725 S.
GUGITZ, GUSTAV: Unbekannte Dokumente zum Leben Adalbert Stifters.
In AStI.Vjs. 1 (1952), S. 81–91; 2 (1953), S. 101
Die Schulakten Adalbert Stifters. Mit einem Anhang hg. von KURT VANCSA.
Graz, Wien (Stiasny), Nürnberg (Carl) 1955. 316 S. (Schriftenreihe des
Adalbert Stifter-Institutes des Landes Oberösterreich. 8)
Die Akte Adalbert Stifter. Hg. von JOACHIM MÜLLER. Weimar (Volksverlag)
1961. 43 S. (Aus dem Archiv der Deutschen Schillerstiftung Weimar. 1)
ROEDL, URBAN: Adalbert Stifter. München, Berlin 1955. 38 S. mit Abb.,
81 Taf. (Lebenswege in Bildern)
Anekdoten um Adalbert Stifter. Gesammelt von FRANZ BECKER. Linz 1950.
101 S.
Adalbert Stifter-Anekdoten. Bearb. von LUDWIG ROSENBERGER. München
1953. 79 S., Abb.

5. Gesamtdarstellungen

HEIN, ALOIS RAIMUND: Adalbert Stifter. Sein Leben und seine Werke. Prag
1904. XV, 691 S., Abb. – 2. Aufl. Hg. und mit einer Einf. vers. von WAL-
TER KRIEG. Anm. von OTTO JUNGMAIR. Wien, Bad Bocklet, Zürich 1952.
XVI, 1030 S., Taf.
BINDTNER, JOSEF: Adalbert Stifter. Sein Leben und sein Werk. Nach den
neuesten Forschungen. Wien, Prag, Leipzig 1928. 360 S., Taf.
ROEDL, URBAN: Adalbert Stifter. Geschichte seines Lebens. Berlin 1936.
468 S., Taf. – 2. neubearb. Aufl. Bern 1958. 400 S., Taf.
MICHELS, JOSEF: Adalbert Stifter. Leben, Werk und Wirken. Berlin, Wien,
Leipzig 1939. 316 S., 8 Taf. – Neuaufl. Freiburg i. B. 1949. 291 S.
BLACKALL, ERIC A.: Adalbert Stifter. A critical study. Cambridge 1948. X,
432 S.
HOHENSTEIN, LILY: Adalbert Stifter. Lebensgeschichte eines Überwinders.
Bonn 1952. 320 S.
KOSCH, WILHELM: Adalbert Stifter als Mensch, Künstler, Dichter und Er-
zieher. Regensburg 1952. 164 S., 7 Taf.
ENZINGER, MORIZ: Adalbert Stifters Studienjahre (1818–1830). Innsbruck,
Augsburg 1950. 286 S., Taf.
JUNGMAIR, OTTO: Adalbert Stifters Linzer Jahre. Ein Kalendarium. Nürn-
berg 1958. 360 S. (Schriftenreihe des Adalbert Stifter-Institutes des Lan-
des Oberösterreich. 7)

6. Würdigungen und Überblicke

REITZENBECK, HEINRICH: Adalbert Stifter. Biographische Skizze. In: Libussa,
Jahrbuch 12 (1853), S. 317–329 – Einzelausg. Hg. von MAX STEFL. Mün-
chen 1948. 32 S.
AFRENT, JOHANNES: Adalbert Stifter. Eine biographische Skizze. In: ADALBERT
STIFTER, Erzählungen. Pest 1869 – Einzelausg. Einl. und Anm.: MORIZ
ENZINGER. Nürnberg 1955. 114 S.
GOTTSCHALL, RUDOLF: Adalbert Stifter. In: Gottschall, Literarische Charak-
terköpfe. Leipzig 1870. S. 387–433
KUH, EMIL: Adalbert Stifter. In: Kuh, Zwei Dichter Österreichs: Franz Grill-
parzer – Adalbert Stifter. Pest 1872. S. 287–516

Markus, Jordan Kajetan: Adalbert Stifter. Eine Festgabe. Wien 1877. VII, 89 S. – Neudruck. Prag 1891

Weitbrecht, Immanuel: Adalbert Stifter. Ein Bild des Dichters. Leipzig 1887. 21 S.

Deutsche Arbeit. Monatsschrift für das geistige Leben der Deutschen in Böhmen. Jg. 4, H. 12. Adalbert-Stifter-Heft. Prag 1905. S. 755–860 mit Taf.

Klaiber, Theodor: Adalbert Stifter. Stuttgart 1905. 107 S.

Kosch, Wilhelm: Adalbert Stifters Lebens- und Kunstideal. In: Hochland 3,I (1905/06), S. 41–47 – Wiederabdruck in: Kosch, Menschen und Bücher. Gesammelte Reden und Aufsätze. Leipzig 1912. S. 138–146

Sauer, August: Rede bei der Enthüllung des Stifter-Denkmals in Oberplan 1906. Prag 1907 (Sammlung gemeinnütziger Vorträge. 346/347) – Wiederabdruck in: Sauer, Probleme und Gestalten. Hg. von Otto Pouzar. Stuttgart 1933. (Sauer, Gesammelte Schriften. Bd. 1) S. 83–97 [Vgl. ebd. S. 98–138]

Gottschall, Rudolf: Adalbert Stifter. Leipzig 1907. 68 S. (Beiträge zur Literaturgeschichte. 25)

Bahr, Hermann: Adalbert Stifter. Eine Entdeckung. Zürich, Leipzig, Wien 1919. 48 S. (Amalthea-Bücherei. 1) – Wiederabdruck in: Bahr, Essays. Auswahl und Einf. von Heinz Kindermann. Wien 1962. S. 88–125

Bertram, Ernst: Adalbert Stifter. In: Bertram, Georg Christoph Lichtenberg – Adalbert Stifter. Zwei Vorträge. Bonn 1919. S. 47–72 – Wiederabdruck u. d. T.: Adalbert Stifter, Wesen und Welt. In: Bertram, Deutsche Gestalten. Fest- und Gedenkreden. Leipzig 1934. S. 194–222

Bahr, Hermann: Stifter. In: Neue Rundschau 33,I (1922), S. 470–487 – Wiederabdruck in: Der goldene Schnitt. Große Essayisten der Neuen Rundschau 1890 bis 1960. Hg. von Christoph Schwerin. Frankfurt a. M. 1960. S. 199–214

Hajek, Hans: Adalbert Stifter. Eine Studie. Warnsdorf, Wien 1925. 72 S., Taf. (Sudetendeutsche Größen. 3)

Klatt, Georg: Adalbert Stifter. Prag 1925. 28 S. (Sammlung gemeinnütziger Vorträge. 539/540)

Schaukal, Richard von: Adalbert Stifter. Beiträge zu seiner Würdigung. Augsburg 1926. 67 S. (Sudetendeutsche Sammlung)

Adalbert Stifter. Ein Gedenkbuch. Hg. von der Adalbert Stifter-Gesellschaft mit Geleitwort von Hugo von Hofmannsthal. Wien 1928. IV, 96 S.

Gundolf, Friedrich: Adalbert Stifter. Halle 1931. 67 S.
Vgl. dazu Gustav Wilhelm, in: Zeitschrift für deutsche Philologie 60 (1935), S. 47–55

Hofmiller, Josef: Stifter. In: Corona 4 (1933/34), S. 133–145 – Erw. Wiederabdruck u. d. T.: Stifter. Ein Fragment. In: Hofmiller, Letzte Versuche. München 1934. (Schriften der Corona. 7) S. 7–28 – 4. Aufl. 1952. S. 7–24

Bertram, Ernst: Adalbert Stifter als Dichter der Frühe. (Rede 1928, Weilburg.) In: Bertram, Deutsche Gestalten. Fest- und Gedenkreden. Leipzig 1934. S. 223–245 – Wiederabdruck in: Bertram, Möglichkeiten. Ein Vermächtnis. Hg. von Hartmut Buchner. Pfullingen 1958. S. 109–128

Mell, Max: Adalbert Stifter. In: Die Großen Deutschen. Neue Deutsche Biographie. Bd. 3. Berlin 1936. S. 341–356

Adalbert Stifter. Ein Gedenken. Teplitz-Schönau 1938. 47 S.

Loerke, Oskar: Adalbert Stifter. In: Loerke, Hausfreunde. Charakterbilder. Berlin 1939. S. 143–171 – Wiederabdruck in: Dichtung von Dichtern gesehen. Drei Essays. Frankfurt a. M. 1954. S. 22–40

MELL, MAX: Adalbert Stifter. Leipzig 1939. 73 S. (Insel-Bücherei. 539)
MERKER, EMIL: Stifter. Stuttgart 1939. 95 S. (Die Dichter der Deutschen)
STAIGER, EMIL: Adalbert Stifter als Dichter der Ehrfurcht. Olten 1943. 52 S. (Veröffentlichung der Vereinigung Oltner Bücherfreunde. 15) – Neuaufl. Zürich 1952. 64 S. (Die kleinen Bücher der Arche. 135/136)
GROLMAN, ADOLF VON: Stifter – «Der Nachsommer». In: Grolman, Europäische Dichterprofile. Reihe 1. Düsseldorf 1947. S. 50–63
STRICH, FRITZ: Adalbert Stifter und unsere Zeit. Ein Vortrag. In: Strich, Der Dichter und die Zeit. Eine Sammlung von Reden und Vorträgen. Bern 1947. S. 291–326
WILHELM, GUSTAV: Das sanfte Gesetz. Eine Botschaft Adalbert Stifters an unsere Zeit. In: Wort und Wahrheit 2 (1947), S. 288–298
GLASER, MARTHA: Adalbert Stifter. In: Zeitwende 19 (1947/48), S. 634–647
CYSARZ, HERBERT: Der Dichter des seienden Seins: Adalbert Stifter. In: Cysarz, Welträtsel im Wort. Studien zur europäischen Dichtung und Philosophie. Wien 1948. S. 246–276
HAUSENSTEIN, WILHELM: Adalbert Stifter und unsere Zeit. Ansprache. München 1948. 23 S.
SUHRKAMP, PETER: Adalbert Stifter. In: Suhrkamp, Ausgewählte Schriften zur Zeit- und Geistesgeschichte. Frankfurt a. M. 1951. S. 205–239
HEISELER, BERNT VON: Zum Leben und Werk von Stifter. In: Sammlung 10 (1955), S. 481–493
NADLER, JOSEF: Adalbert Stifter, der Dichter des abendländischen Humanismus. In: Stifter-Jahrbuch 4 (1955), S. 89–97
PANNWITZ, RUDOLF: Mein Verhältnis zu Adalbert Stifter. In: AStI.Vjs. 5 (1956), S. 65–80
STEFL, MAX: Adalbert Stifter. In: Die großen Deutschen. Deutsche Biographie. Bd. 3. Berlin 1956. S. 336–346
MÜLLER, JOACHIM: Adalbert Stifters Dichtung und Persönlichkeit. In: Universitas 12,I (1957), S. 253–260
URZIDIL, JOHANNES: Stifter aus drei Distanzen. In: AStI.Vjs. 6 (1957), S. 87–99
BERTRAM, ERNST: Adalbert Stifters Süden. (1918.) In: Bertram, Möglichkeiten. Ein Vermächtnis. Hg. von HARTMUT BUCHNER. Pfullingen 1958. S. 91–108
BERTRAM, ERNST: Adalbert Stifter. (1925.) In: Bertram, Möglichkeiten. Ein Vermächtnis. Hg. von HARTMUT BUCHNER. Pfullingen 1958. S. 67–90
HEUSCHELE, OTTO: Adalbert Stifter. In: Heuschele, Weg und Ziel. Essays, Reden und Aufsätze. Heidenheim 1958. S. 260–272
MÜHLBERGER, JOSEF: Die Mäßigung besiegt den Erdkreis. Adalbert Stifter und der Frieden der Welt. In: Mühlberger, Ex corde lux. Vier Dichterporträts. Mannheim-Sandhofen 1962. S. 7–34

6. Untersuchungen

a) Zur Biographie

FINK, FRANZ: Stammtafel Adalbert Stifters. In: AStI.Vjs. 4 (1955), S. 72–92
BINDTNER, JOSEF, und FRIEDRICH SPEISER: Aus Adalbert Stifters Wiener Zeit. (Wohnungen, Lebensdokumente, Malwerke.) In: Adalbert Stifter Almanach 1938, S. 49–71
BERGER, FRANZ: Adalbert Stifter und das Innviertel. Linz 1939. 53 S.
ROSENBERGER, LUDWIG: Adalbert Stifter und die Lackenhäuser. Hamburg 1948. 130 S., Abb.

KARELL, VIKTOR: Adalbert Stifters Karlsbader Tage. In: Stifter-Jahrbuch 2 (1951), S. 60–77

MARKUS, ANDREAS: Adalbert Stifter und die Linzer Realschule. In: AStI.Vjs. 3 (1954), S. 61–75

JUNGMAIR, OTTO: Adalbert Stifter und die Schulreform in Oberösterreich nach 1848. In: Historisches Jahrbuch der Stadt Linz 1957, S. 241–319

FRANZ, LEONHARD: Stifter und der Linzer Universitäts-Plan. In AStI.Vjs. 8 (1959), S. 78–86
   Vgl. dazu KURT GERHARD FISCHER, ebd. S. 87–92

JUNGMAIR, OTTO: «Dichtung» und Wahrheit. Zur Klärung des «Geheimnisses um Juliane». In: AStI.Vjs. 2 (1953), S. 67–82

GUGITZ, GUSTAV: Das Geheimnis um Amalie. In: AStI.Vjs. 2 (1953), S. 94–101
   Vgl. dazu ELISABETH HUGELMANN, ebd. 6 (1957), S. 21–25

JUNGMAIR, OTTO: Neue Zeugnisse um Amalie und Juliane. In: AStI.Vjs. 4 (1955), S. 37–43

BARDACHZI, KARL: Andreas Freiherr von Baumgartner als Vorbild und Wegweiser Adalbert Stifters. In: Österreichische Akademie der Wissenschaften. Phil.-hist. Klasse, Anzeiger 87 (1950), S. 523–543

COMMENDA, HANS: Franz Stelzhamer und Adalbert Stifter. In: AStI.Vjs. 1 (1952), S. 49–68

MORTON, FRIEDRICH: Adalbert Stifter und Friedrich Simony in Hallstatt. In: Adalbert Stifter Almanach 1941/42, S. 41–63 mit 1 Taf.

KRÖKEL, FRITZ: Stifters Freundschaft mit dem Alpenforscher Friedrich Simony. In: AStI.Vjs. 4 (1955), S. 97–117 mit 2 Abb.

KOSCH, WILHELM: Luise Freiin von Eichendorff in ihren Briefen an Adalbert Stifter. Würzburg 1940. 31 S. (Deutsche Quellen und Studien. 14) – 2. erw. Aufl. Nymwegen 1948. 20 S.

WILHELM, GUSTAV: J. M. Kaiser, ein vertrauter Freund Adalbert Stifters. Anhang: J. M. Kaiser als Illustrator Stifters. Von FRITZ NOVOTNY. In: Adalbert Stifter-Almanach 1953, S. 13–32 mit 14 Taf.

BIANCHI, JOHANNA: Theobald Freiherr von Rizy und Adalbert Stifter. In: AStI.Vjs. 2 (1953), S. 9–23

FINK, FRANZ: Adalbert Stifter und Johann Rint. In: AStI.Vjs. 8 (1959), S. 115–120
   Vgl. dazu KURT GERHARD FISCHER, ebd. 9 (1960), S. 25–33

BERNARD, R. K.: Stifters Einstellung zu seinen literarischen Zeitgenossen. In: AStI.Vjs. 8 (1959), S. 57–74

BACHFELD, HANNS-LUDWIG: Adalbert Stifter in seinen Briefen. Frankfurt a. M. 1937. 118 S. (Frankfurter Quellen und Forschungen zur germanischen und romanischen Philologie. 19)

CASTLE, EDUARD: Adalbert Stifters Briefe. In: Adalbert Stifter Almanach 1937, S. 48–71 – Wiederabdruck in: Castle, Dichter und Dichtung aus Österreich. Ausgewählte Aufsätze. Wien 1951. S. 169–179

VANCSA, KURT: Ist Stifters dichterische Welt eine Utopie? Variationen um eine Briefstelle. In: AStI.Vjs. 5 (1956), S. 153–162

MARKUS, ANDREAS: Der Tod Adalbert Stifters. Berlin 1934. 90 S. (Germanische Studien. 154)

MARKUS, ANDREAS: Neue Zeugnisse über Stifters Tod. In: Euphorion 51 (1957), S. 448–451 – Erw. Wiederabdruck in: AStI.Vjs. 7 (1958), S. 64–72

AUGUSTIN, HERMANN: Ärztliches zu Adalbert Stifters Tod. In: AStI.Vjs. 8 (1959), S. 19–34
   Vgl. dazu ANDREAS MARKUS, ebd. S. 74–78

AUGUSTIN, HERMANN: Adalbert Stifters Krankheit und Tod. Eine biographische Quellenstudie. Basel, Stuttgart 1964. 182 S. (Basler Veröffentlichungen zur Geschichte der Medizin und Biologie. 17)

Winterstein, Alfred: Adalbert Stifter. Persönlichkeit und Werk. Eine tiefenpsychologische Studie. Wien 1946. 367 S.
Hüller, Franz: Einleitende Skizzen zu einer Charakterstudie über Adalbert Stifter. In: AStI.Vjs. 3 (1954), S. 76–86
Schadner, Heinrich: Adalbert Stifter. Eine charakterologische Skizze. In: AStI.Vjs. 7 (1958), S. 5–27
Fischer, Kurt Gerhard: Adalbert Stifter. Psychologische Beiträge zur Biographie. Linz 1961. 112 S. (Schriftenreihe des Adalbert Stifter-Institutes des Landes Oberösterreich. 16) (AStI.Vjs. 10, 1/2)
Krökel, Fritz: Die Magie des Schönen und das Erdenglück. Ein Beitrag zur Wesensdeutung Adalbert Stifters. In: AStI.Vjs. 12 (1963), S. 108–120
Schadner, Heinrich: Die Handschrift Adalbert Stifters. Ein Wegweiser zu seiner Persönlichkeit. Linz 1963. 118 S., 20 Taf. (Schriftenreihe des Adalbert Stifter-Institutes des Landes Oberösterreich. 19)

b) Allgemeines

Kosch, Wilhelm: Adalbert Stifter. Eine Studie. Leipzig 1905. 80 S.
Müller, Günther: Stifter, der Dichter der Spätromantik. In: Jahrbuch des Verbandes der Vereine katholischer Akademiker 1924, S. 18–77
Stoessl, Otto: Adalbert Stifter. Eine Studie. Stuttgart, Berlin 1925. 88 S. (Dichtung und Dichter)
Gump, Margarete: Stifters Kunstanschauung. Berlin 1927. 94 S.
Pouzar, Otto: Ideen und Probleme in Adalbert Stifters Dichtungen. Reichenberg 1928. X, 138 S. (Prager deutsche Studien. 43)
Müller, Joachim: Adalbert Stifter. In: Jahrbuch des Freien Deutschen Hochstifts 1932/33, S. 284–303
Pensa, Mario: A proposito di Adalbert Stifter. In: Studi germanici 2 (1937), S. 195–211; 278–288
Kühn, Julius: Die Kunst Adalbert Stifters. Berlin 1940. 344 S. (Neue Deutsche Forschungen. 282. Abt. Neuere Deutsche Literaturgeschichte. 28) [Stark nationalsozialistische Tendenz.]
Augustin, Hermann: Goethes und Stifters Nausikaa-Tragödie. Über die Urphänomene. Basel 1941. 91 S.
Helbling, Carl: Adalbert Stifter. Aufsätze. St. Gallen 1943. 125 S.
Wilhelm, Gustav: Begegnung mit Stifter. Einblicke in Adalbert Stifters Leben und Werk. München 1943. VI, 258 S.
Lunding, Erik: Adalbert Stifter. Mit einem Anhang über Kierkegaard und die existentielle Literaturwissenschaft. København 1946. 164 S. (Studien zur Kunst und Existenz. 1)
Vgl. dazu Franz Koch, Stifter-existentiell, in: AStI.Vjs. 2 (1953), S. 37–45; Erik Lunding, ebd. 4 (1955), S. 51–61
Böger, Eduard: Adalbert Stifter und unsere Zeit. Köln 1947. 110 S. (Bausteine der Gegenwart. 7)
Lupi, Sergio: Nota su Stifter. In: Studi diretti da Michele Catalano. Bd. 1. 1950. S. 43–70
Kunisch, Hermann: Adalbert Stifter. Mensch und Wirklichkeit. Studien zu seinem klassischen Stil. Berlin 1950. 196 S.
Steffen, Konrad: Adalbert Stifter. Deutungen. Basel, Stuttgart 1955. 272 S.
Prause, Gerhard: Wahrheit und Dichtung bei Adalbert Stifter. In: Neue deutsche Hefte 2 (1955/56), S. 505–513

Müller, Joachim: Adalbert Stifter. Weltbild und Dichtung. Halle 1956. VIII, 210 S.

Höllerer, Walter: Adalbert Stifter. In: Höllerer, Zwischen Klassik und Moderne. Lachen und Weinen in der Dichtung einer Übergangszeit. Stuttgart 1958. S. 357–377

Thurnher, Eugen: Stifters «Sanftes Gesetz». In: Unterscheidung und Bewahrung. Festschrift für Hermann Kunisch zum 60. Geburtstag. Berlin 1961. S. 381–397

Ziegler, Leopold: Adalbert Stifter. Das sanfte Gesetz. In: Ziegler, Dreiflügelbild. Gottfried Keller, Heinrich Pestalozzi, Adalbert Stifter. München 1961. S. 139–204

Schott, Werner: Stifters Persönlichkeit und Weltanschauung. Diss. Breslau 1929. VI, 29 S. [Teildruck]

Müller, Albert Gerhard: Weltanschauung und Pädagogik Adalbert Stifters. Bonn 1930. IV, 84 S.

Steffen, Konrad: Adalbert Stifter und der Aufbau seiner Weltanschauung. Horgen-Zürich, Leipzig 1931. 113 S. (Wege zur Dichtung. 10)

Galley, Horst: Resignation und Entsagung in Adalbert Stifters Dichtung und Leben. Diss. Göttingen 1937. 71 S.

Hahn, Karl Josef: Adalbert Stifter. Religiöses Bewußtsein und dichterisches Werk. Halle 1938. 234 S.

Debus, Kurt: Einsamkeit und Stille in der Dichtung Adalbert Stifters. Diss. Frankfurt a. M. 1939. 89 S.

Klatt, Fritz: Stifter und das Dämonische. In: Dichtung und Volkstum 40 (1939), S. 276–295

Märkisch, Anneliese: Das Problem des Schicksals bei Adalbert Stifter. Berlin 1941. 74 S. (Germanische Studien. 233)

Augustin, Hermann: Dante, Goethe, Stifter. Das fromme Weltbild des Dichters. Basel 1944. 337 S.

Susnjara, Nikolaus: Die lebensordnenden Tugenden bei Adalbert Stifter. Diss. Freiburg i. B. 1948. 140 Bll. [Masch.]

Weingarz, Wilhelm: Adalbert Stifter. Mensch und Künstler im Verhältnis zur Religion. Diss. Bonn 1951. 100 Bll. [Masch.]

Warzecha, Hildegard: Tragik und ihre Überwindung im Werke Adalbert Stifters. Diss. Frankfurt a. M. 1951. 84 Bll. [Masch.]

Konrad, Gustav: Dichtertum und Leid bei Annette von Droste-Hülshoff und Adalbert Stifter. In: Wirkendes Wort 2 (1951/52), S. 34–45

Prause, Gerhard: Das Problem der Schuld und die Möglichkeit des reinen Seins in der Dichtung Adalbert Stifters. Diss. Hamburg 1954. 162 Bll. [Masch.]

Prause, Gerhard: «Du aber hättest es vermeiden können». Die Schuld bei Adalbert Stifter. In: Sammlung 11 (1956), S. 135–148

Michel, Kurt: Adalbert Stifter und die transzendente Welt. Ein Beitrag zur Erhellung der Existenz des Dichters. Graz, Wien 1957. 160 S. (Schriftenreihe des Adalbert Stifter-Institutes des Landes Oberösterreich. 9)

Augustin, Hermann: Adalbert Stifter und das christliche Weltbild. Basel, Stuttgart 1959. 540 S.

Kunisch, Hermann: Adalbert Stifter. Die Ordnung des Seins. In: Hüter der Sprache. Perspektiven deutscher Literatur. Hg. von Karl Rüdinger. München 1959. S. 99–112

Blumenthal, Hermann: Adalbert Stifters Verhältnis zur Geschichte. (Teildruck aus der Arbeit: Adalbert Stifters «Witiko». Der Dichter und die

Geschichte. Diss. Hamburg 1931.) In: Euphorion 34 (1933), S. 72–110 – Sonderabdruck. Stuttgart 1931

GROLMAN, ADOLF VON: Volks- und Staatsgedanken in Stifters Ethik. In: Deutsche Vierteljahrsschrift für Literaturwissenschaft und Geistesgeschichte 11 (1933), S. 408–420

HELPENSTELL, HANS: Das bäuerliche Volkstum in Adalbert Stifters Erzählungen. Diss. Köln 1933. VIII, 94 S. – Wiederabdruck in: Der Ackermann aus Böhmen 5 (1937); 6 (1938)

BIETAK, WILHELM: Adalbert Stifters politisches Weltbild. In: Monatsschrift für Kultur und Politik 2 (1937), S. 969–977

BLUMENTHAL, HERMANN: Adalbert Stifter und die deutsche Revolution von 1848. In: Dichtung und Volkstum 41 (1941), S. 211–237

WOLF, ERIK: Der Rechtsgedanke Adalbert Stifters. Frankfurt a. M. 1941. 144 S. – Wiederabdruck in: Wolf, Vom Wesen des Rechts in deutscher Dichtung. Hölderlin, Stifter, Hebel, Droste. Frankfurt a. M. 1946. S. 61–180

MEHL, ERNST: Adalbert Stifter und die Geschichte. In: Lebenskräfte in der abendländischen Geistesgeschichte. Dank- und Erinnerungsgabe an Walter Goetz zum 80. Geburtstage. Marburg 1948. S. 325–358

AHL, HERBERT: Adalbert Stifter als Politiker. In: Deutsche Rundschau 75 (1949), S. 143–152

BIETAK, WILHELM: Grillparzer – Stifter – Feuchtersleben. Die Unzeitgemäßen des Jahres 1848. In: Deutsche Vierteljahrsschrift für Literaturwissenschaft und Geistesgeschichte 24 (1950), S. 243–268

BRUNNHOFER(-WARTENBERG), RUTH: Adalbert Stifters Verhältnis zum historisch-politischen Leben seiner Zeit. Diss. Berlin (Freie Universität) 1951. 204 Bll. [Masch.] – Teilabdruck in: AStI.Vjs 2 (1953), S. 112–122

MÜHLBERGER, JOSEF: Der Dichter und der Friede. Zu Adalbert Stifters politischer Weltsicht. In: Welt und Wort 6 (1951), S. 175–179

BLUME, HEINRICH: Adalbert Stifter und die Bauernbefreiung. In: Adalbert Stifter-Almanach 1953, S. 79–86

SCHMIDT, LEOPOLD: Volkskundliche Beobachtungen an den Werken Adalbert Stifters. In: Adalbert Stifter-Almanach 1953, S. 87–108

EPPING, WALTER: Stifters Revolutionserlebnis. In: Weimarer Beiträge 1955, S. 246–260

MÜHLBERGER, JOSEF: Adalbert Stifter und der Frieden der Welt. In: Stifter-Jahrbuch 4 (1955), S. 98–115

KOLL, WILLI: Das Recht in der Dichtung Adalbert Stifters. Bonn 1958. 139 S. (Schriften zur Rechtslehre und Politik. 18)

MÜLLER-STERNBERG, ROBERT: Das unmündige Volk. Adalbert Stifter als Kulturpolitiker. In: Ostdeutsche Wissenschaft 8 (1961), S. 214–233

GASSERT, KARL GEORG: Stifter als Erzieher. Reichenberg 1932. 110 S. (Forschungen zur sudetendeutschen Heimatkunde. 6)

MATTHÄUS, GERHARD: Stifters Erziehungsgedanken. Eger 1933. 160 S. (Schriften der Stifter-Gemeinde. 5)

SCHÄFER, WALTER: Erziehung und Erzieher bei Adalbert Stifter. Würzburg 1936. VI, 73 S.

RUTT, THEODOR: Selbsterziehung und Selbstbildung im Leben und in den Werken Adalbert Stifters. Diss. Köln 1939. 76 S.

RESAG, KURT: Adalbert Stifter als Rechendidaktiker. In: Festschrift Moriz Enzinger zum 70. Geburtstag. Linz 1961. (AStI. Vjs. 10, 3/4) S. 171–179

FISCHER, KURT GERHARD: Die Pädagogik des Menschenmöglichen. Adalbert

Stifter. Linz 1962. XXIV, 675 S. (Schriftenreihe des Adalbert Stifter-Institutes des Landes Oberösterreich. 17) [Bibliographie: S. 660–675]

MÜLLER, JOACHIM: Vergleichende Studien zur Menschenauffassung und Menschendarstellung Gottfried Kellers und Adalbert Stifters. Diss. Leipzig 1930. 130 S.

NADLER, JOSEF: Adalbert Stifter, Gemeinschaft und Persönlichkeit. Ein Vortrag. In: Corona 7 (1937), S. 7–29

NADLER, JOSEF: Der Gemeinschaftsgedanke bei Adalbert Stifter. In: Adalbert Stifter Almanach 1937, S. 72–82

NADLER, JOSEF: Das Persönlichkeitsideal bei Adalbert Stifter. In: Adalbert Stifter Almanach 1938, S. 101–119

HANKAMER, PAUL: Die Menschenwelt in Stifters Werk. In: Deutsche Vierteljahrsschrift für Literaturwissenschaft und Geistesgeschichte 16 (1938), S. 95–125

OBERLE, WERNER: Der adelige Mensch in der Dichtung. Eichendorff, Gotthelf, Stifter, Fontane. Basel 1950. 135 S. (Basler Studien zur deutschen Sprache und Literatur. 10) [Stifter: S. 76–94]

MAJSTRAK, MANFRED: Das Problem von Individuum und Gemeinschaft in den großen nachklassischen Bildungsromanen Stifters und Kellers. Diss. Bonn 1954. 135 Bll. [Masch.]

GEBSATTEL, VICTOR E. FRH. VON: Anthropologie und Dichtung. Betrachtungen zum Wesensbild des Menschen bei A. Stifter. In: Jahrbuch für Psychologie und Psychotherapie 4 (1957), S. 11–23

BANITZ, ERHARD: Das Geologenbild Adalbert Stifters. In: Gestaltung, Umgestaltung. Festschrift zum 75. Geburtstag von Hermann August Korff. Hg. von JOACHIM MÜLLER. Leipzig 1957. S. 206–238

HAAGE, RICHARD: Die Bedeutung der Kunst für das Menschenbild Adalbert Stifters. In: Pädagogische Provinz 12 (1958), S. 121–132

RITTER, FREDERICK: Der genialische Mensch im Frühwerk Adalbert Stifters. In: Deutsche Beiträge zur geistigen Überlieferung 3 (1957), S. 139–158

RITTER, FREDERICK: Der begnadete Mensch. In: AStI.Vjs. 9 (1960), S. 1–18

RITTER, FREDERICK: Der sanfte Mensch. In: AStI.Vjs. 9 (1960), S. 63–78

RITTER, FREDERICK: Der tätige Mensch. In: AStI.Vjs. 12 (1963), S. 95–107

UNGER, ELISE: Die Stellung der Frau bei Stifter. Diss. Berlin 1934. 58 S. [Teildruck]

VORBACH, BERTA: Adalbert Stifter und die Frau. Reichenberg 1936. 205 S.

KAHL, KONRAD: Adalbert Stifter und die häusliche Welt. Zürich 1945. 69 S.

NAUBER, LISELOTTE: Das Kind in den frühen Erzählungen Adalbert Stifters. Diss. Heidelberg 1948. VI, 154 Bll. [Masch.]

SEEFELDNER, BRIGITTE: Die Bedeutung von Kindheit und Jugend für das dichterische Schaffen Adalbert Stifters. Diss. Graz 1961. 212 Bll. [Masch.]

HOFMAN, ALOIS: Die Tierseele bei Adalbert Stifter. In: AStI.Vjs. 13 (1964), S. 6–15

WEYDT, GÜNTER: Naturschilderung bei Annette von Droste-Hülshoff und Adalbert Stifter. Beiträge zum «Biedermeierstil» in der Literatur des 19. Jahrhunderts. Berlin 1930. 88 S. (Germanische Studien. 95)

GREINER, MARTIN: Stifters Naturgefühl. In: Zeitschrift für deutsche Bildung 7 (1931), S. 433–439

MATZKE, FRANZ: Die Landschaft in der Dichtung Adalbert Stifters. Eger, Kassel-Wilhelmshöhe 1932. 133 S. (Schriften der Stifter-Gemeinde. 2)

RUTT, THEODOR: Die Heimat im Leben und im Werke Adalbert Stifters. In: Pädagogische Rundschau 2 (1948), S. 287–298

EBNER, ANNELIES: Der Mensch in seinem Verhältnis zur Landschaft in der Dichtung Adalbert Stifters. Diss. Greifswald 1950. 138 Bll. [Masch.]

MÜLLER, JOACHIM: Der Mensch in der Landschaft. Zu Adalbert Stifters dichterischer Naturgestaltung. In: Wissenschaftliche Zeitschrift der Friedrich-Schiller-Universität Jena, gesellschafts- und sprachwissenschaftliche Reihe 5 (1955/56), S. 631–647

BAUMANN, SUSANNE: Die Landschaft in den Erzählwerken Adalbert Stifters und Gottfried Kellers. Studien zur Auffassung und dichterischen Darstellung der Landschaft. Diss. Hamburg 1955. 237 Bll. [Masch.]

HÖMKE, HORST: Der Garten in der Dichtung Adalbert Stifters. Diss. Mainz 1957. VI, 313 Bll. [Masch.]

REMPEL, HANS: Aufstieg der deutschen Landschaft. Das Heimaterlebnis von Jean Paul bis Adalbert Stifter. Gießen 1964. 198 S.

WEIDINGER, ROSEMARIE: Adalbert Stifter und die Naturwissenschaften. Diss. Frankfurt a. M. 1950. 116 Bll. [Masch.] – Teilabdruck in: AStI.Vjs. 3 (1954), S. 129–138; 4 (1955), S. 1–13

HEIM, HANNS HARRO JULIUS: Die Naturwissenschaft im Werk Adalbert Stifters. Diss. Köln 1953. 449 Bll., Abb. [Masch.]

BERTRAM, ERNST: Studien zu Adalbert Stifters Novellentechnik. Dortmund 1907. X, 160 S.

HÜLLER, FRANZ: Ein Beitrag zu Adalbert Stifters Stil. In: Euphorion 16 (1909), S. 136–147; 460–471

BLANCK, HUGO: Die Technik der Rahmenerzählung bei Adalbert Stifter. Diss. Münster 1925. VIII, 89 S.

MEYER, PAUL: Adalbert Stifters Verhältnis zur Lyrik. (Diss. Basel 1932.) Limburg 1935. 64 S.

EHRENTREICH, ALFRED: Zur Gestalt der Novelle bei Adalbert Stifter. In: Germanisch-romanische Monatsschrift 23 (1935), S. 192–204

HESSE, HELMUT: Formen der epischen Sprache bei Adalbert Stifter (unter besonderer Berücksichtigung seiner Kunst des Gesprächs). Diss. Hamburg 1942. IV, 200 Bll. [Masch.]

THALMANN, MARIANNE: Adalbert Stifters Raumerlebnis. In: Monatshefte für deutschen Unterricht 38 (1946), S. 103–111

CASTLE, EDUARD: Motivvariationen in Stifters Erzählungen. In: Adalbert Stifter-Almanach 1947, S. 35–57

UTZ, HANS: Das Bild in der Dichtung Adalbert Stifters. Diss. Würzburg 1948. IX, 195 Bll. [Masch.] – Teilabdruck in: AStI.Vjs. 5 (1956), S. 80–90; 6 (1957), S. 7–20

BETTINGER, RICHARD: Adalbert Stifter als Dichter. Altersstil und Alterskunst. Diss. Erlangen 1949. 359 Bll. [Masch.]

HOHOFF, CURT: Adalbert Stifter. Seine dichterischen Mittel und die Prosa des neunzehnten Jahrhunderts. Düsseldorf 1949. 231 S.

KOCH, FRANZ: Dichtung des Plunders. In: Archiv für das Studium der neueren Sprachen 186 (1949), S. 1–27

REQUADT, PAUL: Das Sinnbild der Rosen in Stifters Dichtung. Zur Deutung seiner Farbensymbolik. Mainz, Wiesbaden 1952. S. 15–54 (Akademie der Wissenschaften und der Literatur. Abhandlungen der Klasse der Literatur. 1952, 2)

HEMPEL, ROLF: Studien zu Adalbert Stifters epischer Kunst. Diss. Tübingen 1953. 257 Bll. [Masch.]

MAYER, ANNEMARIE: Die Verwandlung des Wortes in der Dichtung, dargestellt am epischen Werk Adalbert Stifters. Diss. Tübingen 1953. 201 Bll. [Masch.]

WYSLING, HANS: Stifter und Gotthelf. Ein Vergleich ihrer Darstellungsweise. [I. Adalbert Stifter.] Diss. Zürich 1953. 90 S.

FEHLAU, ULAND E.: Wort und Weltanschauung in Stifters Sprache, New Orleans 1955. 60 S.

KRACKER VON SCHWARTZENFELDT, INGRID: Das Gestaltungsprinzip in vier Einzelwerken und im Gesamtwerk Stifters. Ein Beitrag zur literaturwissenschaftlichen Untersuchung seiner Werke. Diss. Berlin (Freie Universität) 1956. 136 Bll. [Masch.] – Teilabdruck in: AStI.Vjs. 4 (1955), S. 161–179

SCHMIDT, ADALBERT: Stifter als Literaturkritiker. In: AStI.Vjs. 5 (1956), S. 90–101

ZENKER, EDITH: War Stifter Realist? In: Neue deutsche Literatur 4 (1956), H. 10, S. 97–109
Vgl. dazu HANS-HEINRICH REUTER, Stifter war Realist, und Erwiderung von EDITH ZENKER, ebd. 5 (1957), H. 9, S. 120–136

HOHOFF, CURT: Adalbert Stifters Dichtung und Sprache. In: Hochland 49 (1956/57), S. 34–41

HOHOFF, CURT: Adalbert Stifter und die Sprache. In: Gestalt und Gedanke 4 (1957), S. 13–27

MÜLLER, JOACHIM: Das Liebesgespräch in Adalbert Stifters Epik. In: Wirkendes Wort 8 (1957/58), S. 20–30

ASPETSBERGER, FRIEDBERT: Schlüsselbegriffe zur Erfassung des Daseins in der Dichtung Adalbert Stifters. Diss. Wien 1963. XIV, 243 Bll. [Masch.]

ENZINGER, MORIZ: Adalbert Stifter und die altdeutsche Literatur. Wien 1961. 35 S. (Österreichische Akademie der Wissenschaften. Phil.-hist. Klasse. Sitzungsberichte. 238, 2)

WILHELM, GUSTAV: Herder, Feuchtersleben und Stifter. In: Festschrift für Bernhard Seuffert. Leipzig, Wien 1923. (Euphorion. Ergänzungsheft 16) S. 120–134

MÜLLER, JOACHIM: Stifter und Goethe. Ein Vortrag. In: Deutsche Vierteljahrsschrift für Literaturwissenschaft und Geistesgeschichte 22 (1944), S. 412–438

WILHELM, GUSTAV: Adalbert Stifter und Goethe. In: Goethe-Almanach. Wien 1948. S. 296–312

STAPF, PAUL: Jean Paul und Stifter. Studien zur Entwicklungsgeschichte des jungen Stifter. Berlin 1939. 66 S. (Germanische Studien. 208)

EMRICH, BERTHOLD: Jean Pauls Bedeutung für Adalbert Stifter. In: Hesperus 6 (1953), S. 23–31

THURNHER, EUGEN: Eichendorff und Stifter. Zur Frage der christlichen und autonomen Ästhetik. Wien 1961. 28 S. (Österreichische Akademie der Wissenschaften. Phil.-hist. Klasse. Sitzungsberichte. 236, 5)

GABLER, ELEONORE: Die Beziehungen zwischen Grillparzers und Stifters Novellenschaffen. Diss. Gießen 1945. 106 Bll. [Masch.]

MÜLLER, JOACHIM: Die Polemik zwischen Hebbel und Stifter und Stifters Ethos vom «Sanften Gesetz». In: Gedenkschrift für Ferdinand Josef Schneider (1879–1954). Hg. von KARL BISCHOFF. Weimar 1956. S. 265–305

ALKER, ERNST: Gottfried Keller und Adalbert Stifter. Eine vergleichende Studie. Wien, Leipzig 1923. 66 S.

KOSCH, WILHELM: Adalbert Stifter und die Romantik. Prag 1905. VII, 123 S. (Prager deutsche Studien. 1) – 2. verb. und erw. Aufl. Nymwegen, Würzburg, Brünn 1942. 112 S.

MÜLLER, JOACHIM: Stifter und das 19. Jahrhundert. Drei Abhandlungen.

Eger, Kassel-Wilhelmshöhe 1931. 63 S. (Jahresgabe 1931 der literarischen Adalbert-Stifter-Gesellschaft) (Sudetendeutsche Sammlung. 26)
BIETAK, WILHELM: Das Lebensgefühl des «Biedermeier» in der österreichischen Dichtung. Wien, Leipzig 1931. XV, 254 S.
HOLSKE, ALAN: Stifter and the Biedermeier crisis. In: Studies in honor of John Albrecht Walz. Lancaster 1941. S. 256–290
HIMMEL, HELLMUTH: Probleme der österreichischen Biedermeiernovellistik. Ein Beitrag zur Erkenntnis der historischen Stellung Adalbert Stifters. In: AStI.Vjs. 12 (1963), S. 36–59

NEUWIRTH, JOSEF: Adalbert Stifter und die bildende Kunst. Prag 1903. 32 S. (Sammlung gemeinnütziger Vorträge. 295/296)
DELL, MARGRET: Adalbert Stifter als bildender Künstler. (Diss. Frankfurt a. M.) Würzburg 1939. 77 S.
NOVOTNY, FRITZ: Adalbert Stifter als Maler. Wien 1941. 128 S., Taf. (Sammlung Schroll) – 3. erw. Aufl. 1948. 120 S., 97 Taf.
HAUSENSTEIN, WILHELM: Adalbert Stifter als Maler. In: Hausenstein, Meißel, Feder und Palette. Versuche zur Kunst. München 1949. S. 345–362 mit 2 Taf.
RÜBESAMEN, HANS ECKART: Anschauungen von bildender Kunst im Zeitalter des Biedermeier. Diss. München 1953. 183 Bll. [Masch.] – Abdruck des Stifter-Kapitels in: AStI.Vjs. 3 (1954), S. 15–26
NOVOTNY, FRITZ: Klassizismus und Klassizität im Werk Adalbert Stifters. (Bei Betrachtung seiner späten Landschaftsbilder.) In: Festschrift Karl M. Swoboda. Wien, Wiesbaden 1959. S. 193–211

c) Zu einzelnen Werken

HÖNNCHER, ELLEN: Entwicklungsnotwendiges in Stifters Schaffen. Untersucht an drei Novellen der Frühzeit und deren Fassungen. (Diss. Leipzig.) Dresden 1930. VI, 132 S.
DEXEL, WOLFRAM: Beiträge zur Kenntnis der Stifterschen Novellenkunst in den «Studien». Diss. München 1934. IX, 83 S. [Teildruck]
KOHLSCHMIDT, WERNER: Leben und Tod in Stifters «Studien». In: Dichtung und Volkstum 36 (1935), S. 210–230 – Wiederabdruck in: Kohlschmidt, Form und Innerlichkeit. Beiträge zur Geschichte und Wirkung der deutschen Klassik und Romantik. München 1955. (Sammlung Dalp. 81) S. 210–232
BOHN, URSULA: Bild und Gebärde in Adalbert Stifters «Studien», mit besonderer Berücksichtigung der Lesarten. Berlin 1938. 104 S. (Germanische Studien. 203)
SUTTNER, W.: Das Dämonische und Idyllische in Adalbert Stifters «Studien». Diss. Prag 1940. 143 S.
VÖLKER, INGRID: Die Bedeutung der Natur in Aufbau und Gleichnis in Stifters «Studien». Diss. Marburg 1952. 121 Bll. [Masch.]
ACKERMANN, INGE: Adalbert Stifters «Studien». Untersuchungen zur Struktur. Diss. Göttingen 1961. 194 Bll. [Hekt.]
WODTKE, FRIEDRICH WILHELM: Mensch und Schicksal in Adalbert Stifters frühen «Studien». In: Wirkendes Wort 12 (1962), S. 12–28

MÜHLHER, ROBERT: Natur und Mensch in Stifters «Bunten Steinen». In: Dichtung und Volkstum 40 (1939), S. 295–304
CASTLE, EDUARD: Zur Jahrhundertfeier «Bunte Steine». Ein Festgeschenk von

Adalbert Stifter. In: Österreichische Akademie der Wissenschaften. Phil.-hist. Klasse, Anzeiger 89 (1952), S. 230–246

STOPP, FREDERICK: Die Symbolik in Stifters «Bunten Steinen». In: Deutsche Vierteljahrsschrift für Literaturwissenschaft und Geistesgeschichte 28 (1954), S. 165–193

GELHAUSEN, HERTA: Adalbert Stifters späte Erzählungen. Untersuchungen zur Alterskunst Stifters. Diss. Kiel 1949. 81 Bll. [Masch.]

WILHELM, GUSTAV: Adalbert Stifters letzte Saat und Ernte. In: Adalbert Stifter-Almanach 1947, S. 7–34

MÜLLER, JOACHIM: Stifters spätere Erzählungen. In: AStI.Vjs. 9 (1960), S. 79–93

MASCHEK, INGEBORG: Stifters Alterserzählungen. Eine Stiluntersuchung. Diss. Wien 1961. 208, 141 Bll. [Masch.]

HÜLLER, FRANZ: Einführung in die Erzählung «Julius». In: ADALBERT STIFTER, Julius. Eine Erzählung. Erstausgabe nach der Handschrift. Augsburg 1950. S. 51–92

ENZINGER, MORIZ: Adalbert Stifters Erstlingserzählung «Julius». In: AStI. Vjs. 3 (1954), S. 86–101

PETRIKOVITS, GERDA VON: Zu Adalbert Stifters Frühwerk «Julius». In: AStI.Vjs. 7 (1958), S. 55–64

ROEDL, URBAN: Zur Datierung des «Julius»-Fragmentes. In: AStI.Vjs. 11 (1962), S. 29–30

NADLER, JOSEF: «Der Kondor» – Adalbert Stifters Erstling. Rede. In: Adalbert Stifter Almanach 1941/42, S. 10–21

REY, W. H.: Das kosmische Erschrecken in Stifters Frühwerk. [«Der Kondor».] In: Sammlung 8 (1953), S. 6–13

ENZINGER, MORIZ: Die Überschriften in Stifters «Feldblumen». In: Adalbert Stifter-Almanach 1947, S. 59–81

THALMANN, MARIANNE: Das Menschentum in Stifters «Haidedorf». In: Modern language notes 61 (1946), S. 361–372

MEISTER, HERMANN: Die Narrenburg und die Mappe meines Urgroßvaters von Adalbert Stifter. Diss. Berlin 1940. 110 Bll. [Masch.]

STRAUMANN-WINDLER, HEDWIG: Stifters Narren. Zum Problem der Spätromantik. Diss. Zürich 1952. 99 S.

LEHMANN, EMIL: Symbolik in Stifters «Bergmilch». In: Festschrift August Sauer. Zum 70. Geburtstag. Stuttgart 1925. S. 312–330

HOF, WALTER: Schuld und Schicksal in Stifters «Abdias». In: Pädagogische Provinz 7 (1953), S. 393–399

SILZ, WALTER: Stifter, «Abdias». In: Silz, Realism and reality. Studies in the German Novelle of poetic realism. Chapel Hill 1954. (University of North Carolina. Studies in the Germanic languages and literatures. 11) S. 52–66; 159–160

WIESE, BENNO VON: Adalbert Stifter. Abdias. In: Wiese: Die deutsche Novelle von Goethe bis Kafka. Interpretationen. Bd. 2. Düsseldorf 1962. S. 127–148; 349–350

JANSEN, RUDOLF: Die Quelle des «Abdias» in den Entwürfen zur «Scientia Generalis» von G. W. Leibniz? In: AStI.Vjs. 13 (1964), S. 57–69

FEISE, ERNST: Kellers «Romeo und Julia» und Stifters «Brigitta»: Aufbau und Gehalt. In: Feise, Xenion. Themes, forms, and ideas in German literature. Baltimore 1950. S. 153–179

HAUSSMANN, WALTER: Adalbert Stifter, Brigitta. In: Der Deutschunterricht 1951, H. 2, S. 30–48

PFEIFFER, JOHANNES: Adalbert Stifter. Brigitta. In: Pfeiffer, Wege zur Er-

zählkunst. Über den Umgang mit dichterischer Prosa. Hamburg 1953.
S. 21–29

THOMAS, WERNER: Stifters Landschaftskunst in Sprache und Malerei. Versuch einer wechselseitigen Interpretation in der Novelle «Brigitta». In: Der Deutschunterricht 8 (1956), H. 3, S. 12–28 mit 3 Abb.

WIESE, BENNO VON: Adalbert Stifter. Brigitta. In: Wiese, Die deutsche Novelle von Goethe bis Kafka. Interpretationen. [Bd. 1.] Düsseldorf 1956. S. 196–212; 347

ENZINGER, MORIZ: Der Schauplatz von A. Stifters «Hagestolz». In: Zeitschrift für deutsche Philologie 65 (1940), S. 68–76

BITTRICH, BURKHARD: Das Eingangskapitel von Stifters «Hagestolz». Eine Interpretation. In: AStI.Vjs. 8 (1959), S. 92–99

GELLEY, ALEXANDER: Stifter's «Der Hagestolz». An interpretation. In: Monatshefte für deutschen Unterricht 53 (1961), S. 59–72

MÜLLER, JOACHIM: Stifters Humor. Zur Struktur der Erzählungen «Der Waldsteig» und «Nachkommenschaften». In: AStI.Vjs. 11 (1962), S. 1–20

HANKAMER, PAUL: Adalbert Stifter: «Bergkristall». In: Aus Theologie und Philosophie. Festschrift für Fritz Tillmann zu seinem 75. Geburtstag. Hg. von THEODOR STEINBÜCHEL und THEODOR MÜNCKER. Düsseldorf 1950. S. 84–99

SCHWARZ, EGON: Zur Stilistik von Stifters «Bergkristall». In: Neophilologus 38 (1954), S. 260–268

GLÜCK, FRANZ: Die beiden Fassungen der «Zwei Schwestern». In: Adalbert Stifter-Almanach 1947, S. 83–86

HOFFMANN, WERNER: Adalbert Stifters Erzählung «Zwei Schwestern». Ein Vergleich der beiden Fassungen. Diss. Frankfurt a. M. 1959. 203 S.

MÜLLER, JOACHIM: Stifters «Zwei Schwestern». Versuch einer Strukturanalyse. In: AStI.Vjs. 8 (1959), S. 2–18

LUDWIG, MARIANNE: Stifter als Realist. Untersuchung über die Gegenständlichkeit im «Beschriebenen Tännling». Basel 1948. 111 S. (Basler Studien zur deutschen Sprache und Literatur. 7)

KLEIN, JOHANNES: Auslegung einer Novelle. Adalbert Stifter «Der beschriebene Tännling». In: Wirkendes Wort 3 (1952/53), S. 206–213

FISCHER, KURT GERHARD: Versuch der Verständigung. Gedanken und Deutungen im Anschluß an Adalbert Stifters «Zuversicht». In: AStI.Vjs. 9 (1960), S. 94–105

REHM, WALTHER: Stifters Erzählung «Der Waldgänger» als Dichtung der Reue. In: Symposion 4 (1955), S. 349–366 – Wiederabdruck in: Rehm, Begegnungen und Probleme. Studien zur deutschen Literaturgeschichte. Bern 1957. S. 317–345

SEIDLER, HERBERT: Die Kunst des Aufbaus in Stifters «Waldgänger». In: AStI.Vjs. 12 (1963), S. 81–94

STOPP, FREDERICK J.: The symbolism of Stifter's «Kalkstein». In: German life and letters 7 (1953/54), S. 116–125

RATH, RAINER: Zufall und Notwendigkeit. Bemerkungen zu den beiden Fassungen in Stifters Erzählung «Der arme Wohltäter» (I) / «Kalkstein» (II). In: AStI.Vjs. 13 (1964), S. 70–80

FISCHER, KURT GERHARD: Führen und Wachsenlassen. Ein Deutungsversuch von Stifters Erzählung «Zwei Witwen». In: Festschrift Moriz Enzinger zum 70. Geburtstag. Linz 1961. (AStI.Vjs. 10, 3/4) S. 161–169

ENZINGER, MORIZ: Zu Adalbert Stifters Erzählung «Der Kuß von Sentze». In: Österreichische Akademie der Wissenschaften. Phil.-hist. Klasse, Anzeiger 88 (1951), S. 374–387

KÜHL, ERICH: Ein Einblick in den Spätstil Adalbert Stifters. [«Der Waldbrunnen».] In: Wirkendes Wort 6 (1955/56), S. 12–17

OERTEL, CHRISTINE: Stifters Erzählung: Der fromme Spruch. In: Monatshefte für deutschen Unterricht 42 (1950), S. 231–236

GROLMAN, ADOLF VON: Adalbert Stifters Romane. Halle 1926. X, 112 S. (Deutsche Vierteljahrsschrift für Literaturwissenschaft und Geistesgeschichte. Buchreihe. 7) – Erw. Neuaufl. u. d. T.: Vom Kleinod in allen Zeiten. Einige Stationen auf dem Wege zur Erkenntnis von Stifters Wesen, Werk und Wirklichkeit. Hamburg 1952. 188 S.

SIEBER, DOROTHEA: Stifters Nachsommer. Jena 1927. 114 S. (Jenaer germanistische Forschungen. 10)

ARNOLD, LUDWIG: Stifters «Nachsommer» als Bildungsroman. (Vergleich mit Goethes «Wilhelm Meister» und Kellers «Grünem Heinrich».) Gießen 1938. 70 S. (Gießener Beiträge zur deutschen Philologie. 65)

PAULSEN, WOLFGANG: Adalbert Stifter und der «Nachsommer». In: Corona. Studies in celebration of the eightieth birthday of Samuel Singer. Ed. by ARNO SCHIROKAUER and WOLFGANG PAULSEN. Durham 1941. S. 228–251

STAIGER, EMIL: Adalbert Stifter. «Der Nachsommer». In: Staiger, Meisterwerke deutscher Sprache aus dem neunzehnten Jahrhundert. Zürich 1943. S. 147–162 – 3. Aufl. 1957. S. 186–201

FUERST, NORBERT: Stifter's Nachsommer. In: Monatshefte für deutschen Unterricht 38 (1946), S. 413–425

RUPRECHT, ERICH: Der hohe Mensch in Adalbert Stifters «Nachsommer». In: Ruprecht, Die Botschaft der Dichter. Zwölf Vorträge. Stuttgart 1947. (Schriftenreihe der Universitas. 1) S. 211–246

RYCHNER, MAX: Stifters «Nachsommer». In: Neue Schweizer Rundschau NF. 16 (1948/49), S. 32–45 – Wiederabdruck in: Rychner, Welt im Wort. Literarische Essays. Zürich 1949. S. 157–180

BARDACHZI, KARL: Andreas Freiherr von Baumgartner als Risach in Adalbert Stifters «Nachsommer». In: Österreichische Akademie der Wissenschaften. Phil.-hist. Klasse, Anzeiger 88 (1951), S. 139–149 mit 2 Taf.

REHM, WALTHER: Nachsommer. Zur Deutung von Stifters Dichtung. München 1951. 141 S. (Überlieferung und Auftrag. Schriften. 7)

WEYDT, GÜNTHER: Die entscheidende Quelle des «Nachsommer» bei Novalis? Vortrag. In: AStI.Vjs. 4 (1955), S. 194–202

PASCAL, ROY: Adalbert Stifter. Indian summer. In: Pascal, The German novel. Studies. Manchester 1956. S. 52–75; 309–311

BERTRAM, FRANZ: Ist der «Nachsommer» Adalbert Stifters eine Gestaltung der Humboldtschen Bildungsideen? Diss. Frankfurt a. M. 1957. 92 S.

BLASCHEK, HANNELORE: Philosophische Untersuchung des Entwicklungsbegriffes in Adalbert Stifters «Nachsommer». Eine historisch vergleichende Analyse. Diss. Innsbruck 1957. VI, 196 Bll. [Masch.] – Veränd. Teilabdruck in: Festschrift Moriz Enzinger zum 70. Geburtstag. Linz 1961. (AStI.Vjs. 10, 3/4) S. 148–160

BOLLNOW, OTTO FRIEDRICH: Der «Nachsommer» und der Bildungsgedanke des Biedermeier. In: Beiträge zur Einheit von Bildung und Sprache im geistigen Sein. Festschrift zum 80. Geburtstag von Ernst Otto. Hg. von GERHARD HASELBACH und GÜNTER HARTMANN. Berlin 1957. S. 14–33

SEIDLER, HERBERT: Die Bedeutung der Mitte in Stifters «Nachsommer». In: AStI.Vjs. 6 (1957), S. 59–86

TUCKER, HARRY: Joseph, the musician in Stifter's «Nachsommer». In: Monatshefte für deutschen Unterricht 50 (1958), S. 1–8

WEYDT, GÜNTHER: Ist der «Nachsommer» ein geheimer «Ofterdingen»? In: Germanisch-romanische Monatsschrift 39 (1958), S. 72–81

GODDE, EDMUND: Stifters «Nachsommer» und der «Heinrich von Ofterdingen». Untersuchungen zur Frage der dichtungsgeschichtlichen Heimat
des «Nachsommer». Diss. Bonn 1959. 278 S. – Teilabdruck in: Festschrift
Moriz Enzinger zum 70. Geburtstag. Linz 1961. (AStI.Vjs. 10, 3/4) S. 132
–147

HALLAMORE, G. JOYCE: The symbolism of the marble muse in Stifter's
«Nachsommer». In: Publications of the Modern Language Association 74
(1959), S. 398–405

GISI, PAUL: Adalbert Stifter und die bildende Kraft der Bescheidung in der
Pflege des Seienden. Eine pädagogische Studie zu «Der Nachsommer».
Diss. Zürich 1960. 84 S.

SUHRKAMP, PETER: Der Nachsommer von Stifter. In: Suhrkamp, Der Leser.
Reden und Aufsätze. Hg. von HERMANN KASACK. Berlin, Frankfurt a. M.
1960. (Bibliothek Suhrkamp. 55) S. 59–71

LANGE, VIKTOR: Stifter. Der Nachsommer. In: Der deutsche Roman. Vom
Barock bis zur Gegenwart. Struktur und Geschichte. Hg. von BENNO VON
WIESE. Bd. 2. Düsseldorf 1963. S. 34–75; 423–426

ADEL, KURT: Eine Quelle von Stifters «Nachsommer»? In: AStI.Vjs. 13
(1964), S. 81–87

GILLESPIE, GERALD: Ritualism and motivic development in Adalbert Stifter's
«Nachsommer». In: Neophilologus 48 (1964), S. 312–322

FLÖRING, KARL: Die historischen Elemente in Adalbert Stifters «Witiko».
Gießen 1922. 71 S. (Gießener Beiträge zur deutschen Philologie. 5,I)

NADLER, JOSEF: «Witiko»? In: Preußische Jahrbücher 188 (1922), S. 146–
166 – Einzelausg. u. d. T.: Stifters «Witiko». Kassel-Wilhelmshöhe 1928.
28 S. (Jahresgabe 1928 der literarischen Adalbert-Stifter-Gesellschaft)

BAHR, HERMANN: Adalbert Stifters Witiko. St. Gallen 1928. 28 S.

HÜLLER, FRANZ: Adalbert Stifters «Witiko». Eine Deutung. Eger, Kassel-
Wilhelmshöhe 1930. 125 S. (Schriften der Stifter-Gemeinde. 1) – 2. Aufl.
Graz, Wien 1953; Nürnberg 1954. 119 S. (Schriftenreihe des Adalbert
Stifter-Institutes des Landes Oberösterreich. 5)

HÜLLER, FRANZ: Adalbert Stifters Witiko. Zur Geschichte seiner Entstehung
und seiner Wirkung. Reichenberg 1932. 166 S. (Sonderdruck aus der
Stifter-Ausgabe.)

BLUMENTHAL, HERMANN: Stifters «Witiko» und die geschichtliche Welt. Studien zum geschichtlichen Bewußtsein und seiner dichterischen Ausprä-
gung im 19. Jahrhundert. In: Zeitschrift für deutsche Philologie 61 (1936),
S. 393–431

BARNES, H. G.: The function of conversations and speeches in «Witiko». In:
German studies. Presented to H. G. Fiedler. Oxford 1938. S. 1–25

PEES, EWALD: Adalbert Stifters «Witiko» und die Geschichte. Diss. Münster
1938. 73 S.

MÜLLER, JOACHIM: Stifters Witiko und der Reichsgedanke. In: Zeitschrift
für deutsche Geisteswissenschaft 1 (1938/39), S. 41–55

DORMAGEN, PAUL: Die epischen Elemente in Adalbert Stifters «Witiko».
(Diss. Bonn.) Würzburg 1940. 98 S.

CONRATH, ANNEMARIE: Adalbert Stifters «Witiko». Würzburg 1942. IV,
156 S.

RYCHNER, MAX: Witiko. In: Rychner, Welt im Wort. Literarische Essays.
Zürich 1949. S. 181–210

PÜTZ, THEODOR: «Witiko» als Urbild des politischen Menschen. Wien, Stuttgart 1950. 64 S. (Klassiker der Staatskunst. 7)

FECHNER, ERICH: Recht und Politik in Adalbert Stifters Witiko. Stifters Beitrag zur Wesensbetrachtung des Rechts und zur Charakterologie und Ethik des politischen Menschen. Tübingen 1952. 87 S.

BOCKELMANN, PAUL: Vom rechten politischen Handeln. Bemerkungen zu Stifters «Witiko». In: Festschrift für Hans Niedermeyer zum 70. Geburtstag. Göttingen 1953. (Göttinger rechtswissenschaftliche Studien. 10) S. 7–30

ENZINGER, MORIZ: Witiko-Geographie. In: Adalbert Stifter-Almanach 1953, S. 54–78

MÜLLER, JOACHIM: Adalbert Stifters «Witiko» und das Problem des historischen Romans. In: Wissenschaftliche Zeitschrift der Friedrich-Schiller-Universität Jena, gesellschafts- und sprachwissenschaftliche Reihe 3 (1953/54), S. 275–285 – Wiederabdruck in: Wissenschaftliche Annalen 3 (1954), S. 230–241; 261–270

ROSEBROCK, THEO: Der sprachliche Stil in Stifters «Witiko». Diss. Frankfurt a. M. 1954. 169 Bll. [Hekt.]

EPPING, WALTER: Adalbert Stifter «Witiko» und das Legitimitätsprinzip. In: Festschrift für Erich Schlesinger zu seinem 75. Geburtstag. Rostock 1955. (Wissenschaftliche Zeitschrift der Universität Rostock. 5, Sonderheft) S. 199–204

BABERG, HEINZ: Der Konflikt von Macht und Recht, Politik und Sittlichkeit in Stifters «Witiko» und C. F. Meyers «Jürg Jenatsch». Diss. Bonn 1956. 146 Bll. [Masch.]

BUCHER, EWALD: Adalbert Stifters Witiko. Ein Vortrag. München 1959. 20 S.

HÜLLER, FRANZ: Adalbert Stifters «Unvollendete». In: Adalbert Stifter Almanach 1938, S. 120–134

STOCKUM, TH. C. VAN: «Die Mappe meines Urgroßvaters» und ihre Bedeutung im Zusammenhang von Stifters Werk und Weltanschauung. In: Neophilologus 30 (1946), S. 172–184 – Wiederabdruck in: Stockum, Von Friedrich Nicolai bis Thomas Mann. Aufsätze zur deutschen und vergleichenden Literaturgeschichte. Groningen 1962. S. 193–214

ZENKER, EDITH: Klassik und Romantik in Stifters 3 Fassungen der «Mappe meines Urgroßvaters». Diss. Leipzig 1948. VII, 478 Bll. [Masch.]

ENDRES, MARIE-CHRISTINE: «Die Mappe meines Urgroßvaters». Das nachgelassene Fragment A. Stifters als Sprachkunstwerk betrachtet. Diss. Göttingen 1952. 210 Bll. [Masch.]

SAURWEIN, ROBERT: Adalbert Stifters dichterische Entwicklung, gezeigt an den drei Fassungen der Mappe meines Urgroßvaters. Diss. Innsbruck 1954. X, 562 Bll. [Masch.]

SCHNEIDER, FRANZ: Sehen und Sein bei Stifter. Der religiöse Realismus in der Mappe meines Urgroßvaters. In: AStI.Vjs. 4 (1955), S. 15–31

BÖCKMANN, PAUL: Die epische Objektivität in Stifters Erzählung «Die Mappe meines Urgroßvaters». In: Stoffe, Formen, Strukturen. Studien zur deutschen Literatur. Hans Heinrich Borcherdt zum 75. Geburtstag. Hg. von ALBERT FUCHS und HELMUT MOTEKAT. München 1962. S. 398–423

MUSCHG, WALTER: Stifters Keplerroman. In: Archiv für Literatur und Volksdichtung 1 (1949), S. 34–49

ENZINGER, MORIZ: Adalbert Stifters Nausikaa-Plan. In: Amman-Festgabe. Teil 1. Innsbruck 1953. (Innsbrucker Beiträge zur Kulturwissenschaft. 1) S. 67–74

ENZINGER, MORIZ: Adalbert Stifters Weg zum Geschichtsroman und der Plan zum «Zawisch». In: Festschrift für Dietrich Kralik. Horn 1954. S. 259–271

ENZINGER, MORIZ: Adalbert Stifters «Wok» und die Rosenbergtrilogie. In: AStI.Vjs. 4 (1955), S. 131–145

KADERSCHAFKA, KARL: Adalbert Stifters «Gang durch die Katakomben» und Johann Nepomuk Vogl. In: Euphorion 26 (1925), S. 417–427
HAACKE, WILMONT: Stifter als Meister der kleinen Form. In: Festschrift Moriz Enzinger zum 70. Geburtstag. Linz 1961. (AStI.Vjs. 10, 3/4) S. 119–131
ENZINGER, MORIZ: Ein unbekannter Aufsatz Adalbert Stifters «Über Kopf-rechnen». In: Österreichische Akademie der Wissenschaften. Phil.-hist. Klasse, Anzeiger 94 (1957), S. 124–147
ENZINGER, MORIZ: Adalbert Stifters «Lesebuch». Ein vorläufiger Bericht. In: AStI.Vjs. 12 (1963), S. 18–35
AUGUSTIN, HERMANN: Adalbert Stifters autobiographisches Fragment. In: Schweizer Rundschau 62 (1963), S. 490–505
BAUR, ALFRED: Die frühen Kindheitserinnerungen Adalbert Stifters. In: AStI.Vjs. 12 (1963), S. 121–133 mit 1 Facs.
GILLESPIE, GERALD: Space and time seen through Stifter's telescope. In: German quarterly 37 (1964), S. 120–130

d) Wirkung

SCHLEGELMILCH, WOLFGANG: Adalbert Stifters Verhältnis zu Kritik und Pu-blikum. In: Neophilologus 40 (1956), S. 277–290
SREDNIK, KARL: Adalbert Stifter im Urteil der zeitgenössischen Kritik. Diss. Wien 1959
LATZKE, RUDOLF: Stifter – Heckenast – Rosegger. In: Adalbert Stifter-Al-manach 1953, S. 33–53
HASLINGER, FRANZ: Peter Rosegger als Herold Adalbert Stifters. Erste voll-ständige Veröffentlichung des Briefwechsels zwischen Peter Rosegger und Gustav Heckenast (1869–1878), soweit er sich auf Person und Werk A. Stifters bezieht. Graz, Wien 1955. 60 S.
BERTRAM, ERNST: Nietzsche, die Briefe Adalbert Stifters lesend. In: Ariadne, Jahrbuch der Nietzsche-Gesellschaft 1925, S. 7–26 – Wiederabdruck in: Bertram, Möglichkeiten. Ein Vermächtnis. Hg. von HARTMUT BUCHNER. Pfullingen 1958. S. 201–221
KRÖKEL, FRITZ: Nietzsches Verhältnis zu Stifter. In: AStI.Vjs. 9 (1960), S. 106–120
ANDREWS, J. S.: The reception of Stifter in the nineteenth-century Britain. In: Modern language review 53 (1958), S. 537–544
ENZINGER, MORIZ: Adalbert Stifter in seiner und unserer Zeit. Festvortrag. In: AStI.Vjs. 5 (1956), S. 142–153

NACHTRAG

1. Bibliographien, Forschungsberichte

EISENMEIER, EDUARD: Adalbert Stifter-Bibliographie. Linz 1964 (Schriften-reihe des Adalbert Stifter-Institutes des Landes Oberösterreich. Folge 21) Forts. 1: Linz 1971 (Schriftenreihe des Adalbert Stifter-Institutes des Landes Oberösterreich. Folge 26)

ENZINGER, MORITZ: Adalbert Stifter im Urteil seiner Zeit. Wien–Graz–Köln 1968 (Sitzungsberichte der Österreichischen Akademie der Wissenschaf-ten. Phil.-hist. Klasse Bd. 256)

JILEK, HCH: Neuere Tendenzen der Adalbert Stifter-Forschung. In: Zeit-schrift für Ostforschung 21 (1972), S. 531–539

SEIDLER, HERB.: Adalbert Stifter-Forschung 1945–1970. In: Zeitschrift für deutsche Philologie 91 (1972), S. 113–157, 252–285

Adalbert Stifter, 1805–1868. In: Bibliographische Kalenderblätter 10 (1968), Folge 1, S. 32–40

(Adalbert Stifter, Bibliographie). In: Adalbert Stifter-Institut des Landes Oberösterreich. Vierteljahrsschrift 18 (1969), S. 52–68

VANCSA, KURT: Das Internationale Adalbert Stifter-Symposion 1968 in Bad Hall. In: Adalbert Stifter-Institut des Landes Oberösterreich. Vierteljahrs-schrift 18 (1969), S. 19–43

YONEDA, T.: Adalbert Stifters Werk in Japan. Eine Bibliographie. In: Adal-bert Stifter-Institut des Landes Oberösterreich. Vierteljahrsschrift 22 (1973), S. 47–50

2. Untersuchungen

a) Allgemeines

BOEHLER, MICHAEL JOHANN: Formen und Wandlungen des Schönen. Unter-suchungen zum Schönheitsbegriff Adalbert Stifters. Bern 1970 (Euro-päische Hochschulschriften. Reihe 1, Bd. 6)

BUGGERT, CHRISTOPH: Figur und Erzähler. Studie zum Wandel der Wirklich-keitsauffassung im Werk Adalbert Stifters. München 1970 [Zugl. Phil. Diss. München] (Wissenschaftliche Materialien und Beiträge zur Ge-schichte und Landeskunde der böhmischen Länder H. 12)

ENZINGER, MORITZ: Gesammelte Aufsätze zu Adalbert Stifter. Mit 18 Bild-beig. Wien 1967

FISCHER, KURT GERHARD: Adalbert Stifter. In: RUDOLF HUELSHOFF, Johann Heinrich Pestalozzi. Freiburg i. B. 1965 (Problemgeschichtliche Studien. 1) (Grundfragen der Pädagogik. H. 18)

GRÖBLE, SUSI: Schuld und Sühne im Werk Adalbert Stifters. Bern 1965 [Zugl. Phil. Diss. Basel] (Basler Studien zur deutschen Sprache und Li-teratur. H. 28)

HAMMER, ELISABETH: Stifters Briefstil. Hamburg 1965 [Masch. Wiss. Haus-arbeit Hamburg 1966]

HILLEBRAND, BRUNO: Mensch und Raum im Roman. Studien zu Keller, Stif-ter, Fontane. München 1971

IRMSCHER, HANS DIETRICH: Adalbert Stifter. Wirklichkeitserfahrung und gegenständliche Darstellung. München 1971

KAHL, KONRAD: Adalbert Stifter in seinen Briefen. Zum 28. Jan. 1968. Olten 1967 (Oltner Liebhaberdruck. 14)

KAISER, MICHAEL: Adalbert Stifter. Eine literaturpsychologische Untersuchung seiner Erzählungen. Bonn 1971 (Abhandlungen zur Kunst-, Musik- und Literaturwissenschaft. Bd. 103)

KLAEUI, ELISABETH: Gestaltung und Formen der Zeit im Werk Adalbert Stifters. Bern 1969 (Europäische Hochschulschriften. Reihe 1, Ser. 1, Bd. 21)

LOGES, HELMUT: Leibesübungen und Leibeserziehung in Leben und Werk Adalbert Stifters unter Berücksichtigung seiner Gedanken über natürliche Erziehung. Wien 1971 [Zugl. Diss. Wien] (Dissertationen der Universität Wien. 55)

MÜHLBERGER, JOSEF: Adalbert Stifter. Mühlacker 1966

RUPP, HANS ULRICH: Stifters Sprache. Zürich 1969 [Zugl. Phil. Diss. Univ. Zürich]

RUTT, THEODOR: Adalbert Stifter. Der Erzieher. Wuppertal 1970 (Henns pädagogische Taschenbücher. 29)

SCHATTER, ANTJE: Thoreaus und Stifters Naturverhältnis. Untersucht an Bildlichkeit, Tierbeschreibung und Landschaftsdarstellungen. [Phil. Diss.] Kiel 1974

SEIDLER, HERBERT: Studien zu Grillparzer und Stifter. Wien–Köln–Graz 1970 (Wiener Arbeiten zur deutschen Literatur. 1)

SELGE, MARTIN: Adalbert Stifter. Poesie aus dem Geist der Naturwissenschaft. Stuttgart–Berlin–Köln–Mainz 1976 (Studien zur Poetik und Geschichte der Literatur. Bd. 45)

STAIGER, EMIL: Adalbert Stifter als Dichter der Ehrfurcht. Neuausg. Heidelberg 1967 (Poesie und Wissenschaft. 2)

STIEHM, LOTHAR (Hg.): Adalbert Stifter. Studien und Interpretationen. Gedenkschrift zum 100. Todestage. Mit 4 Kunstdr.-Taf. Heidelberg 1968

WILDBOLZ, RUDOLF: Adalbert Stifter. Stuttgart–Berlin–Köln–Mainz 1976 (Sprache und Literatur. 97)

WOLBRANDT, CHRISTINE: Der Raum in der Dichtung Adalbert Stifters. Zürich–Freiburg i. B. 1967 (Zürcher Beiträge zur deutschen Literatur- und Geistesgeschichte. Nr. 29)

ZOLDESTER, PHILIP HEINZ: Adalbert Stifters Weltanschauung. Bern 1970 (Europäische Hochschulschriften. Reihe 1, Bd. 19)

b) Zu einzelnen Werken

ARTS, EVA: Studien zur Erzählkunst Adalbert Stifters. Der Aufbau der 4 späten Erzählungen. Wien 1976 (Dissertationen der Universität Wien. 129)

GLASER, HORST ALBERT: Die Restauration des Schönen. Stifters «Nachsommer». Stuttgart 1965 (Germanistische Abhandlungen. 6)

HIMMEL, HELMUT: Adalbert Stifters Novelle «Bergmilch». Eine Analyse. Köln–Wien 1973

HOFFMANN, WERNER: Adalbert Stifters Erzählung «Zwei Schwestern». Ein Vergleich der beiden Fassungen. Marburg 1966 [Zugl. Phil. Diss. Frankfurt a. M.] (Marburger Beiträge zur Germanistik. Bd. 17)

LINDAU, MARIE-URSULA: Stifters «Nachsommer». Ein Roman der verhaltenen Rührung. Bern 1974

METTLER, HEINRICH: Natur in Stifters frühen «Studien». Zu Stifters gegenständlichem Stil. Zürich–Freiburg i. B. 1968 (Zürcher Beiträge zur deutschen Literatur- und Geistesgeschichte. 31)

NAUNIN, AXEL: Die Auswirkung der Ich-Form und der Er-Form auf die Darstellung in Stifters Erzählungen «Wirkungen eines weißen Mantels», «Bergmilch» und «Der Condor». Hamburg 1968 [Masch. Phil. Diss. Hamburg von 1969]

Weippert, Georg: Stifters Witiko. Vom Wesen des Politischen. Aus dem Nachlaß hrsg. und mit Quellenangaben versehen von Christian Thiel. München 1967 (Adalbert Stifter Verein, München. Veröffentlichungen der wissenschaftlichen Abteilung. 16)

NAMENREGISTER

Die kursiv gesetzten Zahlen bezeichnen die Abbildungen

QUELLENNACHWEIS DER ABBILDUNGEN

Foto Eiersebner, Linz: Umschlag-Vorderseite, 8, 21, 27, 58, 102, 126, 140 /
Ullstein Bilderdienst, Berlin: 15 / Historisches Bildarchiv Lolo Handke, Bad
Berneck: 14 / Adalbert-Stifter-Gesellschaft, Wien: 16, 17, 51 oben / Österreichische Nationalbibliothek, Wien: 18, 23, 24, 29, 36, 39, 50 oben, 50
unten, 55 und Umschlag-Rückseite, 57, 60, 64, 67, 72, 73, 74, 78, 84, 86,
89, 95, 96, 98/99, 104, 110, 113, 116, 118, 129, 130, 144 / Studienbibliothek,
Linz: 22 / Bruno Adler, London: 35, 37, 41, 70, 76, 91, 101, 106, 114, 121,
122, 125, 128, 132, 134, 136, 138, 146 / Österreichische Galerie, Wien: 51
unten / Wolf Krumau: 56 / Theatermuseum, München: 81 / Otto Jungmair,
Linz: 83 / Otto Kaiser, Linz: 87 / Rowohlt-Archiv, Reinbek bei Hamburg:
92, 143 / Prof. Dr. Paul Stöcklein, Hofheim/Taunus: 109 / Privatbesitz Dr.
h. c. M. Bodmer, Genf: 124

rowohlts mono- graphien

in Selbstzeugnissen
und Bilddokumenten
Herausgegeben
von Kurt und Beate
Kusenberg

Betrifft: Literatur

rowohlts mono- graphien

in Selbstzeugnissen
und Bilddokumenten
Herausgegeben
von Kurt und Beate
Kusenberg

Betrifft: Literatur

rowohlts mono- graphien

in Selbstzeugnissen und Bilddokumenten Herausgegeben von Kurt und Beate Kusenberg

Betrifft: Literatur

rowohlts mono- graphien

in Selbstzeugnissen und Bilddokumenten Herausgegeben von Kurt und Beate Kusenberg

bildmono rororo graphien

Betrifft: Literatur